U0572879

BLUE BOOK

智 库 成 果 出 版 与 传 播 平 台

广州蓝皮书

BLUE BOOK OF GUANGZHOU

广州市社会科学院 / 研创

广州文化产业发展报告（2022）

ANNUAL REPORT ON CULTURAL INDUSTRY OF GUANGZHOU (2022)

主　　编／杜新山
副 主 编／张跃国　朱小燚　程　明　柯显东　尹　涛
执行主编／吴　辉　钟　茜　杨代友　王　丰

社会科学文献出版社
SOCIAL SCIENCES ACADEMIC PRESS (CHINA)

图书在版编目（CIP）数据

广州文化产业发展报告.2022/杜新山主编.—北
京：社会科学文献出版社，2022.9
（广州蓝皮书）
ISBN 978-7-5228-0549-8

Ⅰ.①广…　Ⅱ.①杜…　Ⅲ.①文化产业-产业发展-
研究报告-广州-2022　Ⅳ.①G127.651

中国版本图书馆 CIP 数据核字（2022）第 147127 号

广州蓝皮书
广州文化产业发展报告（2022）

主　　编／杜新山
副 主 编／张跃国　朱小燚　程　明　柯显东　尹　涛
执行主编／吴　辉　钟　茜　杨代友　王　丰

出 版 人／王利民
责任编辑／丁　凡
责任印制／王京美

出　　版／社会科学文献出版社·城市和绿色发展分社（010）59367143
　　　　　地址：北京市北三环中路甲 29 号院华龙大厦　邮编：100029
　　　　　网址：www.ssap.com.cn
发　　行／社会科学文献出版社（010）59367028
印　　装／天津千鹤文化传播有限公司

规　　格／开　本：787mm×1092mm　1/16
　　　　　印　张：21.25　字　数：318 千字
版　　次／2022 年 9 月第 1 版　2022 年 9 月第 1 次印刷
书　　号／ISBN 978-7-5228-0549-8
定　　价／128.00 元

读者服务电话：4008918866

《广州文化产业发展报告（2022）》
编 委 会

摘　要

　　《广州文化产业发展报告（2022）》由总报告、综合篇、高质量发展篇、比较研究篇、案例篇、借鉴篇六个部分组成。总报告指出，2021年，广州文化产业发展韧性良好，行业克服新冠肺炎疫情及其他不利因素影响，实现迅速恢复；新业态发展势头强劲，积极布局元宇宙等前沿领域；文化产业推动老城市焕发新活力，发展活力得以激发和彰显；联动"人文湾区"发展不断强化，核心引擎功能有效发挥；文化产业"广州队"闪耀北京冬奥会，其创意作品冬奥会吉祥物"冰墩墩"大放异彩；影视精品不断涌现，文化产品影响力提升；文商旅深度融合发展，广府特色文旅品牌打响；文化盛会密集举办，文化平台影响力持续提升；文化出口焕发活力，全球辐射力不断提升。2021年，全市规模以上文化及相关产业法人单位实现营业收入4807.76亿元，同比增长16.26%。从发展趋势来看，广州数字文化产业将加速发展，文化产业集聚将进一步增强，文化旅游融合继续深化，文化产业大项目将成为新的增长点。

　　"综合篇"从文化产业链数字化、时尚产业演变及创新发展、国家文化出口基地建设等方面反映了广州文化产业发展情况。"高质量发展篇"对粤港澳大湾区文化产业高质量发展中广州发挥引领作用、广州推进文化产业高质量发展的对策及广州数字文化产业高质量发展等方面的内容进行了研究。"比较研究篇"从文化产业创新发展、文化产业发展效率、文化消费指数、文化产品供给能力等方面将广州与国内其他主要城市进行比较，反映了广州文化产业在国内主要城市中的发展地位。"案例篇"介绍了广州代表性文化

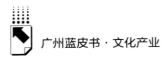

企业的转型升级和创新发展的探索。"借鉴篇"对城市规模与文化产业发展的关系、世界电影产业以及佛山市文旅融合发展进行了研究,总结归纳出对广州有借鉴意义的经验和启示。

关键词: 文化产业 高质量发展 数字化转型 广州

Abstract

Annual Report on Cultural Industry of Guangzhou (*2022*) is composed of 6 parts, including General Report, Comprehensive Chapter, High-Quality Development Chapter, Comparative Research Chapter, Cases Chapter and Mutual Exchange Chapter. General Report pointed out that in 2021, Guangzhou's cultural industry development was in good resilience, which achieved rapid recovery; new forms of industry gamed large development momentum, and the frontier fields such as Metaverse were actively laid out; Cultural industry promoted the new vitality of the old city, and development vitality was stimulated and manifested; the development with "Humanistic Bay Area" was continuously strengthened and the core engine functioned effectively; the cultural industry "Guangzhou team" shone in the Beijing Winter Olympics with "Bing Dwen Dwen" which made a great splash; "Bing Dwen Dwen" related film and television products have emerged and the influence of cultural products has been enhanced; deep integration of culture, business and tourism develop, the brand of Cantonese cultural tourism has become increasingly brilliant; cultural events are held intensively, and the influence of cultural platforms remains elevated; cultural exports are revitalized and global radiation capacity is increasing. In 2021, cultural and related industries legal entities above the Designated Size achieved a business revenue of 480.776 billion yuan, an increase of 19.4% year-on-year. From the trends of development, Guangzhou's digital culture industry will accelerate its development, the cultural industry concentration will be further boosted, the integration of culture and tourism will continue to deepen, and large projects in the cultural industry will become new growth points.

In addition to General Report, Comprehensive Chapter reflects the different focuses of Guangzhou's cultural industry development concerning digitization of cultural industry chain, fashion industry and cultural industry export base. High-Quality Development Chapter examines Guangzhou's leading role in the high-quality development of cultural industry in the Guangdong-Hong Kong-Macao Greater Bay Area, the strategies for the high-quality development of Guangzhou's cultural industry, and the high-quality development of Guangzhou's digital cultural industry. Comparative Research Chapter compares Guangzhou with major cities in China in terms of cultural industry innovation and development, cultural industry development efficiency, cultural consumption index, and cultural product supply capacity, reflecting the development status of Guangzhou's cultural industry among major cities in China. Cases Chapter introduces the transformation, upgrading and innovative development of representative cultural enterprises in Guangzhou. Mutual Exchange Chapter conducts research on the world's film industry, the relationship between city scale and cultural industry, and the integrated development of cultural tourism in Foshan, which summarizes the experiences and inspirations as a reference for Guangzhou.

Keywords: Cultural Industry; High-Quality Development; Digital Transformation; Guangzhou

目 录 ⎿⊃

Ⅰ 总报告

Ⅱ 综合篇

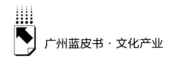
Ⅲ 高质量发展篇

Ⅳ 比较研究篇

Ⅴ 案例篇

Ⅵ 借鉴篇

皮书数据库阅读 **使用指南**

CONTENTS ⤴

I General Report

II Comprehensive Chapter

III High–Quality Development Chapter

IV Comparative Research Chapter

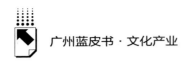
V　Cases Chapter

VI　Mutual Exchange Chapter

总 报 告

General Report

B.1
2021年广州文化产业发展
分析及2022年展望

尹 涛 杨代友 李明充*

摘 要： 2021年，广州文化产业加快发展，经估算，文化产业实现增加
值1730亿元；新业态发展势头强劲，积极布局元宇宙等前沿
领域；文化上市公司数量不断增加，文化企业实力持续增强；
文化产业"广州队"闪耀北京冬奥会，其创意作品、冬奥会吉
祥物"冰墩墩"大放异彩；影视精品不断涌现，文化产品影响
力提升；"蔡志忠漫画奖"等文化盛会陆续召开，文化平台影
响力持续提升；番禺区入选国家文化出口基地，北京路、正佳
广场成功创建首批国家级夜间文化和旅游消费集聚区，永庆坊
获评首批国家级旅游休闲街区之一，长隆旅游度假区入选首批

---

* 尹涛，广州市社会科学院副院长，研究员，博士，研究方向为区域经济、产业经济；杨代
友，广州市社会科学院现代产业研究所所长，研究员，博士，研究方向为产业经济、城市经
济；李明充，广州市社会科学院广州市文化产业研究中心执行主任，广州文化上市公司产业
联盟秘书长，研究方向为文化产业经济。

国家旅游科技示范园区试点单位；中国（广州）国际纪录片节入选国家文化出口重点项目；新增3个省级文化产业示范园区。但是也要看到，2022年广州文化产业高质量发展存在的一些问题和挑战，主要表现在：文化产业区域发展不均衡，文化产业融资渠道亟须拓展，数字化转型面临困境，受新冠肺炎疫情的冲击大，电影、旅游、演艺等行业恢复难度较大等。2022年，广州文化产业要加快推动数字化转型升级，优化产业结构，重塑新活力、壮大新主体、构建新支撑，加强交流合作、推进"人文湾区"协同发展；要加强文化产业统计监测工作，及时掌握文化产业最新态势，制定出台有效的政策措施推动文化产业高质量发展。

关键词： 文化产业 文化新业态 数字化转型 广州

2021年，广州市深入学习贯彻习近平总书记对广东省及广州市的重要讲话和重要指示批示精神，出台了《广州市文化和旅游发展"十四五"规划》《广州文化体制改革创新试验区建设发展规划》《广州市岭南文化中心区发展规划（2021—2025年）》《广州市红色文化传承弘扬示范区发展规划（2021—2025年）》 《广州构建世界级旅游目的地三年行动计划（2021—2023年）》《广州市促进文化和旅游产业高质量发展的若干措施》等政策，从提高认识、完善政策、优化结构、创新驱动、培育主体、健全要素、区域合作、优化环境等多个方面推动文化产业高质量发展。文化产业得到快速发展，经课题组初步估算，2021年广州文化产业实现增加值1730亿元，同比增长约12.60%，占GDP的比重约为6.15%，显示了其稳健的发展态势和稳固的经济支柱地位。

一 2021年广州文化产业发展的亮点

（一）文化产业发展韧性提高，行业实现迅速恢复

1. 文化产业从新冠肺炎疫情影响中迅速恢复

2021年，广州文化产业发展迅猛。虽然受疫情影响，但是文化产业却逆势增长，特别是与数字有关的领域发展势头强劲，互联网文化、直播、网络游戏等行业带动文化产业加快发展。2020年，广州市文化产业增加值达到1536.39亿元，同比增长2.59%，占全市GDP的比重为6.13%，实现连续三年占比超过6%（见图1）。经课题组初步估算，2021年广州文化产业实现增加值1730亿元，同比增长12.60%。

2021年，广州文化产业市场主体活力进一步增强，全市规模以上文化及相关产业法人单位3074家，同比增加252家；实现营业收入4807.76亿元，同比增长16.26%，比2019年增长16.95%。从动态变化看，2021年一季度、上半年和前三季度营业收入分别比2020年增长10.3%、17.6%和19.5%，产业发展态势进一步回升向好。从存量单位看，连续三年在库单位2021年实现营业收入4254.85亿元，比2019年增长8.7%，行业发展基本盘企稳。

2. 产业结构不断优化

从文化产业制造、服务与批发零售三大领域看，文化服务业支撑文化产业应对疫情且稳步恢复。2021年全市规模以上文化服务业法人单位2102家，同比增加228家，实现营业收入3126.21亿元，同比增长18.6%，对全市文化产业营业收入的贡献率为65.02%。在疫情影响的背景下，文化服务业对文化产业的恢复和稳定起到关键作用。规模以上文化制造业和限额以上文化批零业法人单位分别有482家和490家，全年分别实现营业收入832.56亿元和848.99亿元，同比分别增长9.6%和34.5%，两年平均增长2.0%和6.9%，行业整体保持较快发展态势。

图1 2015~2021年广州市文化产业发展情况

资料来源：广州市统计局。

从行业情况来看，2021年，广州市文化及相关产业总体呈现稳健发展态势，总体营收上升，九大行业均处于增长的良好状态（见表1、图2）。据统计，营业收入方面，文化装备生产业从2020年的310.21亿元增长到2021年的419.07亿元，增长率达35.09%，在九大行业里增长率最高。文化消费终端生产业从2020年的441.67亿元增长到2021年的551.49亿元，以24.86%的增长率位居第二；文化传播渠道业从2020年的569.26亿元增长到2021年的707.19亿元，以24.23%的增长率位居第三；内容创作生产业位居第四，增长幅度达17.70%；文化娱乐休闲服务业位居第五，增长幅度达14.89%；文化投资运营业位居第六，增长幅度达14.89%；剩下依次为：创意设计服务业增长幅度达9.47%，文化辅助生产和中介服务业增长幅度达4.59%，新闻信息服务业增长幅度达3.30%。法人单位方面，文化娱乐休闲服务业单位数相比2020年增加2家，在九大类别中单位数增长率最高，达到4.44%；创意设计服务业增加18家，以4.23%的增长率位居第二；文化辅助生产和中介服务业增加15家，以3.62%的增长率位居第三。

表1   2020～2021年广州市文化产业九大类别营收总额变化情况

单位：亿元

类别	2020年营业收入	2021年营业收入
新闻信息服务	567.74	586.46
内容创作生产	1151.79	1356.89
创意设计服务	774.65	848.03
文化传播渠道	569.26	707.19
文化投资运营	8.46	9.72
文化娱乐休闲服务	29.96	34.42
文化辅助生产和中介服务	281.55	294.48
文化装备生产	310.21	419.07
文化消费终端生产	441.67	551.49

资料来源：广州市统计局。

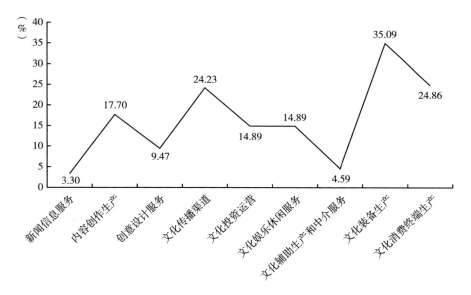

图2   2021年广州市文化产业九大类别营收额增长率

资料来源：广州市统计局。

3. 文化企业实力持续增强

文化企业数量持续增加。近年来，广州市文化产业领域创业创新活跃，

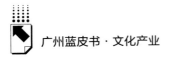
出现了许多专门孵化文化创业企业、服务文化产业创客的众创空间,文化产业创客空间发展日趋活跃,明星文化创业项目不断涌现,文化产业市场主体快速增长。2021年,广州共有规模以上文化及相关产业法人单位3074家,比2017年增加了926家,增长幅度达到43.1%。截至2021年12月,广州市营收合计5000万~1亿元的文化产业法人单位为448家,同比增长2.28%;营收合计1亿~5亿元的文化产业法人单位为463家,同比增长8.94%;营收合计5亿~10亿元的文化产业法人单位为61家,同比增长15.09%。

龙头企业品牌示范效应日益凸显。2021年,广州有9家文化企业入选2021年中国互联网企业百强榜。近年来,广州市上市文化企业不断增多,仅2019年就新增了亿航、荔枝、九尊数字互娱、浩洋股份等多家上市文化企业。截至2021年10月,广州市的国内外上市文化企业达47家。

4. 对经济社会发展贡献较大

从文化产业的社会效益看(见图3),2015~2019年文化企业税收占全市一般公共预算收入比重均在6%以上,且呈现逐年递增的趋势,到2019年,文化企业税收占全市一般公共预算收入比重上升到7.73%,这说明文化企业对于一般公共预算收入贡献较大,显示了文化企业在财税收入贡献上具有越来越重要的作用。就业方面,2018年末,文化产业法人单位吸纳从业人员67.31万人,占全市总从业人数的比重达到7.58%,占全市第三产业就业总人数的比重达到10.52%,为全市就业做出了较大的贡献。

(二)新业态发展势头强劲,积极布局元宇宙等前沿领域

1. 内容创作生产、创意设计等增长迅猛

从文化产业九大类别看,2017~2021年,文化产业新业态营业收入持续增长。2021年,广州市文化产业新业态实现营业收入2338.13亿元,占全市文化产业法人单位营业收入的比重为48.63%,相比2020年营业收入2096.13亿元,增长11.55%(见表2、图4)。

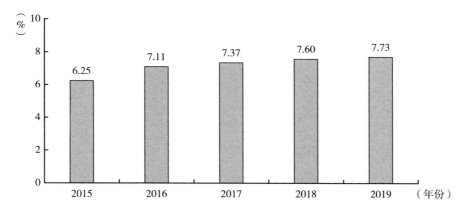

图3　2015~2019年文化企业税收占全市一般公共预算收入比重

资料来源：广州市税务局。

表2　2017~2021年文化产业新业态及其他营收总额估值

单位：亿元

年份	新业态营收总额估值	其他营收总额估值	合计
2017	1227.78	2218.79	3446.57
2018	1394.06	2660.86	4054.92
2019	1736.69	2374.12	4110.81
2020	2096.13	2039.15	4135.28
2021	2338.13	2469.63	4807.76

资料来源：广州市统计局。

　　文化产业新业态涉及九大类别中的六类，除文化消费终端生产业，其余五类的新业态营收均呈现上升趋势，其中，文化娱乐休闲服务业（电子游艺厅娱乐活动等）2021年新业态实现营收0.7亿元，相比2020年0.5亿元，增长幅度达40%，增长速度位居第一；内容创作生产业（多媒体、游戏动漫和数字出版软件开发等）2021年实现营收1183.71亿元，占该类营收总额的87.24%，同比增长率达19.28%，位居第二；创意设计服务业（互联网广告服务、工业设计服务等）2021年新业态实现营收457.56亿元，同比增长率达7.58%，位居第三（见表3、图5）。

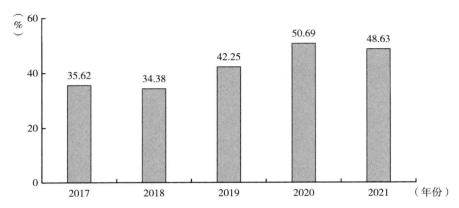

图 4　2017～2021 年广州文化产业新业态营收占全部文化产业营收比重

资料来源：广州市统计局。

表 3　2021 年文化产业新业态及其他营收总额估值

单位：亿元

类别	新业态营收总额估值	其他营收总额估值
新闻信息服务	547.38	39.09
内容创作生产	1183.71	173.17
创意设计服务	457.56	390.47
文化传播渠道	143.68	563.51
文化娱乐休闲服务	0.70	33.72
文化消费终端生产	5.10	546.39

资料来源：广州市统计局。

2. 游戏动漫、新媒体娱乐、娱乐智能设备制造规模不断扩大

文化产品和服务的生产、传播、消费的数字化、网络化进程不断加快，进一步助推了广州市文化新业态的强劲增长。2021 年，游戏动漫、新媒体娱乐、娱乐智能设备制造等 16 个文化新业态特征较为明显的行业小类共有规模以上法人单位 723 家，同比增加 125 家；实现营业收入 2078.55 亿元，同比增长 21.4%，其中 11 个行业小类的营业收入均实现 20% 以上高速增长，为文化产业持续恢复增长提供强劲动力。多媒体与游戏动漫及数字出版

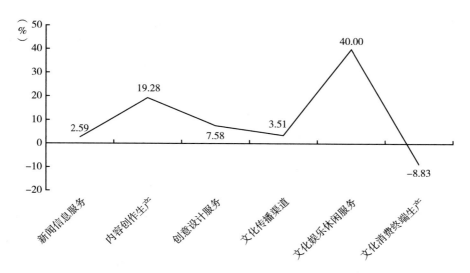

图5 2021年文化产业六大类别新业态营收总额同比增长率

资料来源：广州市统计局。

软件开发、互联网游戏服务、其他互联网信息服务、互联网搜索服务、互联网广告服务、互联网文化娱乐平台年营业收入超过100亿元。其中，互联网广告服务业实现营业收入同比增长95.9%，2020年、2021年两年平均增长32.5%，增速领跑整个行业。

游戏产业自主研发能力不断提升，全市游戏企业达3000余家，经初步测算，2019年广州规模以上游戏产业营业收入达801.41亿元，同比增长31.0%；规模以上游戏产业利润总额达136.92亿元，同比增长73.34%；规模以上游戏产业增加值达261.28亿元，同比增长30.2%；涌现出网易、三七互娱、多益网络、百田信息等一批游戏龙头企业。

3.数字音乐、直播、超高清视频等行业异军突起

目前，数字内容、视频直播、互联网文化、数字出版、社交媒体等新兴文化业态发展强劲，已成为文化产业发展的新动能和新增长点。数字音乐生态体系发展良好，广州数字音乐总产值约占全国1/4，涌现出酷狗音乐、荔枝FM等一批数字音乐龙头企业，酷狗音乐近年来营业收入年均增速超

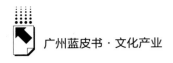

过 50%。

网络直播行业发展迅猛，涌现出欢聚集团、虎牙、YY、网易 CC 直播等骨干企业。2021 年全年，欢聚集团实现营收 26.19 亿美元，同比增长 36.5%①；2021 年全年，虎牙公司总收入 113.51 亿元，同比增长 4%，进一步巩固其国内游戏直播的龙头企业的地位。②

超高清视频产业抢占先机。中国（广州）超高清视频创新产业示范园区揭牌成立，进一步夯实了广州超高清视频产业高质量发展的基础，推动广州向"世界显示之都"不断迈进。

以微信为代表的社交媒体呈现出蓬勃发展的态势。截至 2021 年 12 月，微信及 WeChat 合并月活跃账户数 12.68 亿，同比增长 3.5%，已成为全球领先的社交媒体平台。2021 年上半年，微信小程序数量超过 430 万，日活跃用户超过 4.1 亿，月活跃用户超过 9 亿。

广州各区正在积极推动元宇宙产业的发展与布局，研究制定相关政策措施，同时，广州各区推动元宇宙产业发展各有侧重。花都区是"元宇宙产业园+全产业链"、增城区是"元宇宙先进制造+超高清显示产业+汽车产业"，黄埔区是"元宇宙核心产业链+人才元宇宙+企业元宇宙+城市元宇宙"，海珠区是"元宇宙未来都市工业+产业互联网+海上丝绸之路"，番禺区是"元宇宙文旅制造+传感器及嵌入式系统+文旅内容制作"，而南沙区则是"未来城市元宇宙+人工智能科技前沿"。

广州市黄埔区、广州开发区正式发布《广州市黄埔区、广州开发区促进元宇宙创新发展办法》。据悉，该政策是粤港澳大湾区首个元宇宙专项扶持政策，聚焦数字孪生、人机交互、AR/VR/MR（增强现实/虚拟现实/混合现实）等多个领域，推动元宇宙相关技术、管理、商业模式的产业化与规模化应用，培育产业新业态、新模式。扶持范围涵盖技术创新、应用示范、知识产权保护、人才引流、交流合作、基金支持等十个方面，

---

① 资料来源：欢聚集团 2021 年全年财报。
② 资料来源：虎牙 2021 年全年财报。

重点培育工业元宇宙、数字虚拟人、数字艺术品交易等体现元宇宙发展趋势的领域，以期抢占互联网下一个"风口"，为推动数字经济高质量发展集聚新势能。

黄埔区政府敏锐地抓住元宇宙机遇，精准施策，特别是要加强数字化算法和模型的产权界定和交易工作，以交易平台的搭建作为基础，鼓励该领域的投资、创新和研发，建设该领域的生态。2021年12月，黄埔区率先成立元宇宙研究院——广州黄埔元宇宙研究院，这也是粤港澳大湾区首个元宇宙研究院。黄埔元宇宙研究院将加速推进元宇宙底层数字技术的研发及元宇宙产业化发展。

面向"未来之城"，如今国内元宇宙头部企业已经逐步将资源向黄埔聚拢。佳都科技集团负责人表示，2022年将在黄埔区布局元宇宙相关板块，并在此规划"一院两链三创新四平台"的全新产业结构。

为抢占产业发展先机，加深元宇宙产业布局，2022年3月，由三七互娱、宸境科技、网易智企、玖的数码、大西洲等单位在南沙区共同发起广州元宇宙创新联盟。联盟成立后，将依托南沙产业发展基础，按照高端化、专业化、实体的原则打造元宇宙产业发展的桥梁纽带，同时，各方也将加快创新链与产业链、资金链、政策链的融合，助力构建广州元宇宙发展平台。

（三）文化产业推动老城市焕发新活力，发展活力得以激发和彰显

1. 入选首批影视拍摄基地促进文旅影视产业融合

近年来，广州市依托深厚文化底蕴，积极推进"文化+"融合发展，赋能推动城市文化综合实力出新出彩。为促进广州市文旅景区与影视产业融合发展，推动城市文化综合实力出新出彩，展示广州城市形象，广州影视产业服务中心联合广州地区旅游景区协会面向广州各区征集了首批影视拍摄基地。经过层层评选，最终22个景区景点入围，包括2个专业影视拍摄基地、5个自然景点、5个人文景点、2个特色建筑、4个古镇老街、4个文化场所（见表4）。

表4　广州首批影视拍摄基地

序号	影视拍摄基地分类	单位名称
1	专业影视拍摄基地	宝墨园+紫泥堂、广州1978电影小镇
2	自然景点	白云山、红山村、石门国家森林公园、南沙湿地公园、华南植物园
3	人文景点	越秀公园、黄埔军校、太古仓、陈家祠、岭南印象园
4	特色建筑	广州塔、东西塔
5	古镇老街	沙面、北京路、上下九、沙湾古镇
6	文化场所	正佳广场(海洋世界等)、碧水湾度假村、广州客天下国际旅游度假区、中国(广州)超高清视频创新产业示范园区

资料来源：网易，https://www.163.com/dy/article/GTU92U9A055004XG.html。

2. 文化产业园区推动产业聚集发展

广州市引导文化产业园区、文化产业孵化器与众创空间协同发展，有效集聚了颇具规模和数量的文化企业和相关机构，促进了文化产业融合功能及其引领新经济的作用发挥，最大限度地优化了资源配置，提高资源利用效率，推动广州文化产业走出了一条文化创意足、技术含量高的高质量发展路径，也为焕发老城市新活力、城市文化综合实力出新出彩做出了积极贡献。

广州市目前有文化产业园区（基地）超过600个，其中包括羊城创意产业园、长隆、励丰、珠江钢琴等24个国家级文化产业园区（基地）（见表5），2021年新增了欧科与南方报业两个国家文化和科技融合示范基地，以及番禺区国家文化出口基地，其示范作用以及园区影响力进一步增强。

同时，各级各类文化产业园区通过强化对入驻企业的孵化服务，延伸产业链条，推动全市文化产业进一步呈现出聚集发展态势。以羊城创意产业园为例，这里集聚了酷狗音乐、荔枝等上百家互联网优秀企业，为数字经济企业发展提供了沃土。作为国家版权示范单位，酷狗目前已有约2000件专利，打造了多个国风自制音乐IP。2021年第三季度，荔枝收入5.05亿元，同比增长40%，荔枝聚焦于付费转化潜力较高的内容品类，借助5G+AI技术，提升用户参与度，增强主播与用户的连接，释放音频娱乐业务的商业化潜力。

表5　2021年广州市国家级、省级文化产业园区（基地）一览

序号	国家级园区（基地）	序号	省级园区（基地）
1	北京路国家级文化产业示范园区	1	广州国际媒体港
2	广州国家级文化和科技融合示范基地	2	万鹏高新企业孵化器
3	中国（广州）超高清视频创新产业示范园区	3	工美港·国际数字创新中心
4	广州轻纺交易园	4	盛达电子信息创新园
5	红棉国际时装城	5	广东文投创工厂
6	广州TIT创意园-梧桐珀全球原创服饰品牌服务平台	6	广州星力动漫游戏产业园
7	广州国际轻纺城	7	广州市宏信922创意园
8	唯品同创汇	8	南方传媒文化创意产业园
9	广州国家网络游戏动漫产业发展基地	9	羊城创意产业园
10	广州国家数字家庭应用示范产业基地	10	珠影文化创意产业园
11	广东国家数字出版基地（天河软件园）	11	广东国家数字出版基地
12	广东国家音乐产业基地（广州园区）	12	广州国家数字家庭应用示范产业基地
13	广州国家广告产业园区	13	南方广播影视创意基地
14	广州长隆集团有限公司	14	广东国家音乐创意产业基地（南方广播影视传媒集团园区、飞晟园区）
15	广东省广告股份有限公司	15	广东现代广告创意中心
16	羊城创意产业园	16	广州粤港澳文化创意产业试验园区
17	广州珠江钢琴集团股份有限公司	17	广州高新技术产业开发区黄花岗科技园（越秀创意产业园区）
18	广州漫友文化科技发展有限公司	18	广州TIT国际服装创意园
19	广州励丰文化科技股份有限公司	19	广州从化动漫产业园集聚区
20	广州市浩洋电子有限公司	20	广州国家网络游戏动漫产业发展基地
21	天河区国家文化出口基地		
22	番禺区国家文化出口基地		
23	广州欧科信息技术股份有限公司国家文化和科技融合示范基地		
24	广东南方报业传媒集团有限公司国家文化和科技融合示范基地		

资料来源：根据网络公开资料整理。

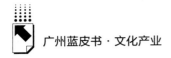

（四）联动"人文湾区"发展不断强化，核心引擎功能有效发挥

广州市作为粤港澳大湾区的中心城市，不断强化粤港澳大湾区核心引擎功能，积极为加强粤港澳大湾区区域联动搭建桥梁。广州近年来在电影产业发展方面，持续加强与其他城市的互联互通，携手打造大湾区音乐、影视、文化创作等板块。2020年，博纳影业将粤港澳大湾区总部落户广州。2021年4月，广州与澳门影业协会携手共建"广州澳门影视文化交流中心"，香港英皇娱乐大湾区总部落户广州，银都机构拓展在广州的电影核心业务。

在文旅发展方面，广州市加快建设粤港澳大湾区世界级旅游目的地，发布了16条第二批广东省粤港澳大湾区文化遗产游径，举办粤港澳大湾区艺术精品巡演、粤港澳青年文化之旅、大湾区（广东）文化创意设计大赛等一系列活动。在数字音乐方面，举办"湾区书屋音乐之夜：湾区音乐对话"活动，汇聚了旧金山湾区、纽约湾区、东京湾区和粤港澳大湾区四大湾区的青年音乐人代表，共同为建设大湾区音乐力量贡献有价值的举措。

（五）文化产业"广州队"闪耀北京冬奥会，"冰墩墩"大放异彩

在举世瞩目的2022年北京冬奥会上，广州市灯光音响产品大放异彩。包括广州市新舞台灯光设备有限公司、广州市锐丰音响科技股份有限公司、广州市鸿彩舞台设备有限公司、巨声视听科技（广州）有限公司等逾十家企业成为为冬奥会光声电提供解决方案的核心企业。据广东演艺设备行业商会初步统计，该商会参与冬奥会的灯光、音响等会员企业多达20余家，其中来自番禺的企业数量占据了一半。这说明广州市灯光音响业已经是具有全球影响力的"战队"，在世界大型活动中具有较大的影响力。目前，中国灯光音响等演艺设备产品已占据世界80%以上的市场份额，广东企业占全国的市场份额达到了80%。其中广州番禺作为我国灯光音响产业的最早发源地之一，目前已拥有灯光音响核心企业600多家，从业人员约12万人，涌现了锐丰音响、珠江灯光、浩洋电子、保伦电子等一大批专业灯光音响龙头企业。

2022年冬奥会上万众瞩目的吉祥物"冰墩墩"由广州美术学院曹雪设计，也是广州设计多年来厚积薄发的成果。2月9日，新春版冰墩墩预售，总销量达40万件，销售额2829万余元。冬奥会闭幕式当天，100万个冰墩墩及多种商品售罄，奥林匹克官方旗舰店的特许商品卖出160余万件、销售额近1.8亿元（见图6）。近年来，广州市以发展新产业增强发展新动力，大力推动工业设计发展，工业设计产业规模稳步提升，创新能力持续增强，载体建设扎实推进，带动作用日益显现。"冰墩墩"的迅速走红也体现了广州市工业设计产业的雄厚实力。从各行业类别文化产业单位数量结构变化来看，创意设计服务类单位占全市文化产业法人单位数比重最高，并且发展比较稳定，比重保持在30%左右。

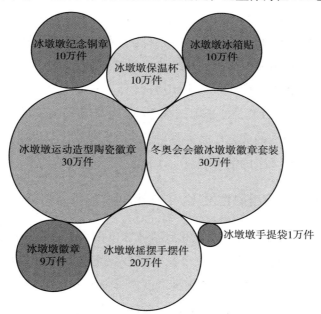

图6　奥林匹克旗舰店冰墩墩周边产品月销量

说明：计算时间为2022年2月。
资料来源：奥林匹克旗舰店。

（六）影视精品不断涌现，文化产品影响力进一步提升

在广州市文化产业规模发展迅速的同时，文化产品的质量也得到了进一

步的提升，2021年更是涌现出一大批优秀的文化作品。继在第33届中国电影金鸡奖评选中历史性获得3项提名、2项大奖之后，广州在第34届中国电影金鸡奖评选中，再获6项提名3项大奖。由广州广播电视台、广州粤剧院有限公司联合出品的粤剧电影《南越宫词》荣获金鸡奖最佳戏曲片奖；由广州市英明文化传播有限公司参与出品制作的《拆弹专家2》剪辑师钟炜钊获最佳剪辑奖；由广东博纳影业传媒有限公司出品的《中国医生》获最佳音乐奖、2021暑期票房冠军等。这些奖项充分证明了广州电影产业的实力，也是对广东省及广州市影视作品质量的肯定。

广州地区电影的出新出彩不只体现在奖项方面。2021年末上映的《雄狮少年》在国产动画电影领域成为保质保量的工业化范本，获得豆瓣评分8.3分、票房破2亿元的好成绩；《白蛇传·情》刷新戏曲票房纪录，获得豆瓣评分8.0分；由博纳影业联合出品的《长津湖之水门桥》以25.28亿元票房成绩领跑，占据档期40%以上票房；《喜羊羊与灰太狼》大电影强势回归，票房突破1.5亿元；《外来媳妇本地郎》《72家房客》等经典影视作品持续打造。这些优秀的文艺作品都体现了广州深厚的文化底蕴，也显示了广州的文化产业充满无限的活力。

（七）文商旅深度融合发展，广府特色文旅品牌打响

2021年，广州推动文化产业和旅游业深度融合，根据中国旅游研究院发布的《2021世界旅游城市蓝皮书》，广州入选世界游客最向往的中国城市榜单前三名，同时在中国城市游客满意度榜单中排名上升四位。广州利用丰富的文化旅游资源和深厚的文化底蕴，对标世界一流旅游名城，奋力构建世界级旅游目的地。2022年4月，《广州构建世界级旅游目的地三年行动计划（2021—2023年）》印发，提出壮大"文化广州""胜景广州""商都广州""美食广州""休闲广州""旅居广州""会展广州""邮轮广州""服务广州"九大城市旅游品牌，打造和推出20个城市文化新地标、新名片，推出各类广州经典、特色旅游线路100条，培育200家离境退税商店、50个外币兑换点，打造30个旅游特色购物街区，力争将广州建设成为促进旅

游经济国内国际双循环的"世界门户"与高品质世界级旅游目的地。2021年4月,广州正式发布旅游形象IP——"阿蛮"和"咩仔"。"阿蛮"和"咩仔"取材于广州的历史文化与城市特色,设计灵感来自"小蛮腰"广州塔和羊城古老传说,以新潮萌趣的形象呈现。

近年来,广州市实施了多项有力举措,并取得了可喜的成效。其中包括:评定19家省级全域旅游示范区、19家4A级旅游景区、省级旅游度假区和省级旅游休闲街区,5家单位入选首批国家级夜间文化和旅游消费集聚区;大力推进广州市红色文化传承弘扬示范区建设,改扩建中共三大会址纪念馆,对广州起义纪念馆、毛泽东同志主办农民运动讲习所旧址纪念馆、中华全国总工会旧址进行了改造和展陈提升;发布广州2.0版夜间消费地图,在推出北京路步行街、天河路商圈、珠江琶醍等一批"夜广州"消费地标基础上,增加夜游、夜健、夜赏等维度,突出"食在广州"特色;大力发展粤式夜间文化和旅游经济,培育"粤夜粤美"文旅品牌;北京路着力打响广府特色夜间文旅消费品牌,正佳广场积极打造"城市微度假"新名片,二者均入选第一批国家级文化和旅游消费集聚区。在文化和旅游部正式公布的首批国家级旅游休闲街区名单中,荔湾区永庆坊入选,进一步推进文旅融合发展,打响了广府特色文旅消费品牌。

(八)"蔡志忠漫画奖"等文化盛会陆续召开,文化平台影响力持续提升

近年来,广州市积极举办各项文化产业活动,总结各文化细分产业先进的发展经验,并预测行业发展前景,打造优秀的广州文化产业活动品牌。

在游戏产业方面,2021年广东游戏产业年会在广州黄埔成功举办,邀请了超过300名来自政府、行业专家、游戏产业领军人物等代表汇聚一堂,共同探讨元宇宙、5G云游戏技术发展、游戏渠道等领域的热门话题,为共同推动中国游戏产业可持续、高质量的发展提供决策支撑。同期召开的国际游戏者开发大会(IGDC)为游戏行业从业人员提供了一个完备的技术交流平台,引领游戏产业创新发展。

在动漫产业方面，2021年，"蔡志忠漫画奖"宣布永久落户广州，该奖项是漫画大师蔡志忠永久授权的国际性专业大奖，具备较大影响力。在本届蔡志忠漫画节中，广州漫画人和本土出品的漫画《如果历史是一群喵》、《天问》、《小林漫画》、《漫画科普：比知识有趣的冷知识》和《伍六七之最强发型师》获得四大奖项，这也反映了相关政府部门推动动漫产业发展的成效明显。此外，漫友文化获得"中国文化艺术政府奖第四届动漫奖"的"最佳动漫团队"奖项，体现了广州的动漫实力。

在工业设计方面，2022年，第二届广州国际时尚产业大会系列活动——花城时尚之夜在广州塔开幕。活动的召开体现了广州着力打造"时尚之都"的实力与决心，进一步推动以潮流文化引领消费升级，深度激发消费潜力，不断开拓新的市场空间。此外，首个由全国城市公园联手打造的公园文创交流平台——中国（广州）公园文创大会在广州开幕。来自全国十多个省市的将近50家知名公园景区和100多家院校及设计机构积极参与，创新驱动未来公园文创产业蓬勃发展。同时，2021广州文创（创新）设计大赛优秀作品展在越秀公园拉开帷幕，大赛展示了700件广州公园的文创作品，体现了广州市在文创产业方面的雄厚实力。

（九）文化出口焕发活力，全球辐射力不断提升

2021年，广州高度重视文化出口工作，把文化服务出口作为实施文化强市战略、推动城市文化综合实力出新出彩的重要举措，充分发挥国家文化出口基地在产业集聚、创新发展、示范引领等方面的重要作用，大力培育文化出口重点企业、重点项目，激发文化产业发展活力，推动对外文化贸易提质增效。广州数字服务贸易规模达到235.84亿美元，同比增长42.8%，数字文化服务出口覆盖全球200多个国家和地区。全市文化服务出口同比增长1.5倍，对共建"一带一路"30多个国家开展业务。2021年上半年，全市文化和娱乐服务出口2265.6万美元，同比增长311.89%。

在文化出口基地方面，番禺区于2021年获得了"国家文化出口基地"

的称号，至此，广州拥有两个国家文化出口基地，成为广东省唯一拥有国家文化出口基地的城市。2021年番禺区文化进出口额达43.75亿美元，文化出口产品和服务辐射全球150多个国家和地区。

在文化出口重点企业与项目方面（见表6），广州市14家企业和项目获评由商务部、中央宣传部、财政部、文化和旅游部、国家新闻出版广电总局五部门联合认定的2021～2022年度国家文化出口重点企业和重点项目，数量居全省第一，占全省获评企业和项目总数的比重超过50%。

表6　广州市获2021～2022年度国家文化出口重点企业和重点项目名单

序号	企业名称
1	广州珠江钢琴集团股份有限公司
2	广州君海网络科技有限公司
3	广东趣炫网络股份有限公司
4	广州赫墨拉信息科技有限公司
5	广东星辉天拓互动娱乐有限公司
6	广东盈浩工艺制品有限公司
7	广州凡拓动漫科技有限公司
8	广州乐牛软件科技有限公司
9	恒信东方儿童(广州)文化产业发展有限公司
10	中国图书进出口广州有限公司
11	广州市珠江灯光科技有限公司
12	广州三七互娱科技有限公司
13	漫画《射雕英雄传》版权出口项目
14	2021中国(广州)国际纪录片节

资料来源：人民网，https://baijiahao.baidu.com/s? id=1709601453656505427&wfr=spider&for=pc。

二　广州文化产业发展存在的问题和面临的挑战

（一）产业规模偏小

自2018年广州文化产业增加值达到1369.69亿元、占GDP比重达到

6.52%以来，虽然规模保持增长，但是占比一直稳定在6%~7%之间。2020年，广州文化产业在新冠肺炎疫情背景下总体表现稳定，文化产业增加值达到1536.39亿元，占全市GDP的比重为6.13%。2021年，广州全市规模以上文化及相关产业法人单位为3074家，同比增加252家，实现营业收入4807.76亿元（见表7）。

表7 2019~2021年中国七个城市文化产业相关收入情况

单位：亿元，%

城市	2019年		2020年		2021年
	增加值	占该市GDP比重	增加值	占该市GDP比重	规模以上营业收入
北京	3318.4	9.4	—	—	17563
深圳	1849.05	6.9	2243.95	>8	8267
上海	4970.97	13.1	—	—	—
杭州	2105	13.7	2285	14.2	—
广州	1497.66	6.34	1536.39	6.13	4807.76
苏州	1030	5.23	1052	5.26	—
南京	912	6.5	930	6.3	—

资料来源：国家统计局，各市统计局。

但与我国先进城市比较，广州文化产业规模有不小差距。2020年，广州文化产业增加值总量和规模以上文化产业营收合计与北京、深圳、上海、杭州等城市存在差距；2020年广州文化产业增加值占GDP的比重被南京反超，这一现状与广州深厚的文化底蕴不相称，与广州的经济总量以及广州作为国家中心城市、国际商贸中心、国家历史文化名城、综合交通枢纽的定位不匹配，与广大人民群众日益增长的精神文化生活需求不适应。

（二）数字化转型面临困境

尽管当前广州市文化产业链信息基础扎实，但是要实现全面数字化转型还存在一定的困难。首先，对于数字化转型的认知存在偏差，很多企业只停留在技术层面，认为数字化只是对数据和技术的简单利用。其次，企业数据资源的积累不足，数字化转型的基础是数据，有些传统企业的信息化水平较低，产品数据、运营数据还停留在纸质文档记录阶段，亟待提升数据采集、存储的能力。再次，数字化转型人才缺失，数字化转型的根本是企业战略的转型升级，而巨大的人才缺口加上弱于互联网行业的吸引力，使得传统行业在数字化转型过程中，面临着"找不到、招不起、留不住人才"的困境。

（三）产业空间分布不均衡

受地理位置、城市建设、政策、资源配置等因素的影响，广州市十一个区的文化产业发展水平各不相同，各区文化产业发展呈现出一种不均衡的布局和状态。2021年，广州市规模以上文化及相关产业法人单位为3074家，各个区的规模以上企业数量分布情况如图7所示，天河区以企业数862家位居第一，越秀区570家次之，海珠区538家位居第三；规模以上企业数不足100家的有从化、增城、南沙和荔湾等四个区。

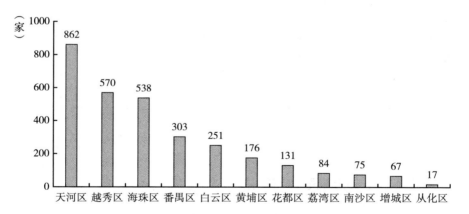

图7　2021年广州市十一个区规模以上文化及相关产业法人单位数量

资料来源：广州市统计局。

从营业收入视角也可看出（见表8），2021年各区规模以上单位数同样呈现出一种不均衡的分布状态。就广州11个区文化产业发展情况来说，天河区文化产业总体规模和实力已连续9年居广州市首位，100亿元以上规模以上文化企业数量达4家,越秀区、海珠区、番禺区的文化产业拥有持续稳定的良好发展态势,而南沙区、增城区、从化区的文化产业发展具有较大潜力,有待挖掘。协调各区平衡发展,各展所长,有助于广州市文化产业的全面健康发展。

表8　2021年广州市规模以上企业营业收入相关区间范围的企业数

区域	企业数								合计(家)
	>100亿元	50亿~100亿元	10亿~50亿元	5亿~10亿元	1亿~5亿元	5000万~1亿元	1000万~5000万元	≤1000万元	
天河区	4	1	20	20	154	135	357	171	862
越秀区	0	0	10	15	71	76	254	144	570
海珠区	1	2	2	6	46	54	226	201	538
番禺区	1	1	9	5	43	54	140	50	303
白云区	0	0	1	1	41	37	119	52	251
黄埔区	1	1	6	4	56	32	55	21	176
花都区	0	0	1	2	24	25	62	17	131
荔湾区	0	0	2	2	8	6	48	18	84
南沙区	0	0	5	4	11	18	28	9	75
增城区	0	0	1	2	6	10	35	13	67
从化区	0	0	0	0	3	1	10	3	17

资料来源:广州市统计局。

(四)行业标准规范有待完善

广州市文化产业存在行业标准不明晰的现象。以灯光音响产业为例,广州市灯光音响产业的国家标准与国际标准界限模糊,相互之间有很大差距,部分演艺设备产品标准仍然存在不适应形势发展需要或难以与国际接轨等现象,标准化推广实施体系、检测体系、监督服务体系、评价体系还不完善。此外,广州市灯光音响产业供应链整合度低,灯光音响行业供应链涉及品类多,生产周期长且成本高,产品标准化程度低。

（五）文化产业政策扶持力度有待加强

近年来，广州为了推进文化产业的快速发展，在财政、税收、金融等方面加大对文化产业的政策支持，并制定了重要的纲领性文件《广州市关于加快文化产业创新发展的实施意见》，以及电影、动漫游戏、文化产业园区、实体书店、博物馆等一系列配套政策文件，初步形成"1+N"的文化产业政策体系。但与先进城市相比，广州的政策体系还不够健全。特别是在产业融合、扶持、投融资、人才培养等方面的政策亟待完善，专项政策和专项规划配套不足，现有政策与文化产业高质量发展的要求还有一定的差距。以文化产业发展资金为例，尽管广州市设置了文化和旅游产业发展专项资金，但是规模相较于北京、上海、深圳甚至是海南等地区存在较大差距。此外，广州市其他相关政策，例如税收政策等力度较弱，导致部分文化企业外流，甚至出现部分文化企业办公地址在广州却在其他城市纳税的情况。与此同时，其他地区还凭借优惠的产业政策到广州招商引资，加剧了广州市文化企业的流失。

广州文化产业政策不仅面临扶持力度不足的问题，而且布局也不够完善，对当前涌现的文旅产业新兴业态未给予足够关注，未重视这些新业态能够带来的巨大效益。以元宇宙产业为例，2022年以来，北京、江苏、上海、浙江、山东、福建等多地密集发布元宇宙及相关产业的发展计划、措施和行动计划，为元宇宙产业的发展提供肥沃的土壤，但广州在这一领域仍缺乏相关布局。

（六）受新冠肺炎疫情的冲击大

新冠肺炎疫情对广州文化产业发展带来一定的挑战，特别是对电影、旅游、会展、文艺演出、文化装备制造等依靠消费、社交或劳动密集型生产的文化行业冲击巨大。此外，产业链上下游企业因影视、演出等活动减少而受到波及，例如传统广告传播业、灯光音响等。

在所有受影响的文化行业中，旅游业与影视业首当其冲。在旅游行业中，某旅游行业龙头企业 2020 年的总营业收入同比下降了 82.76%，总资产同比下降 50.4%。部分大型文旅景区经营形势异常严峻，亏损较为严重。在影视行业中，某龙头电影企业，总营业收入同比减少七成，亏损面扩大。这说明旅游和电影类企业的发展仍处于不太乐观的状态。

三 广州与国内主要城市文化产业比较分析

（一）文化产业增加值比较

2020 年，深圳、杭州、广州、苏州、南京和重庆的文化产业增加值均达到 900 亿元以上，文化产业呈现良好发展势头（见表 9）。尤其近年来，广州市发挥文化对经济社会发展的引领功能，不断加大对文化产业的投入，加快文化产业发展步伐，自 2016 年以来，广州文化产业增加值逐年实现增长，年平均增速 12.19%，仅次于杭州（16.48%），位居第二。

广州文化产业在快速发展的同时，与国内主要先进城市相比还存在一些差距。从文化产业增加值来看，2020 年，广州文化产业增加值 1536.39 亿元，低于北京、上海、深圳和杭州，在八个主要城市中仅位居第五，文化产业总体规模与广州领先的经济发展综合实力不匹配，也与国家中心城市的地位不相符。

表 9 国内主要城市文化产业增加值比较分析

单位：亿元

年份	北京	上海	深圳	杭州	广州	苏州	南京	重庆
2016	3570.5	1861.67	1490.18	1249	976.73	—	630	615
2017	3908.8	2081.42	1783.45	1577	1161.07	—	703.1	662.94
2018	3075.1	2193.08	1996.11	1862	1369.69	970	815.42	864.6
2019	3318.4	2302	2198.65	2105	1497.66	1030	900	956.98
2020	3770.2	2389.64	2200	2285	1536.39	1052	930	969.37

说明：2016~2017 年北京市的数据均为北京市根据地方口径统计得出的文化创意产业增加值数据；其他城市的数据均为文化及相关产业增加值数据。

资料来源：国家统计局，相关各城市统计局。

（二）文化产业增加值占 GDP 比重比较

从文化产业在国民经济中的地位看，2020 年，除了苏州和重庆之外，广州、北京、上海、深圳、杭州、南京 6 座城市文化产业增加值占 GDP 的比重均达到了 6% 以上，文化产业已发展成为城市经济发展的重要支柱性产业。

2020 年数据显示，北京、深圳和杭州不仅文化产业增加值位居前列，其占 GDP 比重也较高，分别为 9.36%、8%、14.2%，均超过 8%，文化产业是其国民经济发展的重要支柱性产业，而广州市仅占 6.13%，在八个主要城市中仅位居第五，文化产业对经济发展的带动和推动作用仍有较大的提升空间。

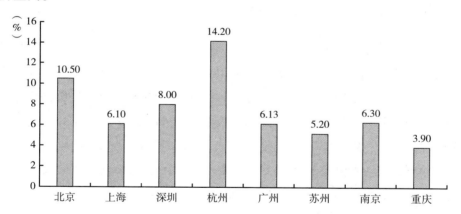

图 8　2020 年国内主要城市文化产业增加值占 GDP 比重比较

资料来源：国家统计局，相关各城市统计局。

（三）文化产业法人单位数比较

法人单位数方面，2020 年，广州市规模以上文化产业法人单位共计3074 家，低于北京的 5557 家、上海的 3548 家，位居全国主要城市第三，但规模以上文化产业法人单位数不及北京的 60%，市场活力仍有待激发（见表 10）。

表 10 2020 年国内主要城市规模以上文化产业法人单位数比较

单位：家

城市	法人单位数
北京	5557
天津	888
上海	3548
重庆	1114
广州	3074
深圳	2996

说明：天津、上海、重庆的数据为规模以上文化企业数，其他城市的数据为规模以上文化产业法人单位数。

资料来源：国家统计局，相关各城市统计局。

（四）文化产业营业收入比较

营业收入方面，2018 年，广州市规模以上文化产业营业收入为 4054.92 亿元，相比 2017 年广州市规模以上文化产业法人单位实现增加值 1123.02 亿元，呈现出良好的发展势头。但广州与国内主要发达城市相比仍存在一定差距，规模以上文化产业营业收入低于北京的 10962.96 亿元、上海的 8861.92 亿元、深圳的 7984.16 亿元和杭州的 5675.16 亿元，位居全国主要城市第五，最大差值超过 6900 亿元，最小差值超过 1600 亿元，营收规模不及北京、上海的一半，产业竞争力有待加强（见表 11）。

表 11 2018 年直辖市、副省级城市规模以上文化产业营业收入对比

单位：亿元

城　市	营业收入	城　市	营业收入
北　京	10962.96	宁　波	1296.82
天　津	1890.59	厦　门	754.20
上　海	8861.92	济　南	547.74
重　庆	1971.87	青　岛	2119.15
沈　阳	272.90	武　汉	1905.74
大　连	396.84	广　州	4054.92

城　市	营业收入	城　市	营业收入
长　春	112.99	深　圳	7984.16
哈尔滨	106.13	成　都	1385.56
南　京	3209.10	西　安	708.00
杭　州	5675.16		

资料来源：国家统计局，相关各城市统计局。

（五）文化产业扶持政策比较

在国家出台若干扶持文化产业的文件后，北京、上海、深圳、重庆、成都、杭州、武汉、南京等地也陆续出台各个细分领域的扶持政策。2016年以来，北京市先后出台了60多项政策，形成了"1+N+X"的政策体系；上海市高度重视对文化产业的政策扶持，特别是在2017年出台了《关于加快本市文化创意产业创新发展的若干意见》（简称"上海文创50条"），明确提出建设全球影视创制中心、艺术品交易中心、亚洲演艺之都、全球电竞之都，提出许多颇有力度的扶持政策，全面打响"上海文化"品牌、加快建设国际文化大都市。

1. 专项扶持资金比较

目前国内主要城市均设立了文化产业发展资金，且规模比较大。在专项扶持资金规模方面，广州与北京、深圳等城市相比较还存在一定差距。其中，北京市在2006年设立5亿元文化创意产业专项资金、2007年设立文化创意产业集聚区基础设施专项资金、2012年增设100亿元的文化创新发展专项资金。上海市宣传文化专项资金、促进文化创意产业发展财政扶持资金、市级非物质文化遗产保护专项资金三项合计达15亿元。深圳市的文化创意产业发展专项资金规模达5亿元[①]，纳入年度预算安排。成都市文化产

---

① 《深圳市人民政府关于印发深圳文化创意产业振兴发展政策的通知》（深府〔2011〕175号），规定2011~2015年，每年市高新技术重大项目专项资金安排1亿元、市宣传文化事业发展基金安排0.8亿元、原市文化产业发展专项资金安排1.2亿元，共安排3亿元，市财政新增2亿元，集中5亿元设立文化创意产业发展专项资金，用于支持文化创意产业发展。

业发展专项资金 2 亿元（不含旅游产业发展专项资金 8000 万元）。2018 年、2019 年杭州市安排文化产业扶持资金分别达到 2.6 亿元、2.08 亿元。广州的文化产业专项资金设立时间相对滞后。2021 年，广州市文化广电旅游局印发《广州市文化和旅游产业发展专项资金管理办法》，正式设立了广州市文化和旅游产业发展专项资金，专项资金规模为每年 3 亿元。因此，比较而言，从设立时间、资金规模等方面来说，广州文化产业资金扶持是不够的。

2. 文化金融政策比较

近年来，国内许多城市纷纷出台金融支持文化产业发展、文化与金融融合发展的一系列政策。如北京市近年来印发的《北京市支持文化金融融合发展资金管理办法》（京文领办发〔2021〕4 号）、《北京市文化产业"投贷奖"风险补偿资金管理办法（试行）》等扶持政策，先后设立文化创意产业统贷平台风险补偿专项资金、文化产业"投贷奖"风险补偿资金，积极鼓励银行、担保、融资租赁等机构面向本市小微文化企业提供融资服务。2020 年，上海推出首期规模 10 亿元的"文创保"专项贷款，专门解决中小微文创企业的融资需求。2020 年以来，南京出台了《关于加强文化金融稳企业保就业工作的意见》，针对文旅行业特性，以文化金融为抓手，全力保障文旅企业健康有序发展。相比北京、上海、南京等城市，广州在文化金融方面的政策支持力度有待加大。

3. 文化产业园区扶持举措比较

在文化产业园区扶持举措方面，广州与北京、深圳等城市存在差距。北京市设立了 2020 年度市级文化产业园区公共服务支持资金，提出市级文化产业示范园区支持金额不超过 300 万元，市级文化产业示范园区（提名）支持金额不超过 200 万元，市级文化产业园区支持金额不超过 100 万元。上海市出台《促进文化创意产业发展财政扶持资金管理办法》，支持市级文化创意产业园区、示范楼宇和示范空间等载体建设公共服务平台，提供专业化服务，举办高端展览展示及行业交流等活动。《深圳市人民政府印发关于文化产业发展专项资金资助办法的通知》（深府规〔2020〕2 号）明确提出鼓励创建国家级和省级文化产业园区（基地），对新认定为国家级和省级文化产业（示范）园区（基地）的，分别给予一次性300万元和100万元奖励。支持市级文化产业园区创新发展，经认定为运营优秀和良好等次的文化产业园区，分别给予一次性50万元和30万元奖励。广州文化产业发展迅猛，但政策支持体系不健全，资金、建设等扶持措施还有待完善。

四　广州文化产业发展环境分析

（一）文化产业对世界经济发展愈发重要

世界知识产权组织的数据显示，全球文化产业快速发展，日益成为世界经济增长的主要动力。2013年，全球文化产业增加值占GDP的比重为5.26%，2015年增至7%，约3/4的经济体在4.0%～6.5%之间。2018年，美国文化产业增加值占GDP的比重最高达31%，日本、韩国分别达到20%和15%，欧洲国家达到10%～15%[①]。据联合国教科文组织的数据，2017年全球文化创意产品创造产值2.25万亿美元，超过电信业全球的产值1.57万亿美元；全球文化创意产业从业人数达2950万，占世界总人口的1%。[②]

就我国而言，在相当长的一段时间里，受产业发展基础、区域分工等因素制约，在经济赶超过程中选择了以工业为主导、向制造业倾斜的"非均衡"发展道路。这一道路选择，抓住了我国经济发展的薄弱环节，集中了优势资源，体现了比较优势，大大改变了原有工业化、城镇化的轨迹，大幅提升了经济总量、工业总产值、政府财力和人均GDP等指标。但文化产业是一个国家或地区在国际竞争中软实力的重要组成部分，也是未来可持续发展的必然要求。当下，各个大国和经济体都将文化产业发展纳入了战略版图，将其提升到一个全新的高度。我国现代文化产业起步较晚，但是发展

迅速，产业体系不断健全，文化产品供给质量稳步提升，文化消费市场总体趋向活跃，文化市场主体发展活力将进一步增强，文化产业规模有望持续发展壮大。2021年，全国规模以上文化及相关产业企业实现营业收入119064亿元，按可比口径计算，比2020年增长16.0%；两年平均增长8.9%，比2019年同比增速加快1.9个百分点。文化产业不仅是我国产业结构中的重要部分，同时也以一种有机的方式与其他产业相结合，促使其他产业发展。在人口、资源、全球化等传统红利逐步衰减的情况下，我们必须牢牢把握产业转型的关键机遇期，突出把文化红利作为推动新一轮发展的重要动力。

（二）粤港澳大湾区建设助推文化产业交流合作

目前，就国内而言，广东省文化产业规模最大，创收能力最佳，发展潜力巨大。2020年，广东规模以上文化及相关产业实现营业收入18043.76亿元，高于北京、江苏、浙江、上海等省市，产业规模持续领先全国。2020年广东省文化产业增加值达到6210亿元，约占全国1/7。其中，广州、深圳文化产业增加值双双突破"千亿大关"，形成以广州和深圳两大文化产业"双核"，带动珠三角周边城市文化产业发展。

近年来，粤港澳文化产业发展强劲，文化产业在粤港澳大湾区城市国民经济发展中的作用日益重要。文化交流活动不断增多，区域合作取得积极成果。特别是《粤港澳大湾区发展规划纲要》对粤港澳大湾区的战略定位、发展目标和空间布局进行了全面规划，明确要求广州充分发挥国家中心城市和综合门户城市的引领作用，培育和提升科技教育文化中心功能，着力打造国际化大都市；强调支持广州建设岭南文化中心和对外文化交流门户，扩大岭南文化影响力和辐射力。

广州处在粤港澳大湾区"A"字形结构顶端和中部，是大湾区核心枢纽城市，在大湾区建设中担负着核心引领城市的重要使命。《粤港澳大湾区发展规划纲要》的实施对推进广州文化产业区域合作发展也提供了千载难逢的机会，有利于广州推动文化产业高质量发展。

（三）文化产业发展支持体系逐步完善

近年来，国家部委先后出台了《关于促进文化和科技深度融合的指导意见》《文化和旅游部关于推动数字文化产业高质量发展的意见》《"十四五"文化产业发展规划》《"十四五"文化和旅游市场发展规划》《"十四五"文化和旅游科技创新规划》《"十四五"文化和旅游发展规划》等政策文件。党的十九届五中全会着眼战略全局，对"十四五"时期文化建设做出部署，明确提出到2035年建成文化强国的远景目标，为我们在新发展阶段繁荣发展文化事业和文化产业、提高国家文化软实力提供了"时间表"和"路线图"。广东省近年来也先后发布了《广东省关于加快文化产业发展的若干政策意见》《广东省超高清视频产业发展行动计划（2019—2022年）》《广东省培育数字创意战略性新兴产业集群行动计划（2021—2025年）》《广东省促进文化和科技深度融合实施方案（2021—2025年）》《广东省文化和旅游发展"十四五"规划》等一系列文化产业相关政策，文化产业政策体系不断完善。这些政策的出台，为广州进一步完善文化产业政策体系指明了方向、提供了遵循。

（四）新技术将重构文化产业竞争格局

2020年11月，为贯彻落实党中央、国务院决策部署，实施文化产业数字化战略，文化和旅游部印发了《关于推动数字文化产业高质量发展的意见》，从企业培育、产业集群和产业项目三个方面都提出了2025年的发展目标。文化与科技密切相关，新科技革命和产业革命正在深刻改变文化产业的供求关系和价值链，催生新的文化业态，为世界各国和地区文化产业发展带来重大变革。科技进步不仅大幅提高了文化产业的生产效率，也使其传播范围更广、速度更快，更有力地推动了文化内容和形式的创新。特别是随着国家对"新基建"政策支持力度不断加大，文化产业迎来了新的发展机遇。一方面，在"新基建"助力下，音乐、动漫、电影、电视、游戏、表演艺术等传统产业数字化进程将不断加快。具有视觉、互动和沉浸式功能的数字文化产品和服务将继续出现，有助于促进互联网文化消费的创意化、丰富化、体验化，进一步激发文化消费潜力。另一方面，在"新基建"背景下，5G、人工智能、工业互联网、物联网等技术在文化产业领域得到广泛应用，将有力促进数字化生产要素和产品的有效流通，推动文化与技术深度融合，有助于构建新型数字化文化生态系统。近年来，广州市抓住数字文化发展机遇，构建"1+N"文化产业政策体系，加大文化创意等战略性新兴产业培育，数字文化产业发展迅猛，文化新业态不断涌现。酷狗、荔枝、网易等企业已经成为本领域数字文化产业龙头，并在政策支持、产业园区配套的协同作用下，形成较为完善的产业生态，使广州成为数字文化产业创新的乐土。

有研究表明，当人均 GDP 达到 5000~10000 美元以后，人们所追求的不再是物质"数量"而是生活"质量"，更加关注高品质的精神生活和自我提升。随着人均可支配收入提升，文化娱乐消费支出也将不断增长。国家统计局数据显示，2021 年，我国居民人均可支配收入 35128 元，人均消费支出 24100 元。全国居民人均教育文化娱乐消费支出 2599 元，增长 27.9%，占人均消费支出的比重为 10.8%。文化娱乐精神消费支出的不断增长催生出更多新业态和新消费模式，为文化产业发展带来结构性红利。同时，国内消费正在逐步缩小与发达国家之间的差距，消费结构正在迅速发生转变，文化娱乐消费拥有较大的增长空间。2020 年广东各市居民人均消费支出中，广州最高，达到 41400.32 元，广州居民人均文化娱乐消费也多年保持全国第一。广州文化产业门类齐全、科技发展良好、数字创意带动力强、文化金融活跃，为扩大和引导文化消费提供了良好环境，供给端与需求端相互促进。

五　2022年广州文化产业发展展望

近年来，从国家到广东省、广州市，已形成文化强国—文化强省—文化强市的文化发展脉络。《中华人民共和国国民经济和社会发展第十四个五年规划和 2035 年远景目标纲要》首次确定社会主义文化强国建设的时间表和路线图。2022 年 2 月，扎实推进文化强省建设大会召开，标志着广东文化强省建设步入新阶段。广州近年来积极实施文化强市战略，并计划在2022年年中举办"文化强市大会"。目前，广州正在制定《关于推动广州文化产业高质量发展的行动方案（2022—2025年）》，将在培育壮大优势文化行业、提升传统行业发展质量、优化行业空间布局、推动文化产业数字化转型、促进文化产业与若干领域深度融合、加快与粤港澳大湾区各城市的合作等方面出台一系列配套政策，扎实推进全市文化产业高质量发展。这些举措彰显了广州建设文化强市的决心，将推动广州文化强市建设进入新阶段。

（一）发展趋势展望

1. 文化产业数字化加速发展

数字技术成为经济新常态下文化产业发展的新动能，叠加新冠肺炎疫情防控的影响，广州文化产业将加速转型升级。2022年度广州市文化和旅游产业发展专项资金将加大对数字文化企业的扶持力度，进一步助力广州数字文化产业快速发展。

2021年12月，广东省科学技术厅、中共广东省委宣传部等部门联合印发《关于开展首批省文化和科技融合示范基地建设工作的通知》（粤科函高字〔2021〕1577号），将打造一批省文化和科技融合示范基地，这将有效带动广州数字文化产业快速发展。

2. 文化产业集聚发展水平进一步提高

2022年1月，广州市文广旅游局印发《广州市文化产业园区百园提质行动计划（2022—2024年）》，通过百个文化产业园区提质行动，探索主业突出、前景广阔、特色鲜明的文化产业园区发展模式，形成可复制、可推广的发展经验，充分发挥园区示范效应和辐射带动作用，打造一批园区企业创新发展、园区管理先进的示范园区，促进和带动全市文化产业高质量发展。

3. 文化旅游加速融合发展

2022年，广东省文化和旅游厅联合多部门起草的《广东省推进粤港澳大湾区世界级旅游目的地建设行动方案》即将发布，将打造展示大湾区现代都市文明、呈现文化交融特色、绽放科技创新魅力的旅游目的地。广州正在推动落实《广州构建世界级旅游目的地三年行动计划（2021—2023年）》，积极创建国家文化和旅游消费示范城市，推进珠江沿岸文化旅游高质量发展，这些举措将进一步推动广州文化旅游融合发展。

4. 文化产业大项目成为新增长点

2021年，琶洲试验区内的阿里巴巴华南运营中心开始投入使用，欧派总部大楼、TCL大厦等项目竣工。广州设计之都项目一期拟2022年底全面投入运营。总投资超25亿元的珠影粤港澳大湾区电影港（珠影粤港澳大湾区电影博物馆），将建设大湾区电影中心、大湾区电影博物馆、广东4K电影创作中心、珠影星光影院、珠影演艺厅等项目，项目总建筑面积约16.42万平方米。文化产业大项目加快建设，将助力广州打造文化产业发展新引擎。

（二）增长的预测分析

根据文化产业增长的历史数据以及考虑当前主要影响因素，对2021年广州市文化产业增加值进行估算，并预测2022年增加值。首先，绘制2011~2020年广州文化产业增加值散点图。

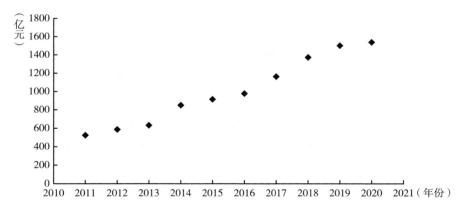

图9 2011~2020年广州文化产业增加值散点示意

可以看到，如图9所示，广州文化产业增加值总体呈现上升趋势，增长速度较快，再通过计算环比增长率（见表12），然后利用指数曲线预测模型进行合理外推。

表12　2011~2020年广州文化产业增加值及相关数据情况

年份	文化产业增加值（亿元）	t	环比增长率（%）	lnz
2011	524.52	0	—	6.26
2012	586.99	1	11.91	6.38
2013	631.49	2	7.58	6.45
2014	849.34	3	34.50	6.74
2015	913.28	4	7.53	6.82
2016	976.73	5	6.95	6.88
2017	1161.07	6	18.87	7.06
2018	1369.69	7	17.97	7.22
2019	1497.66	8	9.34	7.31
2020	1536.39	9	2.59	7.34

假设适用的指数曲线预测模型为：

$$\hat{y}_t = ae^{bt}$$

进行指数曲线模型拟合。

对模型 $\hat{y}_t = ae^{bt}$ 两边取对数：$\ln\hat{y}_t = \ln a + bt$，产生序列 $\ln y_t$，之后进行 OLS 估计该模型，可得表13。

表13　模型摘要和参数估算值

方程	因变量:y（文化产业增加值）						
	模型摘要					参数估算值	
	R^2	F	自由度1	自由度2	显著性	常量	bt
指数	0.980	387.624	1	8	0.000	528.091	0.128
自变量为 time							

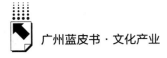

估计模型为：

$$\ln \hat{y}_t = 6.27 + 0.128t$$

再求反对数，即可求出参数 a、b 的估计值：

$$\ln \hat{a} = 6.27 \quad \hat{b} = 0.128$$

取反对数，解得预测模型为：

$$\hat{y}_t = 528.09 \times e^{0.128t}$$

指数曲线预测模型拟合效果如图 10 所示。

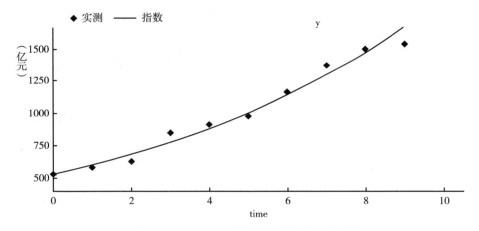

图 10 广州文化产业增加值预测拟合曲线

现预测 2021 年广州文化产业增加值增长情况，当 $t = 10$ 时，

$$\hat{y}_{10} = 1730(\text{亿元})$$

即根据 2011～2020 年广州文化产业增加值数据情况，估算 2021 年广州文化产业增加值将达到约 1730 亿元。

现预测 2022 年广州文化产业增加值增长情况，当 $t = 11$ 时，

$$\hat{y}_{11} = 1870(\text{亿元})$$

即根据 2011~2021 年广州文化产业增加值数据，预测 2022 年广州文化产业增加值将达到约 1870 亿元。

　　与此同时，新冠肺炎疫情影响仍未结束，特别是旅游旺季，由于人口流动加快，对我国疫情防控造成一定的压力。因此，在国内外多极新格局和风险挑战增多的复杂局面下，我国旅游、电影等行业经历了最严峻的挑战和最漫长的恢复。有文旅行业人士认为 2022 年或是旅游业"最困难的一年"。在严格落实各项防控措施的前提下，剧院、书城、影院等少了很多人流量。此外，受中国对外文化贸易主要合作方政策的影响，演艺产业、文化旅游、节庆会展业以及各类涉及人员参与的文化交流项目将受到较大影响。由于许多国家和地区的边境口岸对货物的限制，相关文化产品的出口将受到很大影响。

　　考虑这些综合因素，2022 年广州文化产业增加值在预测的基础上可能会有 100 亿~200 亿元的收缩，则 2022 年全年广州市文化产业将实现增加值在 1800 亿~1900 亿元的区间。

六　对策建议

　　2022 年，广州市要深入贯彻习近平总书记关于社会主义文化建设的重要论述精神，落实中央关于文化强国建设的部署要求和广东省关于扎实推进文化强省建设进行再部署要求，按照全省构建"一核一带一区"区域发展新格局、推进"双区"建设和"双城"联动战略要求，以建设"全球区域文化中心城市"为目标，积极发挥广州在粤港澳大湾区文化建设中的核心引领作用，从提高认识、强化组织、完善政策、优化结构、创新驱动、培育主体、健全要素、区域合作、优化环境等多个方面推动文化产业实现高质量发展，为广州在建设中国特色社会主义引领型全球城市、社会主义文化强国的城市范例中提供重要支撑、发挥重要作用。

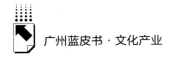

（一）加强组织协调，加大政策支持力度

加强与中央、省宣传文化部门沟通协调，加强对广州文化产业高质量发展工作的统筹协调，充分发挥市委全面深化改革委员会文化体制改革专项小组的作用，加强领导、精心组织、统筹规划、协调推进。各区结合实际，明确机构和人员，扎实推进文化产业高质量发展工作和有关重点任务。充分借鉴北京、上海等城市的先进做法，从加大财政资金投入、鼓励社会投资、促进产业集聚、扶优扶强企业、激励技术创新、加快人才培养和优化市场环境等各个方面着手，进一步完善广州市文化产业及相关细分领域的扶持政策。对此次受疫情影响较为严重的行业，加大资金扶持力度，用好用足相关税收优惠政策，有效降低文化企业的生产经营成本，全面推动广州市文化产业恢复发展和转型升级。

（二）推动文化产业数字化转型升级

推动新闻出版业数字化转型升级，加快网络游戏、网络直播、电子竞技等数字互动娱乐产业发展。支持数字文化、数字旅游等加快发展。推动网络文学、网络音乐、网络剧、微电影等新兴文艺发展。支持5G、大数据、云计算、物联网、人工智能等新技术在动漫、游戏、电子竞技等文化新业态中运用发展。加大对数字文化产业重点平台、载体建设支持力度，加大对广州人工智能与数字经济试验区等重点功能平台的扶持，吸引一批数字文化企业集聚发展。支持超高清视频产业发展，加大对中国（广州）超高清视频创新产业示范园区建设支持力度。积极发展数字音乐产业，培育一批音乐行业头部企业，建设世界级数字音乐产业平台。提高网络视听、网络文学等网络文化产品的原创能力和文化品位，促进网络文化产业链融合发展。打造全国电竞中心，支持电竞场馆建设、俱乐部落户、重大赛事举办，优化电竞产业发展生态圈。

深入推进文化大数据体系建设。贯彻国家大数据战略，对岭南文化遗产数据进行分类采集梳理，把非物质文化遗产记录成果中蕴含的岭南优秀文化的精神标识提炼出来，建设岭南文化大数据服务及应用体系，在新技术条件下推动岭南优秀文化创造性转化、创新性发展，为中国文化遗产标本库、中华民族文化基因库、中华文化素材库、文化体验园、文化体验馆、国家文化专网、国家文化大数据云平台、数字化文化生产线建设提供数据支撑，展现岭南文化的独特魅力和风采。

打造文化产业数字化载体。充分依托广州人工智能与数字经济试验区琶洲核心区优势，推动网络直播、数字出版、数字媒体等新型业务发展，形成数字文化产业集群，加快建成海珠数字文化产业创新示范区。聚焦数字文化装备领域，攻克一批关键瓶颈技术，加强虚拟现实、互动体验、灯光音响、游戏游艺设备等高端文化装备的自主研发，提升数字文化装备制造水平，推动数字文化装备向"高精尖"方向发展，建设番禺文化装备发展示范区。

（三）优化结构，重塑文化产业高质量发展新活力

构筑高端高质高新文化产业体系。加快建立以数字创意（含动漫、游戏、创意设计、VR/AR 等）、数字音乐、超高清内容制作、网络文化（网络直播、网络文学、网络表演、网络剧目、网络新媒体等）等四大新兴文化产业为引领，文化装备制造、广播电视电影、文化会展等三大优势产业为基础，一批大型文化产业集团为支撑，中小微文化企业共同发展，结构合理、门类齐全、科技含量高、富有创意、竞争力强的文化产业体系。

大力发展文化产业新业态。深入推进中国（广州）超高清视频创新产业示范园区建设，支持超高清（4K/8K）内容制作产业发展，引导和培育市场对超高清视频节目内容的制作，鼓励企业突破一批核心关键技术，推动超高清视频内容产业与垂直行业深度融合，全力打造千亿级的超高清视频内容制作产业基地。大力发展网络文化产业，丰富网络文化内涵，推动优秀文化产品网络传播，催生一批"云直播""云剧场""云博物馆""云旅游"产品。依托网络直播骨干企业，培育一批具有示范带动作用的头部网络直播机构和 MCN（网红经济运作）机构。

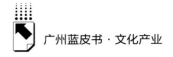

（四）培育企业，壮大文化产业高质量发展新主体

引进枢纽型文化企业。实施文化总部经济战略，加大引进枢纽型和核心型总部文化企业，重点引进世界 500 强、中国 100 强和中国 30 强文化企业区域总部及其研发基地和交易中心落户广州发展。

壮大骨干文化企业。支持具有综合实力的文化企业组建以资本为纽带的企业集团，打造在全国具有较强竞争力和影响力的数百亿、千亿级骨干文化企业，打造广州文化企业品牌。推进国有文化企业战略改制和股份制改造，培育一批具有较强核心竞争力的国有或国有控股文化企业（集团）。鼓励骨干文化企业向生态型企业发展，给予土地、人才、金融等方面的政策支持。

培育高成长性文化企业。积极落实国家、省、市有关扶持小微企业发展的优惠政策，实施中小文化企业成长专项工程。鼓励中小文化企业向"专、精、特、新"方向发展，推动培育"小升规"企业、"两高四新"企业以及"独角兽"企业。支持有条件的文化企业在主板、创业板、中小板、新三板等各类资本市场上市。

（五）健全要素，构建文化产业高质量发展新支撑

培养人才，建设文化产业高质量发展的新队伍。突出加强高端人才引进。大力实施人才强市战略，综合运用人才引进、积分落户、居住证、住房、子女入学等相关政策，推动广州市"1+4"人才政策对文化产业的支持，吸引国内外文化产业高层次人才集聚。积极引进海内外高层次、复合型人才。突出做好人才培养工作。实施文化产业人才培育计划，依托广州市高校、院所、企业、协会资源，建立文化产业人才协同培养机制，共建一批优势特色突出、具有较强服务功能的文化产业人才培养基地，联合培养一批高水平文化产业人才、多学科交叉的创新型领军人才以及国际化复合型人才，为文化产业发展储备人才资源。

创新金融，夯实文化产业高质量发展的金融新体系。大力发展文化金融

总部经济。依托海珠区、越秀区等重点区域，大力发展文化金融总部经济，争取创建国家文化与金融合作示范区。继续做强做优广州民间金融街，加快海珠广场文化金融 CBD 规划建设，引导银行、证券、保险、数字经济等行业集聚，重点引入金融或类金融总部企业以及文化企业，打造文化资本和金融资本集聚高地，建成辐射珠三角乃至华南地区的文化金融总部集聚区。大力培育文化金融市场主体。推动文化信贷、文化投资基金、文化债券、文化信托、文化保险、文化小额贷款、文化融资租赁、文化融资担保等机构和文化金融平台集聚发展，形成符合文化产业发展需求的金融推动力。大力创新文化金融服务方式。鼓励商业银行创新文化金融服务方式，完善文化产业"补、贷、投、保"联动机制，降低文化企业融资门槛和成本。调整财政对企业补贴奖励的方式，探索将部分直接补贴改为股权投资，通过股权投资的方式壮大文化企业资本实力。支持银行机构设立"文创支行"，为文化企业提供全方位的金融服务。积极开展知识产权证券化试点，开辟文化企业融资新路径。

保障用地，拓展文化产业高质量发展的空间。利用好广东省作为国务院授权和委托用地审批权试点省份的机遇，积极利用省级、市级用地指标发展文化产业。强化重点产业项目用地保障，降低市级以上重点文化产业建设项目土地出让底价，给予土地储备、农转用指标、项目审批、基础设施配套等支持。着力重塑文化产业承载力。重点是做好中心城区的"疏解+整合"，可参考北京疏解非首都功能的经验与做法，以"限制低端业态、产业转型升级、城市更新改造"为主要突破点，全力疏解非中心城区功能。对疏解后腾空的土地、厂房、商厦、批发市场等用地、设施，应通过集约高端的开发建设，引入"高精尖"文化产业，升级为高端引领、创新驱动、绿色低碳的现代文化产业发展模式，实现资源充分、合理、高效的再利用。周边地区要探索集体土地整备利用。突出加大对文化产业的优质项目招商。

（六）加强文化产业统计监测工作

统计部门、文化产业相关主管部门统一思想、形成共识，提升对文化产业统计监测工作的重视度，切实把文化产业统计监测工作摆上重要议事日程，及时制订方案，共同做好全市文化产业统计的组织实施工作，为全市文化产业统计工作奠定坚实的基础。特别是要完善和优化文化产业名录库建设工作，持续定期开展文化产业名录库建设，根据文化产业的变化情况做好基本单位名录库更新维护工作，确保每一个文化产业单位都进入基本单位名录库，切实做到"先进库，再有数"。参考北京等先进城市的做法，在报国家统计局数据的同时，根据全市（省）规模以上文化企业库的数据，提前预核算文化产业营业收入等数据，每年7月31日初步核算当年上半年文化产业数据，次年1月31日前初步核算上年全年文化产业数据，方便市委市政府掌握文化产业最新发展态势。

（七）推进大湾区文化产业协同发展

进一步发挥粤港澳大湾区时尚产业联盟等跨区域行业组织的作用。以珠宝产业为例，建议广州加快对接和引进深圳、香港黄金珠宝协会等组织，加强在专业金融、技术研发、评估鉴定、知识产权、教育培训、都市旅游等方面的交流合作。积极承接具有国际影响力的珠宝行业协会年会论坛及国际商务交流活动，例如，粤港澳大湾区黄金珠宝产业高峰论坛，搭建大湾区宝石广州市场通道，将会员企业的优质宝石矿源引入广州，获取大湾区优质货源的优先看货权、提货权、定价权和国际话语权，让广州成为大湾区的珠宝产业聚集地。

粤港澳三地应创建"粤港澳创意城市联盟网"，丰富、提升三地文化创意资讯的内容及层次，构建集投资指南、市场资讯、产业共性技术、人才交流培训、产业虚拟园区、图书馆数字化联网（广东省立中山图书馆、深圳市图书馆、香港公共图书馆、澳门中央图书馆的书目数据库联网）等多种功能于一体的共享平台与共同窗口。

参考文献

王敬：《统计工作在当前经济社会发展中的作用》，《环渤海经济瞭望》2019年第

5 期。

厉无畏：《创意产业与经济发展方式转变》，《社会科学研究》2016 年第 6 期。

吕瑞林：《大数据时代统计转变分析》，《科技经济市场》2018 年第 2 期。

段从宇、迟景明：《内涵、指标及测度：中国区域高等教育资源水平研究》，《高等教育研究》2015 年第 8 期。

解学芳：《论科技创新主导的文化产业演化规律》，《上海交通大学学报》（哲学社会科学版）2007 年第 4 期。

李凤亮、谢仁敏：《文化科技融合：现状·业态·路径——2013 年中国文化科技创新发展报告》，《福建论坛·人文社会科学版》2014 年第 12 期。

戴艳萍、胡冰：《基于协同创新理论的文化产业科技创新能力构建》，《经济体制改革》2018 年第 2 期。

胡惠林、王靖：《中国文化产业发展指数报告（CCIDI）》，上海人民出版社，2013。

综合篇
Comprehensive Chapter

B.2
广州市文化产业链数字化提升策略研究

陈 荣　郭贵民*

摘　要： 随着广州文化产业数字化转型全面推进，文化产业链数字化也成为发展趋势。本研究从文化产业链的内涵特征及数字化路径入手，客观分析了广州文化产业链数字化发展的基础与现状，重点剖析了当前广州文化产业链数字化面临的困境与短板，最后从文化产品数字化、文化产业主体数字化、文化产业营销数字化和文化产业数字化等方面提出了广州文化产业链数字化提升的对策。

关键词： 文化产业链　数字化　广州

随着广州文化产业数字化转型全面推进，数字化思维贯穿文化产业链的

---

* 陈荣，广州市社会科学院广州文化产业研究中心助理研究员，研究方向为产业经济；郭贵民，广州市社会科学院现代产业研究所副研究员，研究方向为产业政策。

各个环节，数字化产业链已然成为广州文化产业发展的重要动力。在这场整体性变革中，广州文化产业链不断升级优化，传统的文化内容生产模式和供给模式正在不断突破，文化产业新业态、新模式不断涌现。本研究立足于广州文化产业链数字化转型，从发展的基础和现状、面临的困境入手，重点提出广州文化产业链数字化的提升策略。

一 文化产业链的内涵特征及数字化路径

（一）内涵特征

国内学者对于产业链的研究已经十分广泛，产业链是指各个部门之间基于一定技术经济关联关系而客观形成的链条式形态[1][2]。基于此，可以认为文化产业链是文化产业各个部门之间基于一定技术联系而客观形成的链条式关联形态，其涵盖了文化产品设计、生产、服务和消费的全过程。

文化产业链数字化理解为通过以 5G 通信、人工智能、大数据等为代表的数字信息技术实现资源开发、产品开发、生产制造、市场营销、消费服务等文化产业链各个环节和方面的数字化和智能化，将产业链中业务流、资金流、实物流、价值流和信息流等产生的数据有序化、系统化、模块化和标准化[3]，通过创新内容和丰富内容产品供给与表现形式，实现文化产品设计、生产、营销、消费的双向互动和开放链接，推动文化产业高质量发展。具体来说，首先，文化产业链数字化背景下，数字信息技术与文化产业链深度融合，实现产业链中的相关企业"信息互通、优势互补"、激励产业链中的各企业有序竞争与合作，促进文化产业链创新升级[4]。其次，产业链数字化打

---

① 杨公朴、夏大慰：《现代产业经济学》，上海财经大学出版社，2002。
② 简新华、杨艳琳：《产业经济学》，武汉大学出版社，2002。
③ 李春发、李冬冬、周驰：《数字经济驱动制造业转型升级的作用机理——基于产业链视角的分析》，《商业研究》2020 年第 2 期。
④ 王开科、吴国兵、章贵军：《数字经济发展改善了生产效率吗》，《经济学家》2020 年第 10 期。

破了文化产业链生产要素流动的时空局限，促使生产要素合理自由流动，即利用数字化技术对产业链中各生产要素进行创造性重新组合，加快形成以新技术、新基建、新资源、新内需和新消费为特征的数字文化产业。最后，文化产业链数字化强调的是供给和需求之间的匹配，重视生产和消费之间的关系，突出文化和经济之间的联系，有效满足消费者个性化、多样化、多极化需求，实现"链"的传播和经济双重价值[①]。

（二）数字化路径

在数字经济格局下，数字信息技术通过再分配链和系统内部的新价值共享支持文化产业的数字化变革。文化产业与数字技术的跨界融合既能促进生产效率的提高，并最大限度降低生产经营成本，又能加快产业链的数字化渗透与运用进程，带来文化产业链各环节形态的演、拓展和升级。

1. 文化产业创作数字化

文化资源数字化。文化资源是文化产业内容生产制作、信息文化消费发展的源头活水与重要支撑。在数字经济时代，数字技术不仅对各类文化资源产生深刻影响，而且广泛影响历史文化元素的发掘。随着数字化基础工程的不断增加，人工智能等新数字信息技术落地应用速度显著加快。借助数字化技术整合线上线下文化资源，文化资源的采集、存储、开发、展示等环节都将以数字或数字化为基本特征，有助于更深层次挖掘文化资源内涵，不断创新文化资源传播形式和陈列方式，开发新的文化应用场景，打造别具特色的数字化文化产品和可视化呈现，不仅提升了文化数字化资源的开发和利用效率，而且实现了文化资源的价值升级。

文化产业研发数字化。随着文化科技融合理念逐步深化，作为传统文化创新的催化剂，数字技术助力文化产品的创意研发和设计，显著提升了文化产品的开发水平。科技的经度和文化的纬度深入交织，激发了文化企业生产

---

① 周锦、夏仿禹：《数字经济下传统艺术的文化产业价值链创新研究》，《艺术百家》2022 年第 1 期。

模式革新、商业模式创新和管理模式数字化再造，开发出表现形式丰富、兼具艺术性和实用性的高文化、高创意、高科技和高附加值的优秀文化创意产品，极大丰富了文化创意产品结构。例如，借助精准的数字化打造和现代信息科技，"汉仪字库陈体甲骨文"从单一的字体设计衍生出多维度、跨领域的甲骨文文化产品，晋升为系统的数字化字库①。

2. 文化产业生产数字化

文化产业生产的数字化趋势，是指数字信息技术应用于文化产品生产和再生产的过程。运用思想和想象力再次创作、设计和内容创新，促进数字化生产要素与产品的高效流通。借助数字经济下的现代科技元素和文化创意创造，不断形成新的文化及其衍生品的生产制造，并通过新媒体交互设计呈现文化产品及其衍生品，形成新的生产模式，完成文化产品生产创新和价值传递。一方面，数字化技术带来文化产品生产方式的革新。数字化设计与研发带来制造工艺的改进，可以优化传统文化生产的流程和工艺。另一方面，基于人工智能的数字化技术，能够丰富文化产品的展示媒介，触发文化产业的业态创新与生态蜕变。同时，新兴数字技术带来的技术装备数字化，对于支持文化产品和服务的开发与生产将发挥重要作用，不断催生具有可视化、沉浸式等特性的文化产品和服务，完善数字文化生态系统。

3. 文化产业营销数字化

万物互联时代，数字信息技术为数字化信息的高速流通创造条件，促使文化产品营销体系更加完善，不断推动文化产品真正融入消费者生活，成为具有地方特色的文创产品品牌。数字化文化产业链的供应侧和需求侧相互呼应，结合数字信息技术和文化创造，将受众需求和文化供给进行匹配、整合和管理，实现文化产业链的有效运作。文化产品供给方可以直接使用互联网、移动设备等设备将文化产品提供给受众。另外，通过文化与科技的创新融合，优质文化衍生品借助数字化技术和新兴网络媒介的线上、线下赋能，

---

① 李晶、李青松：《数字化时代文创产品的开发创新——以"汉仪字库陈体甲骨文"衍生产品开发为例》，《出版广角》2020 年第 18 期。

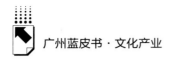

实现全媒体赋能文化产品推介，有效扩大了传播受众范围。

4. 文化产业消费数字化

与一般产品消费不同的是，文化产品消费具有很强的不确定性。在数字经济时代，"人人都是创意者"，即文化产品的消费者也能成为新文化产品的创作者，数字化在文化产品及其衍生品的生产、创作、推广、消费和再创作中发挥着重要作用，形成文化生产消费的新生态，推动传统文化业态转型升级。尤其是在以抖音、快手为代表的新媒体数字内容平台上，"Z世代"异军突起，文化产品"产销一体化"趋势渐显，动态双向的文化产业链加快形成。文化产品消费数字化需要新信息技术来完成产品创新和辅助生产，需要创意教育来培育文化消费、实现价值传递。数字技术的发展对于消费者的消费方式与消费决策的形成有着重要影响。一方面，通过形成线上线下互通的全新消费渠道，极大丰富了消费者的消费模式选择；另一方面，即时在线的数字化信息也会影响消费者消费行为。消费者则可以借助移动互联网等渠道随时随地搜寻商品信息，形成新的消费决策，实现足不出户完成消费的行为。互联网文化企业利用大数据技术，定位不同偏好的用户群体，实现了文化产品和服务的精准投放，极大地提升了文化产品的可获得性和获取便利性。

二　广州文化产业链数字化发展的基础和现状

（一）文化资源丰富

广州作为"中国古代海上丝绸之路的发祥地、岭南文化的中心地、近现代革命史的策源地和当代改革开放的前沿地"①，表现出悠久的历史渊源和鲜明的时代文化个性特征，是一座拥有众多独特、不可复制的优秀文化元素的城市，两千多年来一直作为岭南地区的政治、经济、文化中心。经过几

---

① 资料来源：http://gd.sohu.com/20110812/n319202245.shtml。

千年的文化积淀，广州已形成包括粤剧、广雕、广彩、广绣、饮食、宗教等在内的多彩的物质和非物质岭南文化瑰宝①。在非物质文化遗产方面，广州不仅拥有数量众多的资源，而且资源种类十分丰富。据统计，到 2020 年广州拥有人类非遗代表作 2 项，国家级代表性项目 17 项，省级 81 项，市级 117 项②。2021 年，广州新增 4 个项目入选国家非遗名录③，分属不同类别。在历史文化遗迹方面，广州拥有如陈氏书院（陈家祠）、黄埔军校、南越王博物院等。

（二）文化产业数字化政策不断健全

近年来，为了推动文化产业数字化发展，广州初步形成了以《广州市人民政府办公厅关于加快文化产业创新发展的实施意见》为纲领性文件，以电影、动漫游戏、文化产业园区、实体书店、博物馆等一系列政策文件为配套的"1+N"文化产业政策体系。自 2016 年以来，广州还出台了《广州市人民政府办公厅关于促进我市文化与科技融合的实施意见》《广州市推进文化创意和设计服务与相关产业融合发展行动方案（2016—2020 年）》《广州市加快数字互动娱乐产业创新规范发展工作方案》等一批政策文件。2020 年 4 月，广州市人民政府印发《广州市加快打造数字经济创新引领型城市的若干措施》，提出争创国家级数字创意产业发展示范区，加快打造数字经济创新引领型城市。2021 年 7 月，《广州市促进文化和旅游产业高质量发展的若干措施》专门提出做强数字文化产业、发展数字音乐产业、建设超高清内容创作高地、发展文化和旅游网红经济等推进数字文化旅游产业发展的重点任务和相关政策。《广州市 2022 年全面深化改革重点工作安排》，从"推动数字经济和实体经济深度融合"等方面细化了改革举措，并在重点任务清单中，将"推动文化产业高质量发展"作为文化体制改革的任务

---

① 霍秀媚：《广佛联动推动广府文化传承发展》，《探求》2012 年第 1 期。
② 中山大学中国非物质文化遗产研究中心、广州市非物质文化遗产保护中心：《非遗见证时代：广州市非遗传承发展报告（2021）》，2021。
③ 数据来源：https://www.gzdaily.cn/site2/pad/content/2021-06/12/content_ 1587034. html。

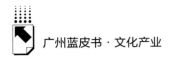

之一。这些举措对于促进文化科技融合、推动文化产业链数字化、实现文化产业高质量发展意义深远。

（三）国家文化消费试点城市建设稳步推进

广州不断出台各种鼓励文旅消费的措施，推进文化消费试点城市建设。首先，扩大文旅消费有效供给。例如，组织舞剧《醒·狮》、话剧《林则徐》等艺术精品赴全国巡演超过 180 场；开展 2021 "驾游乡村·红色之旅"旅游文化特色村自驾游活动等。其次，深入实施文化惠民工程。广州在文化消费领域广泛开展文化惠民活动。例如，举办 "粤韵广州塔——名家周末大舞台"惠民演出活动，其中市属文艺院团惠民演出近 200 场。最后，创新文化产品供给模式。持续开展红色文化进学校、进社区、进乡村、进企业、进网络活动，惠及观众 6.3 万余人①。通过一系列文化惠民措施，城乡居民文化消费水平得到显著提升。2020 年，广州城市居民家庭人均文化娱乐支出 4716.19 元，占城市居民家庭人均消费支出的比重为 10.65%，较 2016 年提高 1.35 个百分点。另外，广州还持续增加相关经费投入，加强历史文化遗产保护力度。广州历来注重加强对各类历史文化资源的保护，非遗保护也取得很好的成绩。

（四）数字经济成为广州经济发展新动能

作为全国首批 5G 商用城市之一，广州信息软硬件设施全国领先，数字经济创新平台和发展载体建设加快推进。据广州市工信局数据，仅 2021 年就新建 5G 基站 14559 座，5G 用户超过 1000 万户，电信业务总量较上年增长 26.4%。2021 年软件和信息技术服务业实现收入（工信口径）5857 亿元，同比增长 18.4%。其中，工业软件收入同比增长 25%，云计算服务收入同比增长 23.8%，大数据服务收入同比增长 21.6%。特别是新冠肺

---

① 《广州培育建设国际消费中心城市，文旅领域怎么做？》，https：//baijiahao. baidu. com/s？id=1713794018122397854&wfr=spider&for=pc。

炎疫情出现以来，广州互联网、软件和信息技术服务业充分发挥网络办公、居家办公优势，以新数字技术为支撑的新经济业态发展迅猛，有效对冲疫情负面影响。另外，广州在超高清视频产业、人工智能产业、软件和信息技术服务业、大数据产业、智能设备制造、区块链产业、集成电路等多个数字经济细分领域均处在全国前列，体现了广州不断加速文化产业数字化转型。

（五）文化产业数字化步伐加快

在日益活跃的数字文化经济领域，广州线上文化产业蓬勃发展，例如数字音乐、数字新闻、数字动漫、网络游戏等文化产业新兴领域位居全国前列。一是数字音乐处于龙头地位。广州数字音乐产业得到快速发展，涌现出酷狗音乐、荔枝 FM、YY 语音等一批数字音乐龙头企业，网络音乐总产值约占全国 1/4，有羊城创意产业园、南方广播影视传媒园区、广州飞晟园区等国家级音乐产业园区。二是数字新媒体实力雄厚。微信是全国最大的社交平台。2019 年微信月活账户数为 11.51 亿，提供超过 20 种语言版本。广州还拥有 ZAKER、UC 头条、爱范儿、21CN 等知名新闻资讯类平台。三是电竞产业迅速崛起。广州认真落实《广州市促进电竞产业发展三年行动方案（2019—2021 年）》，积极建设全国电竞产业中心。2020 年广州趣丸网络公司组建"广州 TTG"战队，该战队成为广东地区第一支职业电子竞技战队。广州大湾区数字娱乐产业园、云湖竞城等重点园区推进建设，加快了电竞产业集聚发展。2019 年王者荣耀冬季冠军杯总决赛、2020 年英雄联盟德玛西亚杯等大型赛事成功举办，进一步激发广州电竞产业的发展活力。四是数字动漫稳步发展。广州动漫业在全国具有重要地位，总产值超百亿，约占全国产值 1/5。拥有《喜羊羊与灰太狼》《猪猪侠》等知名动漫品牌，涌现奥飞动漫、漫友文化等一批国家重点动漫企业。据《广州文化产业发展报告（2021）》，目前广州市动漫企业数量超过 500 家，漫画生产和消费规模均占全国 10% 以上，动画片年产量超 200 部，年播出动画片约 26 万分钟，产量和播出量均在全国领先。

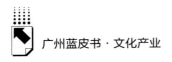

三　广州文化产业链数字化面临的困境

（一）地方特色文化资源的数字化建设水平不高

一是传统保守的藏品管理制度阻碍藏品数字化进程。广州拥有丰富的特色文化资源，但受诸多因素如文化体制机制等的制约，许多文物藏品未能陈列出来供观众观看。例如，广州博物馆通过调拨、收购、捐赠、交换等方式汇集藏品约 13 万件套，但由于安全、文物保护等因素制约，现馆内常设展览为"广州历史陈列展"，仅展览近千件古代、近代的图片、资料。①

二是文化资源的数字化程度不高。文化资源优势要转化为文化数据要素，才能实现市场化，这是文化产业数字化的前提。广州文化资源丰厚，各机构收藏有丰富的文化资源，但受资金、技术、人才等各种条件的限制，大多以图片、录像、实物等形式陈列，目前这些资源还没能实现数字化存储，没有形成专门的文化艺术数据库，文化数据要素挖掘不够深入，未能形成文化资源数据要素。政府有关部门，如住建、文旅、文博等单位的文化资源，受产权等各种因素影响，还不能形成互联互通的共享机制，广州文化资源优势无法得到充分彰显。

三是历史文化资源的宣传和展示不足。首先是当前广州历史文化活化项目以单体为主，缺乏以市场为导向的特色化经营，整体较为孤立、分散，再加上宣传推荐不够，互动式的文化体验和参与明显缺乏。其次是对文化资源的创新性转化和创新性发展不足。文化企业、园区参与较少，文化衍生产品多样性不够，与周边旅游景点、城市更新串联不够，导致历史文化资源影响力有限，难以支撑老城市焕发新活力。

---

① 资料来源：广州图书馆官网。

（二）文化市场主体数字化转型陷入困境

一是数字技术供给不充分。大数据、人工智能、物联网、区块链等数字技术正加速成为文化产业链数字化的不竭动力，不仅可以创新文化产品内容、丰富表现手段，还可以推动文化市场主体大众化、服务精准化。但由于广州制造业产业链整体价值和技术水平不高，拥有的核心技术不充分，导致广州数字技术供给不充分，阻碍了文化产业链数字化升级。数字化技术应用落后导致广州文化产业生产、流通、传播、消费及消费体验的数字化程度不高。

二是专业技术人才供给不充分。当前，广州市文化产业单位规模偏小，小微型文化企业占据主体地位。众多从业人员不懂数字技术，尤其是"数网智"（数字化、网络化、智能化）技术人才匮乏，加之数字智能设备普及率不高，也在一定程度上阻碍了文化产业链数字化进程。

三是文化资源开发投入供给不足。传统文化企业进行数字化改造升级面临着资金筹集困难和收益周期延长的问题。众多的文化遗产是传统文化的根基，对传统文化价值与功能进行深入挖掘、解读与系统整理面临资金短缺，使得广州文化资源转化为数字文化产品的难度增大。

四是文化产业政策供给不足。与先进城市相比，广州的政策体系还不够健全。尤其是在产业跨界融合、人才培养、知识产权保护、数据使用和网络安全等细分领域的政策亟待完善。例如，北京自 2006 年起陆续出台了涵盖文化产业投融资、文化产业园区、文化人才队伍建设等多方面配套政策。而广州文化产业专项政策和专项规划不足，不能满足文化产业链数字化的发展要求。

（三）文化产业营销数字化程度不高

一是本土文化产业品牌偏少。尽管广州文化产业规模一直保持稳定增长，但是整体缺乏影响广泛、高质量内涵的文化精品佳作，文化原创力效应较弱。另外，广州缺乏诸如腾讯、华夏电影这类骨干文化企业引领，也缺少数字文化头部企业，多数文化企业规模偏小、抗风险能力较弱。从每年

"全国文化企业30强"① 榜单来看，广州入选企业数量与北京差距巨大，这也证实了广州文化企业竞争力不强。

二是城市历史文化底蕴有待进一步挖掘。城市形象是城市文化的载体。作为城市品牌形象的核心，广州城市文化价值挖掘得还不够深、文化价值定位不够清晰。尽管广州拥有极其丰富的文化内涵和兼容并蓄的城市特质，有着花城、千年商都、海上丝绸之路主港等美誉，但相较于北京的政治中心、上海时尚大都会、深圳创新活力高科技等，广州整体城市形象定位不是特别清晰，缺乏一个简洁响亮的城市形象品牌。纵观广州城市营销史，广州的城市形象国际传播逐步加大、国际品牌影响力加快提升，反而在国内城市营销效果不理想。在城市品牌营销领域，借助抖音等短视频平台传播和优质的城市宣传内容，重庆、西安、成都等城市迅速蹿红，吸引了众多游客前往打卡，而广州在短视频宣传上属于"补票上车"，整体面临着旅游增长乏力的困境。

（四）数字文化消费的潜力未被充分挖掘

一是数字文化消费环境还有待完善。随着数字文化产业快速发展，动漫游戏、网络游戏、网络视频等线上文娱方式正逐步对接着人们多样性文化娱乐需求。但由于知识产权保护还不到位、数字文化发展还不够成熟，数字文化消费总有"看不见的坑"，数字文化消费纠纷时有发生。

二是线上消费升级仍大有余地。新冠肺炎疫情发生以来，广州云办公、云旅游、云音乐等线上文化业态发展迅猛，各种带有"云"属性的新兴消费热度猛增。为促进文旅消费增长，广州还大力推进公共文化数字化工程，开启云上文旅新场景，对于消费者居家期间的文化消费发挥了一定作用。但是也应该看到，现有的科技手段还无法保证现实文化消费活动中的体验感和参与感。因而，在互联网和数字技术广泛普及的当下，广州文化消费数字化的潜力还有待进一步释放。

---

① 该榜单每年由光明日报社和经济日报社联合评选并发布。

四 广州文化产业链数字化的对策

（一）推进文化产品数字化

一是促进优秀文化资源数字化。加快推进线下文化资源数字化，支持文化场馆、文娱场所、景区景点、街区园区开发数字化产品和服务，将创作、生产和传播等向云上拓展，推进文化艺术数字化展示，拓展文化消费新场景，激活文化遗产和文化资源，激发文化产业消费潜力。探索开展数字博物馆、数字文化馆、数字信息资源共享、数字文化遗产展示等智慧场馆平台建设，积极推进馆藏数字化、展览数字化、参观数字化的进程，提高各种文化场馆的数字化工作经济效益。

二是围绕文化产品及其衍生品进行数字化改造。数字活化是文化产品商品化的重要方向。提升公共文化服务质量，打造数字文化产业精品力作，推动文化惠民。积极推动科技型企业参与到文化产品数字化改造提升工程中，推动文化产品供给均衡化、数字化、品质化。

（二）加快推进文化产业主体数字化

一是加快文化创意企业数字化改造。加大对文化创意企业数字化改造的政策支持。引导支持文化创意企业加大对数字技术应用的研发投入，支持自主或联合建立技术中心、设计中心等机构，推动产品服务和业务流程改造升级。鼓励传统文化企业与互联网平台企业、行业性平台企业、金融机构等开展联合创新，共享技术、通用性资产、数据、人才、市场、渠道、设施、中台等资源，加快数字化转型与业务流程重塑、组织结构优化、商业模式变革有机结合，构建跨界融合的文化产业生态。

二是推进产业园区数字化。结合文化产业百园提质计划，推进广州文化产业园区数字化转型，每个细分行业产业链条培育1~2个具有示范作用的数字化产业园区。完善文化产业各类园区的数字基础设施，提升园区数字化管理服务功能,加强现代信息技术在园区的融合应用,支撑园区内企业数字化转型和数字产业集聚发展。推动园区进行产业链整合,鼓励园区针对产业链的不同环节及其功能定位,分环节、分企业特性制定出台园区扶持政策,将产业链协同发展打造成为园区的核心竞争力。

三是优化提升文化产业链招商行动。依托"链主"企业招商。梳理排定产业强链补链的关键环节,以串链补链强链为主攻方向,以做大产业规模、做优产业布局为主要目标,形成引进的靶向企业、重点项目清单。细化八大文化产业链群招商目录,进一步制定精准招商实施方案,明确各链条招商引资的时间安排、主要渠道、空间布局、配套政策。加快构建包括园区、企业、平台、产品等多维度、多要素支撑的数字文化产业主体集群。

(三)促进文化产业营销数字化

一是擦亮文化品牌,凸显广州文化标识。按照广州文化强市建设战略部署,加快构建全新的城市文化品牌。基于广州本身的特色与特长,从四大文化品牌即"红色文化、岭南文化、海丝文化、创新文化"出发,挖掘广州文化价值内涵,实现广州城市文化品牌精准定位,促进广州城市文化价值与城市品牌价值相统一。打造广州独有 IP,增加城市美誉度。加快构建广州城市文化品牌具体传播路径。根据广州独特的城市文化内涵和城市形象,围绕文化价值定位,从国际视野着手,整合城市品牌宣传推广方式和渠道,着手提升广州城市文化形象和影响力。

二是拥抱数字化转型,转变营销思维。各类文化市场主体要制定适应新商业环境的营销策略,提升开展线上业务的能力,为消费者提供广泛的数字化文化产品、文化服务和文化体验,满足消费者线上产品和服务的需求。

三是加快文化产品消费的数字化平台建设。基于居民消费习惯的移动化、体验式趋势,大力推动文化产品线上消费,增强文化产品消费的互动性和体验性。逐步形成生产完备、营销完善的数字化文化融媒体产业,突出文化产业的营销推广,发展文化消费的平台经济。逐步壮大数字文化产业生产主体，不断丰富文化产品供给，满足多样化文化产品需求，推动文化消费体验数字化转型升级。

（四）推进文化产业数字化提升

一是实施文化产业数字化支持工程。文化产业链数字化提升需要政府引导，进一步优化数字文化产业的创新生态。首先，基于当前文化产业政策体系，广州需进一步完善文化科技融合政策、文化产业园区政策、文化金融政策、数字文化产业政策，强化文化产业链数字化政策支持。其次，完善顶层设计，强化文化产业链数字化领导。成立专门的文化产业数字化领导小组，推动文化产业链数字化的机制化常态化和全域覆盖，从规划、路径等方面积极引导文化产业链数字化提升。再次，优化人才培育、人才引进、人才激励和人才服务等工作，积累数字文化人才优势。最后，通过财政预算设计、政府购买或设立专项资金等路径继续大力推进文化产业链数字化。

二是深化文化旅游产业链融合发展行动，不断提高城市文化旅游消费品质。其一，推动文化和旅游融合发展。发挥岭南集团等文旅企业的龙头带动作用，推动全市文旅产业融合发展。建设一批富有文化底蕴的世界级旅游景区和度假区，打造一批文化特色鲜明的国家级旅游休闲城市和街区，积极创建国家文化产业和旅游产业融合发展示范区。打造一批具有示范价值和社会效益的旅游演艺项目。鼓励游戏游艺设备生产企业和旅游景区、主题公园深度合作，相互赋能。推进"直播+旅游"，打造景区营销新模式。其二，大力发展体验式旅游。引导和支持虚拟现实、增强现实、5G+4K/8K超高清、无人机等技术在旅游领域应用，发展全息互动投影、无人机表演、夜间光影秀等旅游创新产品。支持文化文物单位、景区景点、主题公园、园区街区等涉旅重点区域运用文化资源开发沉浸式体验项目，开展数字展馆、虚拟景区等服务。

三是加快文化科技融合发展。随着"人人都是创意者"的文化共创时代逐步开启，加快培育数字文化新业态、强化文化和数字科技的深度融合创新发展。鼓励从需求侧引导供给侧结构变革，形成文化生产消费的新生态。

B.3
广州市时尚产业演变及创新发展思考

江浩　魏慧丽　苏晓红　陈小兰*

摘　要： 在全球消费市场蓬勃发展的大背景下，时尚产业是引领世界经济发展的重要产业之一。本文通过研究古今中外时尚产业定义及内涵，创新定义广州市时尚产业，结合产业规模数据与空间数据，梳理广州市时尚产业的发展历程，呈现出从兴起到腾飞再到缓慢增长，空间从"单核心集聚"转向"多核心连续集聚带"的演变轨迹。对标国际国内时尚城市，建议广州把握国际消费中心城市发展的机遇，重点培育时尚产业品牌以及消费环境，侧重发展时尚美妆、家居、健康等内容，打造时尚产业消费、时尚产业活动、时尚产业服务等地标。

关键词： 时尚产业　消费　集聚　广州

一　创新界定广州市时尚产业内涵

（一）时尚产业概念演变分析及创新界定

从古至今，从西方到东方，国内外各界积极探讨时尚定义与时尚产业的

---

* 江浩，广州市现代城市更新产业发展中心执行院长，研究方向为城市更新、产业规划、城乡融合发展；魏慧丽，广州市现代城市更新产业发展中心副院长，研究方向为城市更新、国土空间规划及政策；苏晓红，广州市现代城市更新产业发展中心研究部长，研究方向为土地制度、经济地理、产业政策；陈小兰，广州市现代城市更新产业发展中心研究专员，研究方向为人文地理、产业政策。

起源。19 世纪后西方学界开始探讨时尚（fashion）和时尚产业，其中较为典型的是柯林斯词典（英国）对"fashion"的释义，即时尚是一个涉及服装风格和外观的活动领域。此后西方学界从社会学、心理学、行为学等视角延伸界定。自 20 世纪后，国内经济学等学界、政界等不同主体开始探索研究时尚与时尚产业的概念，在国内时尚最早被认为是人的行为模式和物的形状模式。《时尚产业经济学新论》指出，时尚产业是基于消费时代，由人们的精神、文化等需求驱动而产生。

目前，国内外学术界对时尚产业的定义没有明确的定论。受早期资本主义的影响，以服装制造业为核心的时尚产业起源于法国巴黎和意大利米兰，并促进了城市经济和社会的发展。伴随着时尚产业对时代发展意义的凸显，国内学者对时尚产业的重视程度日益增加，其定义主要从时尚行业［普里斯特（Priest），2005］、时尚消费（高骞，2009）两个层面展开。然而，越来越多的学者表明时尚产业并非一个独立的产业，从产业链角度考察，赵磊（2007）提出时尚产业是沟通现代服务业和先进制造业的桥梁。高长春（2014）认为时尚产业是根据设计、制造、推广、销售等打造出具有时代先进性且装饰美化人们生活的产品或服务的新型产业集群。王敏（2017）指出时尚产业是通过整合、提升、组合各类传统产业资源要素形成的一种较为独特的产品、商品运作模式。程敏（2020）提出时尚产业是由多个产业集群组合开展设计研发、生产制造、传播流通等环节的产业。

总结而言，结合心理学、社会学与经济学等视角，笔者集各家之所长，归纳出时尚的意义，即时尚为群体流行的精神，是一定时期和特定社会文化背景下，人们为保持个体差异性和社会一致性，部分精神内涵被一定群体接纳并流行起来的一种群体流行精神。而时尚产业是在时尚精神内涵符号化后，通过时尚消费产生的产业。因此，时尚产业是以时尚消费为核心，通过时尚传播形成时尚消费的产业。

（二）时尚产业范围演变分析及创新界定

关于时尚产业的范围，至今尚未形成统一的行业划分标准和范式，学者从不同维度分类。依据广义和狭义，赵平等（2004）认为服装服饰行业是最狭义的时尚产业，其次扩展到文化产业、休闲产业等领域，则是广义内涵；谢群慧（2004）提出狭义的时尚产业是指服装、皮具皮鞋、化妆品、珠宝等行业，广义的时尚产业包括家具、美容美发、传播、会展等。依据产业层次，《中国时尚产业蓝皮书（2008）》根据时尚制造业和时尚服务业两个行业层次来确定，其中时尚制造业包括服装鞋帽、皮具、珠宝、化妆品、消费类电子等第二产业制造产品，时尚服务业涵盖旅游、影视、健身等第三产业服务产品；《中国时尚产业蓝皮书（2018）》依据时尚产品的消费形态划分为核心型时尚产业（服装、珠宝、箱包、皮具等）、扩展型时尚产业（家居、家纺等）、延伸型时尚产业（动漫、游戏、影视等）、边缘型时尚产业（时尚街区、时尚社区等）。依据传统价值链理论，颜莉等（2012）将时尚产业划分为时尚概念与时尚样品、时尚再设计与生产、时尚产品宣传与消费三个模块，其中时尚产品以服装、皮具、珠宝、化妆品等为主要内容。

综上所述，笔者认为时尚产业不仅包括传统时尚内容，如围绕人体表面和人居环境的服饰、珠宝、箱包、美妆、家居等，同时还延伸到精神表达，形成新兴时尚，包括文化创意、时尚传播、疫情引发的时尚健康等类型。

（三）创新界定广州时尚产业内涵

广州作为千年商都和国际商贸中心，具备完善的时尚产业生产基础以及巨大的时尚影响力，拥有整合广泛的时尚产品流通渠道，打造形成辐射周边城市的时尚潮流地、时尚引领地。广州时尚产业中化妆品、服饰、箱包、鞋帽、珠宝首饰五大领域具有绝对优势，拥有超600个专业市场，散布在各个商圈，专业市场集群的年交易额均在500亿元以上。另外，五大时尚产业的企业数量居全国首位，保持高于全国水平的高增长率、大增长量，具体体现为服装企业50万家、化妆品企业34万家、鞋帽企业34万家、珠宝首饰企业10万家、箱包企业3万家等，其中化妆品和服饰品牌最多、影响力最大。另外，时尚国货品牌近年来也不断崛起，在2020新国货之城排名中，广州居全国第二。天猫"双11"销售额显示，广州有18个品牌销量破亿元，其中有 50% 来自时尚产业①。

基于广州城市发展和时尚产业特征，结合国民经济行业分类，创新界定广州市时尚产业，按照与人关系紧密程度进行层次划分，广州时尚产业以人体表面、人居环境、精神表达为核心，包括时尚服饰、时尚箱包、时尚珠宝、时尚美妆，时尚家居、时尚工艺品，时尚文娱、时尚健康等产业类型。

表 1　广州市时尚产业创新界定及分类

时尚产业分类依据	时尚产业类型	具体时尚内容
围绕人体表面进行时尚消费	时尚服饰	时尚潮服,轻奢服饰,COS 服装,快时尚服装,高级定制服装、运动服饰
	时尚箱包	定制箱包,品牌箱包
	时尚珠宝	品牌珠宝,品牌手表,智能眼镜,精品首饰
	时尚美妆	医疗美容,高级香氛,私人造型,定制假发,高奢化妆品(香氛、美瞳、母婴、男士日用品、口腔、护肤、彩妆)
围绕人居环境进行时尚消费	时尚家居	定制家居,智能家居,环保家居(机器人、睡眠家居、小家电)
	时尚工艺品	时尚藏品,艺术摆件,高级字画
围绕精神表达进行时尚消费	时尚文娱	沉浸式互动体验,时尚传播,电竞动漫,消费电子
	时尚健康	私人健康服务,高端文体服务,健康器械(运动健身),健康食品等

资料来源：陈文晖编《中国时尚产业发展蓝皮书（2018）》，经济管理出版社，2018。

二　二十年来广州市时尚产业演变分析

根据创新定义的广州市时尚产业内涵，结合历年来相关国民行业分类统计数据，统计 2000 年以来广州纺织服装、服饰业、纺织业，家具制造业，化学纤维制造业、化学原料和化学制品制造业、医药制造业，皮革、毛皮、羽毛及其制品和制鞋业（以下简称四大时尚产业）等新注册企业数量、当年累计生产产值、当年累计销售营业额、当年累计外贸出口值等数据，作为二十年来广州时尚产业演变分析的数据来源。

---

① 资料来源：广州市商务局联合阿里研究院共同发布《2020 年广州时尚产业报告》，2020。

总体来看，广州市时尚产业呈波动上升状态，在 2006 年、2014 年出现增长峰值，总体呈现出先兴起腾飞、后缓慢增长的演变特征，将其发展划分为 3 个阶段：兴起成长阶段（2000~2010 年）、腾飞发展阶段（2011~2015 年）及缓慢增长阶段（2016~2021 年）。

通过核密度分析，广州时尚产业的布局演化路径大致从点状分散式向带状集聚式发展，呈现由起初的"单核心集聚"到现今"多核心连续集聚带"的空间演变特征。具体而言，广州时尚产业空间分布在不同阶段呈现先外扩后集聚的演变特征，体现其主要集聚区由中心城区的越秀区、白云区向外围城区花都区扩张，而后呈带状集聚在中心城区的白云区、越秀区、荔湾区北部、番禺区的北部片区，并在增城区的南部、天河区的东南部等多个片区出现时尚产业小规模的集聚。

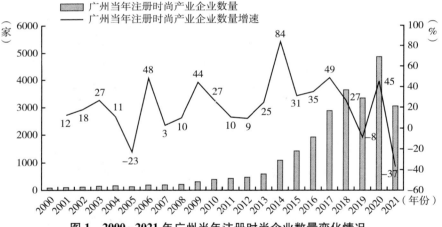

图 1 2000~2021 年广州当年注册时尚企业数量变化情况

资料来源：企查查网站。

（一）兴起成长阶段（2000~2010年）

自 2000 年伊始，广州时尚产业的生产制造产值从 685.57 亿元增长到 2010 年的 2574.88 亿元，其增长速度较平缓；批发零售产值从 147.6 亿元增长到 2010 年的 1204.72 亿元，增长速度波动上升明显；外贸出口产值从 308.62 亿元增长到 2010 年的 690.94 亿元，但在 2009 年出现负增长，整体增速缓慢下降。广州四大时尚的企业数量累计达 1530 家，增速先下降后波动增长。

该阶段广州时尚产业零星分布在广州市外围区域，主要分布在广州市的西北部，以白云区为唯一的高集聚核心地区，且位于均禾街道中部地区，集聚范围较大，以发展制造与批发类的化妆品产业和皮革皮具产业为主。次高集聚区位于花都区的狮岭镇，相比较而言，集聚程度低于白云区，侧重发展制造和批发类的皮革皮具产业；白云区的钟落潭镇及人和镇、番禺区的南村镇、大石街道及洛浦街道和增城区的新塘镇有一定的集聚片区，但集聚程度不够高，均以发展制造和批发类的服装服饰产业为主。而中心城区的天河区、荔湾区、海珠区、越秀区及外围区域的黄埔区、从化区的集聚程度较低。

（二）腾飞发展阶段（2011~2015 年）

随着生产力的提高和经济的发展，广州时尚产业在该阶段发展较为快速，其中显著发展体现在批发零售环节，产业规模迅速扩大，2015 年为发展高峰期。生产制造环节尽管也呈现稳步发展的特征，但增长速度依然波动下滑。外贸出口环节，广州时尚产品出口产值不断增加，增长速度呈波动上升的特征。四大时尚行业企业总数量逐年增加，累计超 1400 家，呈正向波动增长。

随着广州时尚企业数量的增加，广州时尚产业的集聚核心区发生明显变化，主要分布在广州西部地区。集聚的核心由此前单一的白云区转变为花都区和白云区，高密度集聚区的花都狮岭镇以及次高集聚区的白云均禾街道，大多数是发展制造和批发类的皮革皮具产业，表明该阶段广州皮革皮具产业的腾飞发展主要发生在花都区与白云区，此外，白云区还集中发展制造和批发类的服装服饰和化妆品产业。番禺区和增城新塘镇街集聚发展偏弱，均以服装服饰产业为主，其他地区几乎没有时尚产业的集聚分布。

（三）缓慢增长阶段（2016~2021 年）

到 2016 年，广州时尚产业出现负增长的变化情况，尽管时尚企业数量高达 1900 多家，但其增速在 2019 年跌至 31%。从生产规模来看，尤其在生产制造和批发零售环节，产值规模不断下降，尤其在 2017 年，两个环节的产值增长速度分别为 -21%、-39%，进入了缓慢发展时期。反观外贸出口环节，产值规模尽管一开始在增加，而后出现了减少，表明广州时尚产业亟须转型发展，倒逼产业创新，促进时尚产业升级（见图2）。

自 2016 年开始，广州时尚产业逐渐向中心城区靠拢发展，并形成多个核心的连续集聚带。比较明显的是，广州时尚企业分布集聚程度最高的依旧是花都区和白云区，花都区依旧主要发展"制造+批发"类的皮革皮具产业，白云区则集聚发展"制造+批发"类的服装服饰产业，且涉及研发、销售环节的企业也逐渐增加，这是由于近年来白云区"设计之都"的兴起发展吸引企业落户；此外，部分皮革皮具产业、化妆品产业高密度集聚在白云区内部。番禺区大石街道、增城区新塘镇、南沙区南沙街道开始显现小规模的高密度集聚区，均分布"制造+批发"类的服装服饰企业，还包括少部分处于研发和销售环节的企业。更为重要的是，白云区的集聚范围逐渐往南扩展，形成"白云-越秀"高密度分布的连续带。其次，从番禺区的大石街道往北部延伸发展"番禺-海珠"这一连续集聚带。此外，天河区的黄村街道、车陂街道与南沙区的黄阁镇等时尚产业集聚度不断上升。

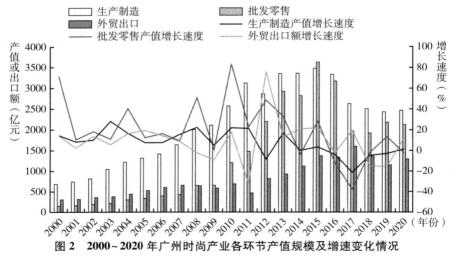

图 2　2000~2020 年广州时尚产业各环节产值规模及增速变化情况

资料来源：《广州市统计年鉴》（2001~2021 年）。

三 广州时尚产业发展的机遇分析

（一）时尚产业是世界消费时代下消费升级的产业选择

从美国著名经济学家罗斯托的《经济成长的阶段》得知，世界经济发展目前正从成熟阶段迈向大众消费、超越大众消费阶段，未来经济发展将迈入消费时代，将更注重提高生活品质的时尚产业消费。2015~2021 年，全球 GDP 从 74.84 万亿美元发展到 94 万亿美元，增长了 25.6%；我国 GDP 从 11.06 万亿美元发展到 17.73 万亿美元，增长了 60.3%，反映了世界及中国 GDP 上升趋势明显。从全球及中国社会消费品零售总额来看，2021 年全球社会消费品零售总额达 25 万亿美元，其中，我国的社会消费品零售总额占全球消费品零售总额的 25.08%，表明我国消费规模持续扩大，消费能力逐步提升，时尚产业消费市场向好。根据马斯洛需求层次理论以及当前中国人民日益增长的美好生活需求，时尚产业顺应消费升级，以时尚精神消费为核心，发展正当时。

（二）时尚产业为中国争夺世界时尚话语权提供机遇

全球时尚产业经历从小众贵族的量身定制、规模化发展品牌体系再到全球时尚产业分工的发展历程。起先西方国家围绕本土时尚理念，主要为皇室贵族和上等阶层进行量身定制与手工制作，依托工业化发展的机遇，生产力逐渐提高，打开了中产阶级市场，时尚品牌逐渐培育。随着独立的产业部门融合成为时尚产业，进行规模化发展，产业重点由生产制造向服务业转移，高端品牌确立其时尚地位，时尚品牌体系形成。当前在经济全球化的影响下，时尚产业内涵扩展到产业链全球布局，全球生产网络加速重构，奢侈时尚和大众时尚两极分化，世界时尚产业形成了以意大利、美国、法国、德国等西方国家为代表的时尚品牌设计集聚地、时尚起源价值高地，以及以中国、印度、越南等东方国家为代表的时尚产业代工厂、时尚产业消费潜力地的两大分工格局。中国作为全球制造中心拥有强大的制造业基础和工业体系、成熟完整的产业链布局，具备时尚产业升级发展的基础优势。近年来，我国人均 GDP 突破 1 万美元，已成为消费大国，同时中国拥有雄厚的时尚产业制造基础，借助 5G 等新基建引领制造业升级等契机，正通过"一带一路"建设及扶持相关各国基建等方式，进行中华文化传播和中国时尚品牌精神传播，是我国争夺世界时尚话语权、重构世界时尚分工体系的良好时机。

（三）时尚产业是广州打造国际消费中心城市的重点产业

时尚产业是广东省、广州市未来发展规划的重点产业。2020 年 5 月，《广东省人民政府关于培育发展战略性支柱产业集群和战略性新兴产业集群的意见》（粤府函〔2020〕82 号）指出，广东省要培育发展智能家电、轻工纺织、现代农业、数字创意等相关时尚产业集群。2021 年 4 月，《广东省国民经济和社会发展第十四个五年规划和 2035 年远景目标纲要》（粤府〔2021〕28 号）提出支持广州建设国际消费中心城市。此后，广州市在《广州市国民经济和社会发展第十四个五年规划和 2035 年远景目标纲要》（穗府〔2021〕7 号）中明确要打造具有全球影响力的国际商贸中心，大力推进以纺织服装、美妆日化等为代表的传统特色产业的数字化升级与以数字创意产业为代表的新兴优势产业的提升。同年 7 月，广州获批率先开展国际消费中心城市培育建设，这将加速时尚产业发展，辐射全国及"一带一路"国家和地区，打造国际时尚引领城市，占据全球时尚消费市场制高点，提升国际影响力。

时尚产业是广州市重点扶持发展的重要产业。广州近年来在大力推动定制之都、设计之都和时尚之都建设，大力支持时尚生产、时尚设计、时尚品牌三大环节，全链条助力时尚产业发展壮大，并出台四大时尚产业专项支持政策，入选企业可获得市工信局、市商务局等单项 2000 万元、累计最高可达 1 亿元的扶持。

表2　广州四大时尚产业专项支持政策内容

政策颁布单位名称	政策名称	适用范围	产业扶持方向	重点项目	可获得补助明细	累计最大可获得扶持金额
广州市工业和信息化局，广州市商务局	《广州市推动规模化个性定制产业发展三年行动计划(2020—2022年)》	定制家居、汽车、时尚用服饰、智能终端专业服务	企业改造	规模化个性定制示范企业（技术改造或者轻资产）	符合条件的技术改造项目不超过固定资产投资额30%给予补助，单个项目最高不超过500万元；符合条件的轻资产项目以项目总投资额30%给予产业项目最高不超过200万元	累计最大可获得扶持金额3950万元
			制定标准	研制"广州定制"标准体系	每年分别给予一次性不超过50万元,25万元,10万元的奖励	
			设计研发	建设企业工业设计中心	不超过项目总投资额30%给予补助,单个项目最高不超过200万元	
			平台建设	创新高端工业软件和平台	不超过项目总投资额30%给予补助,单个项目最高不超过500万元	
				建设线上产业集群	不超过项目总投资额30%给予补助,单个项目最高不超过2000万元	
			重点项目	建设行业标识解析节点	不超过项目总投资额30%给予补助,单个项目最高不超过500万元	
广州市工业和信息化局	《广州市深化工业互联网赋能改造提升五大传统特色产业集群的若干措施》(穗工信规字〔2020〕7号)	纺织服装、美妆日化、箱包皮具、珠宝首饰、食品饮料	企业改造	支持集群标杆培育,企业数字化改造	本金损失补偿:单个企业贷款本金损失补贴不超过100万元,单个集群本金损失补贴不超过1500万元	累计最大可获得扶持金额5550万元
			消费体验	建设定制之都消费体验中心	不超过项目总投资额30%给予补助,最高不超过2000万元	
			入驻企业	引入标杆企业及品牌商家入驻体验中心	企业租金补贴:第一年补贴当年租金的50%,第二年补贴当年租金的40%,第三年补贴当年租金的30%。单个企业每年租金补贴不超过50万元	
			平台建设	研发工业软件建设项目	不超过项目总投资额30%给予补助,单个项目最高不超过500万元	
				建设供应商联合体	不超过项目总投资额30%给予补助,联合体项目最高不超过1500万元,单个企业补贴不超过500万元	

续表

政策颁布单位名称	政策名称	适用范围	产业扶持方向	可获得补助明细	
广州市商务局，广州市工业和信息化局	《广州市打造时尚之都三年行动方案（2020～2022年）》	服装服饰、箱包皮具、珠宝首饰、美妆日化、数字产业时尚化	创新设计	建设时尚产业国家级、省级和市级工业设计中心（政策要求：广州不少于3家）	—
				推动时尚创意设计与工业设计对接，在智能机器人、可穿戴设备、电子消费品、汽车等产品的设计领域加快融合，增加工业产品的时尚元素	
			生产制造贸易展销	鼓励企业以新零售、数字交易和直播电商等新型商业模式，建设时尚产业网络交易平台，促进时尚产品交易；打造广州国际时尚节、时尚产业大会等时尚发布和展示活动；建设时尚传播平台	
			品牌培育	培育重点时尚品牌，打造时尚品牌总部基地，孵化一批时尚网红品牌（政策要求：每年评选10位广州时尚名师、10个广州时尚名品、10家广州时尚名店、10个广州时尚设计师工作室）	
				建设特色行业工业互联网平台，打通订单、设计、生产、物流、金融等产业链各环节，加快产业集群数字化转型	
广州市白云区人民政府	《广州市白云区促进广州"设计之都"产业发展暂行办法》（云府办〔2018〕96号）	适用于符合设计产业要求、投资强度、税收达到"广州设计之都"投资准入门槛，在白云区内办理工商注册及税务登记的独立法人机构	企业入驻补贴	新迁入即在白云区新注册成立的"四上"企业	一次性奖励10万元	累计最大可获得扶持金额2210万元
				新引进落户的总部企业	以实收资本的10%给予一次性奖励，最高不超过500万元	
			用房补贴	新引进"四上"企业在白云区新购置自用办公用房或新租赁办公用房	以每平方米最高不超过100元的标准给予一次性补贴，补贴金额不超过50万元	
				外地新迁入白云区，经认定为总部企业，在白云区购置自用办公用房或租用办公用房	以每平方米最高不超过200元的标准给予一次性补贴，补贴金额不超过100万元	

续表

政策颁布单位名称	政策名称	适用范围	产业扶持方向	可获得补助明细
广州市白云区人民政府				租用园区办公物业或公寓的企业	1. 年营业收入达5亿元及以上，且纳税额超过2000万元：前两年免租金，第三年租金减半，且每年年租金补贴不超过200万元； 2. 年营业收入为1亿(含)~5亿元(不含)，且纳税额超过500万元：前两年免租金，第三年租金减半，且每年年租金补贴不超过100万元； 3. 年营业收入为5000万(含)~1亿元(不含)，且纳税额超过300万元：按20元(平方米·月)的标准给予租金补贴，且每年奖励最高不超过50万元	累计最大可获得扶持金额2210万元
			研发投入补贴	省级及以上研发机构，且上年度研发经费投入不少于1000万元	研发投入的10%给予一次性补助，补助总额最高不超过350万元
				新设立具有独立法人资格的研发机构，达到省"四上"企业标准并认定为省级及以上研发机构	最高按研发机构总投资额的10%给予补助，补助总额最高不超过1000万元
			人才补贴	企业人才能获得资金补贴、入户指标、人才随迁子女入学指标、人才绿卡、人才公寓等扶持	

资料来源：广州市人民政府网站、白云区人民政府网站。

四 广州推动时尚产业发展建议

（一）对标国际国内时尚城市，发展时尚产业品牌及消费环节

一千个人眼中有一千个哈姆雷特。可能每个人对时尚都有自己的判断和标准，但是世界公认的时尚之都，无论是各大排行榜单还是城市时尚度评比，法国巴黎、意大利米兰、英国伦敦、美国纽约、日本东京等城市皆榜上有名或跻身前列。法国巴黎、意大利米兰依托其文化底蕴孕育了大量高级时尚品牌，定期举办时尚活动及展会，持续引领世界时尚发展，近年来也发展跨境电商并拓展时尚产业链；英国伦敦自工业革命后从纺织业开始发展，以大胆前卫思想引领着年轻化时尚潮流；美国纽约是"二战"后崛起的，尤其是牛仔单品、休闲运动、中性风格，引领平民化休闲时尚潮流；日本东京从时尚产品代加工起家，承接西方时尚产业加工环节，逐渐成长为世界一流设计加工地，并衍生快时尚品牌，以独特的商业策划、开发和销售体系来实现时尚潮流，融合日本及东方传统文化的精华元素，创造动漫、洛丽塔等时尚潮流。

表 3 世界五大时尚城市发展对比

	美国纽约	英国伦敦	法国巴黎	意大利米兰	日本东京
发展历史	"二战"使美国设计师有机会脱颖而出，20世纪70年代以后，纽约时装已经形成典型风格，主要定位休闲运动风格	伦敦时尚起源于纺织业发展，有着丰富的文化、音乐、艺术基础，是时装设计师成长的摇篮、时尚教育培训的基地。"二战"后先锋文化和思想风起云涌，诞生一批文学、艺术和音乐大师，时尚的主动权被伦敦掌握	巴黎时尚的品位源自19世纪封建君主和贵族。成立于1868年的法国高级时装工会是定义法国时装品质的中流砥柱；法国设计师保罗·波雷特首创带着模特展示服装的国际性宣传活动，成为世界最早的时装秀。如今巴黎已成为世界时尚设计和信息发布的中心	1958年，意大利国家时装协会成立，旨在促进和保护设计人才，创造世界名牌。米兰有着良好制造业网络，美术、设计底蕴深厚，时尚教育体系成熟，取代佛罗伦萨、威尼斯成为时尚中心。如今米兰为高级成衣发源地，世界一流面料制造基地，米兰时装周被认为是世界时装界的"晴雨表"	东京以时尚代工起家，发展出优秀的时尚设计，受本土及西方文化的影响，在时尚领域也形成独特的东京风格

	美国纽约	英国伦敦	法国巴黎	意大利米兰	日本东京
时尚特点	休闲运动的天堂,主要体现为休闲与实用,追求轻松明快风格、个性化、多元化、简约中性风格等流行元素	前卫年轻化的代表,主要体现为大胆前卫	高级时装发源地,主要体现时尚的高端化,高级、优雅与艺术	高级成衣之都,主要体现简洁、优雅,将高级平民化,把意大利传统手工业搬到时尚领域,不同于巴黎高级定制,米兰将时装成衣化量产,让普通人享受高品质衣服	世界一流设计加工地,主要体现为快时尚品牌占主流,理念新颖前卫,擅长将本土文化渗透服装设计
代表产品	牛仔单品、高级成衣、休闲装、运动装品牌	印花格纹、大地色系、麂皮手套、男士西装和香水	高端奢华香水、化妆品、珠宝	追求高雅、方便、休闲的年轻化高级成衣	褶皱设计、动漫元素、水手服、视觉系、洛丽塔
代表品牌	Calvin Klein	Burberry	Chanel、LV、Dior、Givenchy	Prada	MUJI、Uniqlo

资料来源:相关城市官网资料和文献。

　　中国时尚产业发展从北京、上海等城市起源,成都、杭州、深圳、西安等城市作为后起之秀 Z 时代消费群体的热捧。在历史文化孕育下的北京、在海派文化影响下的上海,发挥着独特文化魅力,凭借着建立在经济基础上的时尚消费实力引领着中国时尚产业,目前集聚大量国际国内时尚品牌,引领时尚高奢消费。成都以超强消费能力促使其在时尚消费环节遥遥领先,从而成为新时尚之都,衍生媒体、网红、医美、电竞、旅游等时尚消费形式及内容创新潮流。杭州以特有的文化品牌,通过网络营销模式转变时尚消费环节,带动智能制造整合时尚产业链。深圳以创意设计、创新品牌为核心,融合文化、科技等元素打造具有高创意、高附加值等特征的新兴时尚产业高地。

表4　中国五大时尚城市发展对比

类别		北京市	上海市	成都市	杭州市	深圳市
时尚产业基因剖析	经济水平	2020年人均GDP破2.4万美元	2020年人均GDP破2.3万美元	2020年人均GDP破1.2万美元	2020年人均GDP破2万美元	2020年人均GDP破2.3万美元
	文化基因	行政古都	海派文化	巴蜀文化	杭派文化	多元文化
	产业基础	科技人才	轻纺工业;精密制造	服装产业	服装设计人才;阿里巴巴互联网	电子信息制造业
	政策引导	疏解非首都功能(生产、商贸流通环节外迁)	时尚创意产业集聚;公共时尚服务载体	医疗美容;文化创意	智能制造、自主品牌、数字化	世界高端创意设计资源;时尚产业集群
时尚产业发展格局	时尚产业类别	时尚传媒;时尚工艺古玩、时尚文化创意产业;时尚商圈;时尚旅游	文化创意产业(服装、动漫影视、工艺美术等);美丽健康产业(化妆品)	自媒体、网红、医美、电竞、旅游、文化创意	时尚女装、美妆、智能家居	时尚消费电子、服装、家具、钟表、首饰、美容美发美妆、皮革、眼镜、其他时尚产品及服务
	时尚产业链环节	时尚设计服务;时尚品牌宣传;时尚高奢消费(C端)		时尚高奢及潮流消费(C端)	文化品牌;智能制造;时尚消费(网络营销)	创意设计;品牌营销;创新制造
	时尚产业定位	设计之都;时尚之都;时装之都	国际设计之都;国际时尚之都;国际品牌之都;国际会展之都;国际消费之都	新时尚之都	创新时尚产业集群	创新创业创意之都;国际新锐时尚之都
总结		有深厚的文化积淀及经济基础,引领中国时尚产业,集聚时尚品牌与设计服务,引领时尚高奢消费		时尚超强消费能力促使成都在时尚消费环节遥遥领先,成为新时尚之都	通过网络营销模式转变时尚消费环节,带动智能制造整合时尚产业链	以创意设计、创新品牌为核心,融合文化、科技等要素打造具有高创意、高附加值等特征的新兴时尚产业高地

资料来源:相关城市官网资料和文献。

对比国际国内时尚城市，广州时尚产业生产加工、商贸流通、国货品牌优势明显，但缺乏高端时尚品牌、C端时尚消费场景以及时尚产业权威性活动，因此建议广州时尚产业发展专注时尚品牌、时尚消费两大环节。立足时尚产业发展格局与产业分工，通过孵化培育壮大时尚品牌，营造高端时尚消费场景、传播和引领时尚精神，成为国际时尚引领城市。

（二）构建商业、资本、政策三维评价体系，重点发展时尚美妆、家居和健康产业

根据波士顿矩阵从产品市场占有率、市场增长率等要素，区分明星、金牛、问题、瘦狗产品类型的思路，按照商业模式盈利性、资本投资热捧性、政策支持导向性的遴选标准，构建广州市时尚产业内容的三大选择要素模型。商业模式盈利性是从2015~2020年中国时尚产业的平均产业规模及增速入手，判断该产业商业模式盈利度。资本投资热捧性是从2016~2021年时尚领域投资的资本量及增速入手，判断市场对于该产业的欢迎度。政策支持导向性是从2019~2021年①国家、省（区、市）及各区相关发展规划、产业、人才、资金等政策，是否涉及该产业的现状发展或者为未来扶持产业方向，划分为弱、中、强三级。

从商业模式盈利性角度，对比时尚产业行业分类近五年来经济数据，结合市场规模及市场增速，发现时尚文娱、时尚服饰、时尚珠宝等产业规模较大，而时尚家居、时尚健康、时尚美妆、时尚文娱、时尚箱包等市场规模增速较快，规模增速均达10%以上。

从资本投资热捧性角度，综合近5年时尚投资特点，发现资本更青睐餐饮美食、运动健身等时尚健康产业，例如健身器材、健康食品等内容；另有以家居玩具、时尚科技为代表，围绕机器人、家电等时尚家居产业进行投资；而且以美容护理为主的时尚美妆投资在2021年增长幅度较大，受到重点关注的是彩妆、医美、护肤、男士日用品、香氛、口腔品类的研发类、营销类、电商类的企业。

---

① 受政策时效性影响，政策支持导向性对比政策的年份为近三年内，即2019~2021年。

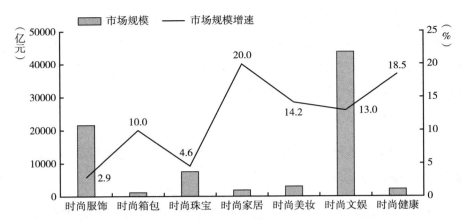

图3　2015~2020年国内时尚产业的平均市场规模及其增速

资料来源：国家统计局（2015~2020年）、前瞻产业研究院（2015~2020年）。

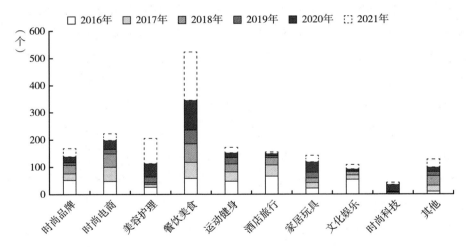

图4　2016~2021年中国时尚品牌投资类型及投资项目数量

资料来源：华丽志网站2016~2021年时尚投资新闻。

按照遴选广州市时尚产业内容的三大选择要素模型，建议广州把握市场规模发展空间较大、市场规模增速较快、资本热捧追逐、政策大力支持的蓝海潜力型产业，未来更加侧重时尚美妆、时尚家居、时尚健康等方向。

表5 广州发展时尚产业内容选择

时尚产业	商业模式盈利性	资本投资热捧性	政策支持导向性	广州时尚产业内容选择建议
时尚美妆	市场规模小增速快	投资量大增速快	中	高奢化妆品(功能性护肤品、美妆、药妆、彩妆、口腔护理)、医疗美容(轻医美)
时尚家居			中	定制家居(全屋定制)、智能家居(智能安防、健康家居)
时尚服饰	市场规模大增速慢	投资量小增速慢	弱	时尚潮服、轻奢品牌、快时尚服装(女装、童装、运动服饰)
时尚珠宝			弱	品牌珠宝;品牌手表;智能眼镜;精品首饰(联名款、IP定制款)
时尚皮具			弱	高级手工定制箱包;品牌箱包
时尚健康	市场规模小增速快	投资量大增速快	强	高端文体服务(运动健身)、健康食品(维生素与膳食补充剂)、时尚休闲食品(新式茶饮、网红食品)
时尚传播		投资量大增速慢	强	网络媒介(综合电商、社交电商、MCN机构)
时尚文娱	市场规模大增速快		中	可穿戴设备、电竞、沉浸式互动体验

(三)结合区域优势及分布格局，谋划广州时尚产业"1+4"的发展路径

贯彻落实《广州市建设国际消费中心城市实施方案（2020—2022年)》政策导向，以及时尚产业规划与挖掘广州各区时尚元素，建议广州构建"1+4"时尚产业发展路径，"1"是培育和发展壮大一批时尚品牌，"4"是打造四大时尚地标，包括时尚产业消费地标、时尚产业活动地标、时尚产业服务地标、时尚产业总部地标。

一是进行时尚品牌培育与扶持。建议针对时尚美妆、时尚家居、时尚健康的成长性、新锐型品牌进行投资，建设线下品牌孵化与线上品牌孵化加速

平台，加速时尚个人意见领袖（网红）孵化，快速树立时尚品牌，延伸时尚朋友圈。

二是打造时尚产业消费地标。联动北京路、海珠桥、婚纱一条街、江南西商圈等时尚消费场景以及中山大学、广州美术学院等时尚院校资源，营造"一江两岸时尚消费展示带"，重振广州传统中轴线；发挥珠江新城富力盈泰、盈盛、盈信广场CBD核心区位优势，对标太古集团，引入国际高端奢侈品牌，发展首店经济及时尚沉浸式消费体验场景，打造"珠江新城时尚消费中心"。

三是打造时尚产业活动地标。对标国际奢侈品牌主题快闪活动以及时装周等承办酒店，例如海南三亚艾迪逊酒店、上海水舍酒店、深圳中海凯骊酒店等，建议以珠江新城系列酒店为载体，打造高端品牌时尚活动场景，积极承办时尚发布展示交流等国际性、国家级产业活动，提升时尚氛围以及影响力。

四是打造时尚产业服务地标。对标复星云尚·武汉国际时尚中心（武汉市汉正街小商品市场转型升级项目），建议以各区域特色时尚产业为基础，例如花都狮岭镇时尚箱包、番禺沙湾镇时尚珠宝、白云区时尚美妆等为核心载体，突出产业供应链整合服务，集聚产业服务类企业，为生产制造商、独立设计师等产业主体提供产业供需对接的线上线下服务。

五是打造时尚产业总部地标。对标世界最大火车站纽约中央火车站的美国曼哈顿第五大道，未来白云站计划2023年前建成"广州时尚之都"，建议时尚企业龙头或行业协会，通过"产业+地产"方式，抢占白云站"广州时尚之都"高地。另外，未来广州火车站是具有交通枢纽、区域商业、时尚消费中心功能的城市综合体，建议通过城市更新方式，加快广州站"国际商贸枢纽"高地建设，形成时尚产品总部地标。

参考文献

高长春：《时尚产业经济学新论》，经济管理出版社，2014。

陈文晖：《中国时尚产业发展蓝皮书（2018）》，经济管理出版社，2018。

PRIEST A，"Uniformity and Differentiation in Fashion"．*International Journal of Clothing Science and Technology*．2005．Vol．17（3/4）．

赵磊：《时尚产业的兴起和发展》，《上海企业》2007年第21期。

高长春：《时尚产业经济学导论》，经济管理出版社，2011。

王敏：《上海时尚产业集聚的影响因素及动力机制研究》，东华大学硕士学位论文，2017。

程敏、谢方明、丁亦、刘蕴莹、钱竞芳、薛文良：《时尚产业与纺织产业集群的协同发展——基于江浙沪的时尚女装产业》，《纺织导报》2020年第4期。

时尚产业研究中心"中国时尚产业蓝皮书"课题组：《中国时尚产业蓝皮书2008——时尚产业升级之道》，2008。

赵平：《服装心理学概论（第二版）》，中国纺织出版社，2003。

谢群慧：《"时尚之都"催生时尚产业》，《浦东开发》2004年第11期。

颜莉、高长春：《模块化视角下上海时尚产业发展路径研究》，《人文地理》2012年第3期。

B.4
天河区建设国家文化出口基地的
主要做法及未来思考

陈新宇　李　曼*

摘　要： 天河区国家文化出口基地已挂牌3年多，在文化产业、文化贸易、文化服务支持和政策保障等方面亮点纷呈、成效显现。本文在总结天河基地在制度建设、市场主体培育、营商环境优化、科技创新驱动和出口模式创新等方面积累的宝贵经验基础上，结合后疫情时代新发展阶段、新发展理念和新发展格局的大背景，进一步提出天河基地的发展思路，不仅为指引天河基地下一步建设工作，也为"十四五"期间优化提升其他地方的国家文化出口基地提供有益借鉴，贡献天河智慧。

关键词： 国家文化出口基地　文化贸易　文化产业

　　2018年6月，广州市天河区被中宣部和商务部等国家部委正式授予"国家文化出口基地"（以下简称"天河基地"）称号，成为全国首批13家入选基地之一，也是广东省内唯一获此殊荣的城区。建设国家文化出口基地是贯彻落实《国务院关于加快发展对外文化贸易的意见》的重要行动，对于天河区繁荣和发展文化产业及促进文化出口贸易，增强文化品牌辐射力具有重要意义，也有助于广州市擦亮国家历史文化名城品牌和巩固国际商贸中心城市地位。

---

* 陈新宇，暨南大学"一带一路"与粤港澳大湾区研究院助理研究员，研究方向为数字经济、文化产业经济；李曼，天河区文化产业发展领导小组办公室，研究方向为文化产业经济。

一　天河区国家文化出口基地建设成效与亮点

（一）天河基地文化产业实力连续多年独占鳌头

文化产业已成为天河区的支柱产业之一，其整体实力居广州市首位。2020 年，天河区规模以上文化产业法人单位共 837 家，实现营业收入总额 1696.78 亿元，分别占全市的 28.05% 和 41.03%，2021 年，5 家企业入选中国互联网百强，10 家企业入选广东省文化和科技融合示范基地推荐名单，5 家企业入选广州未来独角兽创新企业名单。在广州文化企业 30 强中，有 12 家为天河基地的文化企业；广州最具成长性文化企业 20 佳中，有 6 家为天河基地的文化企业。

1. 游戏产业

天河基地是目前全国游戏产业最大的集聚地，2020 年实现收入接近 900 亿元，占全国比重 40% 以上；规上游戏企业数量超过 200 家。天河基地的星辉天拓、趣炫、乐牛等游戏企业成功入选 2021~2022 年度国家文化出口重点企业，中国（广州）国际纪录片节入选 2021~2022 年度国家文化出口重点项目，已成为世界看中国、中国看世界的重要文化窗口。《昆仑墟》《梦幻西游》《龙骑士传》《倚天》《阴阳师》《第五人格》《荒野行动》等多款原创精品游戏畅销海内外。《天地剑心》《蜀山奇缘》《兰陵王》《西行纪》等作品在港澳台地区、日韩及新加坡等东南亚市场影响深远。

2. 电竞产业

天河基地拥有国内完整的电子竞技全产业链条，也是国内率先应用国家电子竞技统计标准进行科学决策的城区。拥有国际顶级职业联赛席位的电竞战队——广州 TTG 王者荣耀战队、能兴集团英雄联盟 Ultra Prime（UP）战队、广州 TT 和平精英战队落户天河基地，集聚优质电竞人才资源。《王者荣耀》《梦幻西游》《穿越火线》等顶级职业联赛以及城市赛事先后落户天河基地，趣丸 TT 电竞、玖的 VR 电竞等重大电竞项目相继落地，网易电竞全球赛事中心成为新一代演播室群节目制作基地。2020 年举办的第三届《第五人格》COA3 全球总决赛，甚至吸引了超过 200 个国家和地区的选手参赛，该游戏全球线上玩家已超过 2 亿，尤其在共建"一带一路"国家，影响力巨大。

3. 影视和音乐产业

在第 33 届金鸡电影节中，天河基地的文学纪录片《掬水月在手》荣获中国电影金鸡奖，《沉默的极少数》荣获"优秀剧本奖"。第十一届广东省精神文明建设"五个一工程"中，天河电影《樟卯》荣获优秀作品奖。天河基地的数字音乐产业也稳居国内龙头地位，以在线音乐行业月活跃用户规模计算，酷狗音乐和网易云音乐均排名全国前五，App 移动客户端总用户量稳居全国第一。

（二）天河基地产业资源集聚能力持续增强

天河基地加快形成了分工明确的文化产业片区、建成了多层次多类型的创意示范园区和孵化了大批文化科技龙头企业，其高端文化资源的集聚和吸附能力持续增强和提升。

1. 推动六大文化产业片区融合发展

天河基地充分发挥国家网络游戏动漫产业发展基地、国家音乐产业基地、国家数字服务出口基地等国家级基地以及一大批省市文化产业发展基地的政策资源优势，结合珠江新城 CBD、天河路商圈片区、沙河片区、金融城北区、智谷片区及天河智慧城核心区等六大文化产业片区发展进行功能定位区分，分别重点打造"四个出新出彩"示范区、国内文商旅体融合发展第一圈、数字创意·艺术专区、数字文化创新发展引领区、公共文化服务·数字创意区及网易城，最大化发挥各自优势并相互共融，催生多元文化创意产业链条。

建成多层次类型的文化产业示范园区。游戏企业在天河基地实现繁荣发展，科韵路游戏商圈集聚了涉及游戏开发、影视制作、动画特效、音乐制作等游戏动漫全产业链要素，已形成完整文化产业生态。羊城创意产业园、盛达电子信息创新园、万鹏高新技术企业孵化基地、众创五号空间文化产业园区、柯木朗艺术园、科学家之家·创工场等各具特色的示范园区蓬勃发展，推动天河朝着粤港澳大湾区游戏产业引领区的目标发力。

2. 孵化一大批数字文化龙头企业

天河基地数字文化企业实力雄厚，形成了完整清晰的梯队层次。孵化培育了网易、酷狗、汇量科技、四三九九、百田信息等一大批文化科技和数字文化龙头企业，并在国内外发挥天河文化品牌影响力。其中，网易已跻身全球七大游戏公司，三七互娱是全球 TOP20 上市游戏企业，酷狗音乐是 2019 年度中国移动互联网 TOP30 赛道用户规模排名第一的 App，荔枝网络是国内最大的 UGC 音频社区，易幻网络、四三九九等入选 App Annie2019 年度中国厂商出海收入 30 强榜单，至真科技、君海网络等 5 家企业入选 2020 年广州市服务贸易重点培育企业。

（三）天河基地文商旅产业正加速融合

天河基地加快形成了一批具有全国乃至全球影响力的文商旅消费商圈、高品质的商业综合载体和特色文化活动品牌，文化、商业和旅游等产业在天河的融合速度正在不断加快，形成独具天河特色的多元业态。

1. 文商旅消费商圈

天河基地在文旅融合、商圈消费、夜间经济等方面的优势显著，天河路商圈、珠江新城商圈和天河北商圈等具有全国影响力的消费商圈繁荣发展。根据国内知名商业平台赢商大数据统计，截至 2020 年底，素有"华南第一商圈"美誉的天河路商圈业态丰富度领先全国。天河路商圈汇聚了 13 个大型商业综合体、12 家五星级国际酒店、1 万余家商户，日客流量峰值达 400 万人次，年销售额超过一万亿元，已成为文商旅体融合示范区的重要载体。珠江新城商圈地处国家级中央商务区，拥有文化消费和购买力最强的群体和最优质的建筑环境设施，发展潜力巨大。

2. 多种类商业综合体

天河基地各类商业综合体云集，其中港资背景的太古汇、天环广场、

K11 等高端商业载体，集聚了 LV、GUCCI、爱马仕、香奈儿等全球知名的70% 的指标性一线奢侈品牌以及若干国内外轻奢品牌。正佳广场作为本土购物中心品牌，入选华南地区唯一商贸类"国家 4A 级旅游景区"，成功打造了正佳极地海洋世界、自然科学博物馆、开心麻花剧场等一批极具创新的文旅项目。天环广场在高端美妆、国际快时尚品牌、知名潮牌等领域特色显著。20 世纪 90 年代初建成的天河城，通过场景体验的创新，以传统文化实现新活力为主线，串联广州消费者"心智地标"的共同记忆。万菱汇着眼服务城市精英及高级白领，主打中高档服饰、餐饮和体验品牌。时尚天河则以大众品牌和手工文创集市为特色，打造天河时尚主题街区。

3. 文化活动品牌

广州纪录片节、广州艺术节（戏剧节）、广州国际演艺交易会、广州大学生电影节、羊城国际粤剧节等多项全球全国的大型文化活动平台先后落户天河基地。尚天河文化季、文创产业大会·天河峰会、广州国际美食节、国际音乐沙龙、广州国际购物节等活动品牌让天河基地现代化、国际化的城市形象更加鲜明。"乞巧节"天河乞巧习俗，"咏春拳（广州天河）""车陂扒龙舟和猎德扒龙舟""天河区客家山歌"等非物质文化遗产项目，共同形成了独具天河传统文化特色的城市文化品牌。

二　天河区建设国家文化出口基地的主要做法

建设国家文化出口基地对于优化天河的文化产业和文化贸易结构，培育外向型文化企业，创新文化内容和对外文化贸易模式，推动更多具有中国和岭南特色的优秀文化产品走向世界具有重要的意义。对此，天河基地通过积极完善体制机制建设，打造优质营商环境，加快文化平台载体建设，支持文化出口模式创新，以及促进数字文化、文商旅融合和文化金融等产业领域发展等一系列行动计划，保障天河基地的稳步建设。

（一）强化制度保障和顶层设计

国家文化出口基地建设涉及的管理部门较多，天河基地特别制定实施了部门之间高效联动的体制机制，包括由区政府牵头制订基地建设方案、完善联席会议制度和规范统筹管理机制，持续做好对文化贸易数据和文化产业项目的跟踪反馈工作。

1. 制订基地建设方案

天河区国家文化出口基地建设方案明确了基地发展的目标与规划。一是重点围绕传统文化产业、新兴文化产业、文化创意产业等领域，做大做强文化产业，提升天河文化产业增加值占 GDP 比重和对外开放程度。二是着力培育一批在国际上具有影响力的文化贸易企业，加快形成一批具有核心竞争力的文化出口产品，打造一批具有国际号召力的文化品牌，以持续增强天河基地的实力。三是坚持"文化+"战略为引领，推动文化与商业、旅游、体育和城市等融合发展，构建形成天河特色文化产业集群。

2. 完善联席会议制度

2018 年，天河基地建立了由区委书记担任联席会议召集人，区长为第一副召集人，分管宣传文化工作的区委、区政府领导担任副召集人，以及区各部门主要领导担任成员的由上至下全方位联席会议制度，2021 年又在此基础上修订完善。联席会议建立了较为完善的会议制度和沟通机制，对于部署重点工作和规划，协调解决天河基地建设过程中的问题和困难，高效整合文化产业和对外文化贸易资源，研究制定、执行和落实基地建设的政策等方面起到制度保障作用。

3. 规范统筹管理机制

在天河区国家文化出口基地联席会议制度领导下，相关各部门将基地建设工作纳入各自年度重点工作，严格按照工作分工落实责任制，扎实推进各项工作。一是执行工作信息报送机制。设置基地建设的信息联系人，每月报送相关工作的进展情况，年末向国家、省市等主管单位报送全年工作总结。二是启动文化贸易企业服务中心。通过政府购买的方式，引入第三方有能力运营基地的专业服务机构，为天河基地的企业提供专业化服务。

（二）加快培育和壮大市场主体

天河基地始终坚持培育和壮大文化产业与贸易市场主体，围绕重点文化

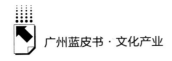

产业和贸易领域，加大对外招商引资力度，持续建立和完善文化贸易重点企业和项目数据库。

1.加快培育文化贸易旗舰企业

做强做大文化企业是发展天河基地的根本。一是发挥网易、酷狗、三七互娱等文化贸易旗舰企业的引领作用，重点培育和发展互联网平台型、电子竞技类和具有高成长潜力的文化企业。二是专门设立扶持资金，支持文化贸易企业围绕数字内容开发传播、设计服务、游戏研发、动漫创作等领域开展内容原创。三是支持文化旗舰企业通过产业链整合和延伸，形成自有知识产权核心技术的拳头产品，向文化总部企业升级。四是鼓励发展文化进出口代理、国际市场发行、知识产权服务等文化创意、娱乐影视和电子竞技产业相关的配套产业。

2.持续加大招商引资力度

天河基地充分发挥毗邻港澳和海外的地理优势，充分聚焦"延链、补链、强链"的招商和引资思路。一是发挥政府奖补政策激励作用，重点围绕新闻出版、创意设计、动漫游戏、电子竞技、文化艺术等对外文化贸易主要领域精准招商、靶向招商，吸引一批国内外文化贸易企业落户。二是拓展文化产业上下游产业链，推动文化新业态在天河区集聚发展。三是支持市场主体举办各类文化产业高端论坛、展会和展演等专业交流活动，拓宽招商引资渠道。

3.完善文化贸易重点项目数据库

依托国家文化贸易统计分类明确天河基地的统计类别，根据自身特点，逐步建立和完善文化出口贸易重点企业、重点项目目录和产品数据库。一是通过持续加强对基层统计员的业务培训，充实整体力量和提升业务能力，进一步夯实统计工作的基础。二是坚持应统尽统原则，完善文化贸易统计检测、运行和分析体系，持续推进文化产业和文化贸易企业的认定，拓宽数据来源和覆盖面，保障统计的完整性。三是持续完善多部门之间数据共享机制，落实统计数据直报工作。

4. 推动文化基地平台和载体建设

天河基地持续推动平台和载体建设，深入实施"天河优创"计划。一是支持文创园区发展，对于符合条件的国家、省市认定的园区（基地）给予资金支持，对达到一定规模的文创园区（基地），对其升级改造提供资金支持。二是围绕基地定位，创造性地为文化企业提供找技术、找资金、找市场、找人才和找场地的全方位创新创业服务体系，完善从成功转化、项目孵化到产业化的全链条服务。三是搭建文化产业公共服务平台，畅通文化产业发展渠道，天河区国家文化出口基地与首批 8 家天河区文化出口贸易合作单位（建设银行、农业银行、招商银行、金鹏律师事务所、金桥百信律师事务所、三环专利、汇量科技、远洋数经）签订了《战略合作协议》。四是支持市场主体建设各类主体的文创产业孵化器，鼓励村集体物业改建文化类众创空间。截至 2020 年，天河基地各类登记的孵化器和众创空间已超过 200 家，数量居全市第一。

（三）打造优质的营商环境

在着力营造现代化国际化营商环境的目标上，天河基地大力完善政策保障体系、强化市场监管和服务、加强知识产权保护、完善融资服务体系和建立文创人才保障机制等工程，为文化企业创造优质的发展环境。

1. 完善政策扶持体系

天河基地积极创新，率先在多个方面完善对于企业的政策保障。一是率先在全市出台数字文化产业扶持政策，完善服务贸易和服务外包的支持条款，支持数字原创内容、电子竞技产业、创意设计等领域做强做优。二是率先出台针对软件业、游戏业和文化产业等发展的规划和意见，如《广州市天河区软件产业发展规划（2020—2025 年）》《关于扶持游戏产业健康发展的实施意见》《关于印发〈广州市天河区产业发展专项资金支持文化创意产业发展实施办法〉的通知》《天河区推动经济高质量发展的若干政策意见》等。三是出台《广州市天河区电竞产业发展规划（2020—2030 年）》，为电竞产业在天河基地的高质量发展保驾护航。

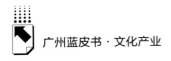

2. 强化市场服务和监管

持续强化全区各单位对于文化市场的服务意识,为天河基地建设和市场繁荣提供保障。一是深化行政审批制度改革,大力推进"互联网+政务服务",完善网上办事大厅,推动行政审批实现标准化、信息化和规范化,压缩审批时限和提高审批效率。二是提高文化市场执法水平,建立文化市场综合执法权力清单制度和行政裁量权基准制度,推进行政执法在线办理和形成执法规范化。加强基层执法队伍建设,培养一批政治强、作风硬、纪律严、业务精的综合执法队伍。三是加强文化市场诚信建设,逐步完善文化市场信用体系,鼓励实现企业和行业自律,引导企业合法经营,营造公平竞争的商业环境。四是积极探索包容审慎监管模式,利用大数据、人工智能等技术手段深入分析涉企信息。

3. 加强知识产权保护

天河基地持续加强知识产权保护工作,尤其是加大对专利、版权和著作等领域的保护力度。一是建立知识产权侵权举报制度,通过高密度的日常检查积极开展打击侵权盗版工作,营造保护创新精神的良好氛围。二是设立了天河区文化产业知识产权服务专窗,更好地服务社会公众和企事业单位的知识产权保护。三是积极为基地文化企业提供海外知识产权法律咨询,指导和支持企业运用专利制度对文化创意产品及其流程工艺进行保护。四是推进知识产权文化建设,依托4·26世界知识产权日、中国专利周等节点,开展各类线上线下宣传活动,增强市场主体的知识产权保护意识。

4. 完善融资服务体系

天河基地为不同规模、不同类型、不同成长阶段、不同资金需求的文化企业,搭建多元的文化企业融资服务体系。一是支持银行等金融服务机构创新融资贷款产品和服务,为文化产业和文化贸易企业提供多维度、组合式的金融服务,打造文化金融一站式服务。二是完善对境内外上市的文化企业资金支持政策,鼓励文化产业类企业通过股权增发等形式上市融资。三是发挥天河区战略性新兴产业创投引导基金的作用,鼓励各类社会专业投资机构成立文创产业投资基金,加大对天河基地文化产业的投资。

5. 建立人才保障机制

天河基地始终把人才摆在首要位置，通过建立人才保障机制，积极做好引才育才聚才工作。一是率先启动高层次人才评审，对文化创意人才进行扶持，帮助企业吸引更多优秀人才提供保障。二是实施更加积极的人才政策推动文创企业引才育才，使更多文创人才享受到天河区的政策红利，对企业引进的高级管理人才和技术创新人才等提供更全面的支持。三是提供人才公寓分配等服务保障，为重点文化企业优秀人才解决住房问题，协助申办高层次人才绿卡等，解决人才在天河发展的后顾之忧。

（四）推动文化与科技创新发展

天河基地充分发挥天河新一代信息技术产业的优势，持续推动文化产业发展的科技化、融合化。通过探索科技创新赋能文化产业的路径，加快促进数字文化产业和数字传播渠道等发展。

1. 打造数字文化产业园区

充分发挥广州天河软件园、羊城创意产业园等科技和文创园区的优势，紧抓高新技术培育、信息设施网络和信息数字化等领域科技创新，持续优化园区产业结构和产业生态，引导文化产业园区的游戏动漫、数字出版、数字内容、创意设计、网络影视制作等数字文化企业集聚发展。羊城创意产业园已形成颇具影响力的数字文化产业集群和数字创意产业集聚高地，2020年园区企业总产值达200亿元，集聚了140余家数字文化领域的优秀企业。

2. 对接国际数字文化标准

天河基地积极引导文化企业主动对接国际标准，鼓励科技企业增加对文化出口产品和服务的研发投入。支持文化企业加强原创能力建设，培育一批具有显著中国文化特色的原创品牌。推动数据采集、存储、加工、分析和服务等全流程运用，激活数据资源的潜力。支持文化贸易企业打造数字精品内容创作和数字文化资源传播平台，推动"云演艺""云展览""云旅游"和"沉浸式业态"等优势行业领域对外展开交流合作。

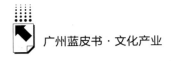

3. 构建数字化传播渠道

天河基地主动对接新基建，用好新基建相关资源，提升数字文化产业发展水平。持续加快文化大数据体系架构、4K 超高清视频产业、智慧文旅设备及应用开发等设施建设。完善文化产业"云、网、端"基础设施，探索新型基础设施与文化产业的商业应用场景。推动文化出口生产和文化服务传播方式技术创新。聚焦知识经济和内容经济，推进"互联网+文化出口"发展。

（五）创新文化出口模式

1. 推动文化融入国际交流

坚持文化交流与文化贸易相辅相成的办法，积极搭建国际文化交流平台。一是发挥天河中央商务区内高端公共文化设施、领事机构、涉外商协会和外资机构等国外资源集聚的优势，承办国际性文化艺术赛事、会展等，打造天河文化国际形象和文化辐射力。二是发挥广州国际户外艺术节和广州国际购物节等国际交流平台的作用，积极开展国际文化论坛、文化表演和文化展览等活动。三是依托粤港澳大湾区文化交流合作平台，开展公共数字文化建设、文化科研交流、文化遗产保护利用等，将天河打造成为广东重要的对外文化交流中心之一。四是把握建设 21 世纪海上丝绸之路的文化契机，深化共建"一带一路"国家及地区的文化和人文交流合作，扩大本土优秀文化的国际知名度。

2. 鼓励传统文化融入文化产品

支持文化企业从传统文化和非物质文化遗产符号中提取有价值的素材，将优秀传统文化的特质融入出口文化产品中。一是鼓励在文创设计中，将中华优秀文化元素融入出口产品的设计、研发、品牌策划、营销推广等环节中，延长出口产品的文化增值链条。二是充分挖掘本地传统文化商业价值，增强中华"老字号"、地理标志、民族品牌等的文化传承力和国家影响力。三是鼓励研发体现中国传统文化特色、具有自主知识产权的民族网络游戏、网络动漫和网络电影并对外出口。

3. 促进文商旅产业融合发展

按照"宜融则融、能融尽融，以文促旅、以旅彰文"的原则，深入推进天河文旅融合发展，高标准打造全域旅游示范区。一是打造天河文旅新消费业态，梳理天河精品旅游线路和打造天河特色城市文化品牌。二是打造重点文旅消费片区，优化提升天河路商圈、天河北商圈、珠江新城商圈等景观布局，提升夜间经济、数字消费、服务消费等水平。三是加快全域旅游示范区建设，完善天河旅游资源保护体系建设，健全旅游交通设施和服务设施布局，构建智慧旅游服务体系。

4. 加快发展电子竞技产业

天河基地拥有电竞领域全产业链条并正在加速形成产业闭环，有条件成长为文化产业发展的重要增长极，助力天河打造粤港澳大湾区世界级电竞中心。一是启动"3+3"产业发展战略，以电竞体育赛事、电竞泛娱乐、电竞城市三大核心板块为抓手，共同构成产业发展的核心驱动力。以电竞体育赛事、电竞泛娱乐、电竞城市三大核心板块为着力点，形成电竞产业发展主导联动力。二是重点研究"3+3"空间布局战略，即塑造电竞泛娱乐、电竞产业融合和未来电竞综合三大发展中心，以及增强电竞泛娱乐核心发展带、电竞产业重要发展带和电竞产业未来发展带三大发展带。三是通过赛事招引、城市发展、泛娱乐发展、空间建设、人才建设和路径探索等举措，实现"塑心""强带"工程。

三 天河区进一步建设国家文化出口基地的思考

天河基地围绕十八大以来建设文化强国的总体目标，持续健全天河现代文化产业体系。立足坚定文化自信、保障政策供给和持续深化改革，实施科技创新驱动、塑造文化品牌和消费市场为导向，推动文化产业集聚发展、融合发展和对外开放，为后期基地建设发挥承前启后的作用。

（一）立足新发展阶段

1. 坚定文化自信，巩固基地发展根本

习近平总书记指出，文化产业既有意识形态属性，又有市场属性，但意

识形态属性是本质属性。天河区委区政府坚持社会主义核心价值观、中华优秀传统文化创新传承、正确的价值导向，以及社会效益和经济效益相统一的原则，指引天河基地的文化产业内容创作与生产。天河区始终将文化自信贯穿于文化消费和文化传播的各环节，奋力将天河基地打造成为展示中国特色社会主义文化国际影响力和感召力的重要窗口。

2. 保障政策供给，构建产业制度优势

天河区委区政府高度重视天河区国家文化进出口基地建设，建立了由上至下的全方位的保障机制。面对充满机遇和挑战的不确定性的市场环境，要充分发挥制度的确定性优势，适时出台相应的行动方案、扶持政策或监管制度，高效保障政策的供给，推动文化生产要素的市场化配置机制建设，不断完善和夯实天河基地的文化产业和文化贸易的优势地位。

3. 持续深化改革，充分释放市场活力

天河是广州改革开放的名片，集中体现广州敢为人先的城市特质。天河基地发展的巨大成就源自持续优化营商环境以及供给侧结构性改革所形成的市场经济的推动力。天河区委区政府通过不断建立健全市场经济体制，破除束缚市场主体活力、阻碍市场发展和实现价值规律发挥的各类障碍，在产权制度、要素市场化配置、公平竞争制度等方面改革，建设高标准市场体系，助力天河基地发展。

（二）贯彻新发展理念

1. 实施科技创新驱动，打造整体持续竞争力

天河基地以技术创新打造整体竞争力，将文化产业数字化和数字文化产业作为做强做大的有力抓手。通过大力支持新经济、新业态、新模式的发展，促进技术创新与商业模式深度融合，持续壮大动漫游戏、数字音乐、线上直播、电子竞技等优势产业领域。充分发挥天河基地信息技术产业的集聚优势，推动云计算、大数据和物联网等数字经济重点领域与文化产业融合发展，持续强化天河文化企业的技术创新能力。

2. 塑造文化品牌，提升文化产业影响力

文化品牌是凸显文化软实力的具体形式，天河基地通过文化活动、文化企业、文化项目和文化产品等文化载体塑造天河文化特色品牌。天河基地文化企业的生产力和竞争力持续增强，涌现出一批原创性强、深受国内外消费者喜爱的天河文化产品与服务品牌，天河出品或创作的游戏、动漫和影视等文化作品不断推陈出新、扬帆出海，加快天河文化在全世界的传播。

3. 消费市场导向，激活文化市场生命力

依托广州市国际一线城市庞大的文化消费市场，天河基地以市场行为为主导，充分发挥消费者在文化消费市场中的作用，持续优化提升资源配置方式和文化产品再生产环节。天河基地积极把握"双循环"规律，通过优化提升文化消费环境建设和氛围营造、丰富文化消费产品供给、建立政府文化采购目录与出台消费政策和补贴等方式提升文化产品消费力。改善消费条件、强化价格监管、完善线下消费硬件设施和线上消费信息服务体系。持续做大创意文化消费、节庆消费、数字文化消费和文创产品消费等形式多样的文化产品消费市场。

（三）构建新发展格局

1. 以集聚促发展，健全产业发展体系

天河基地通过打造文化产业重点发展平台和载体，提升专业化管理和服务的水平及质量，夯实基地建设保障机制，推动文化产业资本要素在片区或园区内汇聚，逐步形成以旗舰龙头企业为中心的上下游企业协同发展的"产业链"。在动漫游戏、电子竞技、数字音乐等多条产业链相互交织和依存下，构建形成"文化产业集群"，实现文化企业、项目和要素等集聚的形态。天河基地文化产业规模化、集约化、专业化水平不断提升，文化产业群加快集聚发展。

2. 以融合促发展，发挥文化溢出优势

天河基地推进文化产业与其他产业深度融合发展，鼓励孵化产业新业态、新模式，实现整体产业的转型升级和创新突破，"文化+旅游""文化+

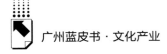
商业""文化+科技""文化+金融""文化+体育""文化+城市"等多元融合业态规模不断扩大,全社会文化创造活力全方位高水平被激发。持续发挥文化产业的溢出优势和黏合作用,产业融合所衍生的新产品、新服务和新模式为经济发展提供新动能、创造新的增长点和文化消费选择空间。

3. 以开放促发展,强化国际竞争优势

天河基地的建设目的在于通过扩大对外开放,促进文化产业发展和文化贸易繁荣。天河基地充分利用"一带一路"倡议和粤港澳大湾区建设所带来的窗口机遇,坚持不懈地推动文化产业参与国际合作,积极支持天河文化创新要素在世界范围内加速流动,深化与全球优质创新要素交流互动。完善政府服务和保障机制,通过购买专业服务高效整合外部法律、咨询、知识产权和投资等资源,助力天河基地文化贸易企业解决出口遇到的问题和难点,促进天河文化企业和产品高效对接海外市场。

参考文献

孙凤毅:《文化消费市场培育策略研究》,《中国国情国力》2021 年第 3 期。

范周:《推动"十四五"文化产业新发展》,《红旗文稿》2020 年第 9 期。

范玉刚:《健全体系是文化产业迈入新发展阶段的时代要求》,《深圳大学学报》(人文社会科学版)2021 年第 1 期。

金巍:《开启文化产业的新发展阶段:"十四五"规划与 2035 年远景目标纲要草案解读》,https://www.sohu.com/a/454460198_999277。

李燕妮、花蕾:《无锡国家文化出口基地建设规划出炉,助推"无锡文化"走向世界》,《服务外包》2019 年第 1 期。

自贡市决咨委:《以天府旅游名县创建为抓手,全力推进国家文化出口基地建设》,《决策咨询》2020 年第 1 期。

张琼、聂平香:《提升国家文化出口基地发展水平的思考》,《国际经济合作》2020 年第 5 期。

高质量发展篇
High-Quality Development Chapter

B.5

粤港澳大湾区文化产业高质量发展中广州发挥引领作用研究

秦瑞英　白伟杉*

摘　要：　党的十八大以来，我国对文化建设的重视日益增强，并将其摆在"十四五"时期更加突出的位置，文化产业高质量发展已经成为促进经济结构优化升级、满足广大人民群众对美好生活向往的重要途径。"十三五"以来，广州文化产业"新业态、新消费、新文旅"发展特色鲜明，文化产业的支柱性地位持续增强，创新发展领先全国，文旅融合成为文化产业高质量发展的重要抓手，文化产业高质量发展不断取得新进步。充分认识和把握全球文化产业发展新特点及趋势，立足新发展阶段，广州要进一步发挥其作为国家中心城市和粤港澳大湾区核心城市的引领作用，强化科技创新，以数字赋能助力文化产业转型升级，创新文化消费方

* 秦瑞英，广州市社会科学院现代产业研究所研究员，博士，研究方向为产业经济、城市经济；白伟杉，纽约州立大学布法罗分校在读硕士研究生，研究方向为空间数据分析、城市地理信息。

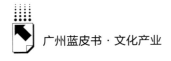
式，促进文旅深度融合，推动文化体制改革创新，加快实现老城市新活力、城市文化综合实力出新出彩，共同推动粤港澳大湾区文化产业高质量发展。

关键词： 文化产业　高质量发展　引领作用　广州

当前，随着数字技术的蓬勃发展，数字信息技术对产业发展的渗透和融合不断加深，"数字+文化"日渐成为文化产业高质量发展的重要引擎。在2021年12月5日召开的"2021广州文化企业30强发布暨粤港澳大湾区背景下文化产业高质量发展论坛"上，专家学者、知名人士和行业领军人物，围绕"新业态、新消费、新文旅""数字科技赋能湾区文旅"主题，从文化产业创新、协同、融合、开放发展等多个维度探索粤港澳大湾区建设背景下广州文化产业高质量发展的新空间。本文在分析国内外文化产业发展新形势、新特点和新趋势基础上，总结广州文化产业创新发展的新成绩，结合论坛主要专家观点，提出广州引领粤港澳大湾区文化产业高质量发展的对策建议，以期为推动广州文化产业高质量发展，实现老城市新活力、城市文化综合实力出新出彩，共建国际人文湾区提供决策参考。

一　全球文化产业发展的新特点

（一）疫情之下，全球文化产业发展"危中孕机"

2020年初突袭而至的新冠肺炎疫情对全球文化产业的发展既是挑战，也创造了一定的机遇。一方面，疫情的持续蔓延对全球社会经济带来巨大冲击，电影、演艺、文化旅游、节庆会展等线下集聚性场景式体验的文化行业受到的影响尤为严重。虽然各国文化产业正在逐渐复苏，但是仍然面临众多不确定性。联合国世界旅游组织数据显示，2021年，全球旅游业增速仅为

4%，国际旅游收入还不到 2019 年的一半。与疫情前相比，2020～2021 年，国际旅游人次降幅高达 70%～75%[①]，旅游业成为受疫情影响最大的行业之一。疫情也加速了市场和人们心理预期的调整，影响消费者的消费决策，抑制了文化消费市场的发展。另一方面，各国及地方政府纷纷自救，采取多种措施扶持文化产业的发展，消费者对市场的预期也逐渐从悲观转向乐观，文化企业及行业发展的信心得以提振，为文化产业转型发展带来契机。广州也积极应对，对疫情以来受到冲击的文化机构和行业予以扶持，加快推动文化创意和旅游产业复苏，出现了许多新业态新模式，在粤港澳大湾区探索文化产业创新发展中发挥着积极的引领作用。

（二）创新成为文化产业发展的关键词

新冠肺炎疫情的冲击，带来全球范围的社会经济变革，迫使各国在自救中寻求文化产业发展的新途径，使得创新的重要性愈发深入人心。疫情的不确定性促使文化企业技术创新意识觉醒，纷纷探求新的技术手段、新的技术渠道触达受众，努力开发新的商业模式，寻求更为可持续的运营方式。消费者的行为习惯也发生着潜移默化的改变，倒逼国家及地方文化产业的转型升级，促使全球文化产业生态圈加速重构。许多新业态、新消费和新模式不断涌现，创新成为全球文化产业可持续发展的共识和新趋势。

（三）技术进步是全球文化产业发展强劲的动力

从全球文化产业的发展演变来看，每一次的技术变革都带动了文化产业向更高更广更深的方向发展，促使着业态的转变、结构的调整和商业模式的不断丰富和迭代，技术进步已经成为世界文化产业发展的强大动力。当今的数字化时代，数字文化产业正大行其道。2015 年，世界文化创意产业发源地英国发布《数字经济战略（2015—2018）》，其中明确提出文化创意产业

---

① 数据来源：《〈世界旅游晴雨表〉预测 全球旅游最早于 2024 年恢复至疫前水平》，中国网，2022 年 2 月 8 日。

向数字化转型的战略。2017 年，英国政府将数字文化创意产业的数据合并到数字文化传媒和体育部的统计数据中，充分反映出其对数字技术的高度重视。相关统计显示，2019 年，英国数字文化产业增加值占数字产业增加值的 51.1%[①]。文化产业与数字技术的融合发展已成为数字时代的新趋势。

二　我国文化产业发展呈现新趋势

（一）新消费成为推动文化产业高质量发展的关键抓手

近年来，随着国民生活水平的不断提高和中产阶级的崛起与壮大、"Z世代"和小镇青年等新势力消费群体成长，以多元化、个性化和高品质化为特征的消费升级已经成为助力产业转型升级、推动经济高质量发展的重要力量。日益增长的文化消费成为消费升级的重头戏，尤其是疫情以来，短视频、直播带货、数字阅读、数字音频、网络游戏、线上教育等文化消费新模式、新业态的成长更加迅速，成为文化产业发展的新亮点。北京、上海、广州、重庆等城市将顺应消费升级、创新文化消费作为建设国际消费城市的重要内容和重点任务。我国地域文化丰富多样，市场规模庞大，技术创新不断进步，文化消费前景广阔。在新发展格局下，充分利用信息技术和数字化技术，引导传统文化消费升级，培育壮大数字文化消费，不断形成文化消费新增长点，促进完善文化产业生态，成为推动文化产业高质量发展的重要引擎和抓手。

（二）文化科技融合是我国文化产业高质量发展的关键着力点

随着新一轮科技革命的不断深化，科技创新正在深刻影响和重塑世界各国和地区的文化生活，文化与科技的深度融合已经成为全世界经济发展

---

① 数据来源："2021 广州文化企业 30 强发布暨粤港澳大湾区背景下文化产业高质量发展论坛"专家发言。

的重要引擎，对全球文化产业格局的重塑起着关键性作用。"十三五"时期，我国文化及相关产业总体规模较"十二五"时期增长放缓，但从2018年以来，以文化科技融合为特点的新业态连续四年呈较高增长态势。2021年，全国规模以上文化及相关产业营业收入同比增长16%，新业态行业营业收入占文化企业营业收入的33.3%，同比增速达到18.9%，[①] 标志着我国文化与科技融合已步入新阶段，即文化与数字技术深度融合的文化数字化阶段。根据中国文化产业高质量发展指数近三年的研究成果[②]，我国文化产业科技创新效益的短板依然明显，文化科技融合对文化产业高质量发展的贡献不够显著。因此，加快补短板，进一步促进文化与科技融合，是加快文化产业转型升级，推动实现高质量发展的重要推动力和关键着力点。

（三）文旅融合推动文化产业新发展

随着国民生活水平和文化素养的不断提高，旅游消费者越来越注重精神文化的享受，文化和旅游变得愈加密不可分，文旅融合已然成为大势所趋，成为对新时代"人民日益增长的美好生活需要"的积极回应。全国各地积极贯彻落实习近平总书记关于"坚持以文塑旅、以旅彰文，推动文化和旅游融合发展"的指示精神，以文化赋能促进旅游产业转型升级，以旅游带动文化产业发展，为文化产业提供持续的内部增长动力。探索推进"文化+""旅游+""文旅+"，促进旅游与文化产业的空间融合、产品融合和业态融合。重庆、成都、西安等网红城市、网红打卡地层出不穷，"数字IP+文旅""文化网红+电商"等跨界模式不断刷新，如2021年"文交会"上的金庸"武侠馆"，就是以金庸武侠IP打造呈现经典侠义文

---

① 数据来源：国家统计局网站，http://www.stats.gov.cn/xxgk/sjfb/zxfb2020/202101/t202101311812937.html。

② 资料来源：中央财经大学文化经济研究院、北京文投大数据有限公司、新华网，《中国文化产业高质量发展指数（2019）》《中国文化产业高质量发展指数（2020）》《中国文化产业高质量发展指数（2021）》。

化与高新技术、潮流文创的跨媒介互动新模式;广州不断涌现新业态新模式,如永庆坊的"非遗+旅游""非遗+演艺",三七互娱的"非遗+动漫",原创粤剧街舞《新穆桂英挂帅》等的"非遗+文创"。随着文化复兴的推进和文化自信的不断增强,以国内大市场为主的新发展格局,将进一步促进国内文旅产业加速增长,文旅融合推动文化产业高质量发展的新动能作用将更加凸显。

(四)粤港澳大湾区文化产业生态圈不断完善

作为国内经济发展最快的区域,粤港澳大湾区文化市场活跃,新兴产业发展迅猛,文化产业发展处于全国领先地位,广东省文化产业增加值连续近20年居全国首位。珠三角地区占据龙头地位,文化产业园区(基地)的数量、规模和效益均居全国前列。文化产业已成为大湾区及各主要城市的新兴支柱产业,广深等核心城市的文化产业增加值占地方经济总量的 5% 以上,香港文创产业比重也接近 5%[①]。随着《粤港澳大湾区发展规划纲要》的深入实施,粤港澳城市间文化产业的协作不断加强和深化。粤港澳大湾区文化创意产业促进会、文化产业联盟、文化教育交流中心等平台相继搭建,粤港澳大湾区文化产业投资基金落地广州,在整合湾区文化资源、推动优质文化产业项目落地、创造高品质文化产品、共建共享文化产业生态等方面发挥积极作用。但大湾区内文化产业发展不平衡现象依然存在。珠三角地区的产业整体优势明显;香港"创意之都"的地位虽存,但近几年增长波动较大,市场较小;澳门文化产业体量较小。港澳与内地之间的文化合作广度深度还需不断拓展。粤港澳大湾区作为港澳发挥所长、开拓发展的理想地,以及融入国家发展的重要平台,拥有内地广阔的市场、发展迅速的数字技术及应用、日益完善的创新环境、雄厚的产业基础,为港澳两地弥补文化产业短板、推动共建人文湾区提供了良好的合作机遇。

---

① 数据来源:《中国文化及相关产业统计年鉴 2020》,2020。

三　广州文化产业高质量发展取得显著进步

近年来，广州坚持贯彻落实习近平总书记关于实现老城市新活力、"四个出新出彩"的重要指示精神，在城市文化综合实力出新出彩上积极探索实践，文化产业发展质量显著提升。

（一）"广州文交会"已经成为广州文化产业发展最新成果的重要展示平台

"广州文交会"（全称广州文化产业交易会）是 2017 年由广州市政府筹办，贯穿创意设计、生产、营销、消费全产业链条的国际性文化产业交易展示平台，是广州推进文化强市、实现文化综合实力出新出彩的重要举措。2017 年以来，参会企业数量、社会影响力、市场成交量逐年攀升。2021 年12 月举办的"广州文交会"，聚焦文化产业数字化，展现广州文旅融合新成果，吸引近 1000 家企业和机构参与，线下展览动漫游戏、影视演艺、文化装备、数字非遗、精品文创、旅游产业等最新发展成果。"广州文交会"至今已成功举办五届，已成为中国文化产业的"广交会"，是展示广州文化产业发展最新成果、宣传优秀文化企业、推介优质文化项目、增进对外文化交流、促进文化消费市场的重要平台，也成为联通全球高端文化资源的文化产业交易交流盛会，是广州城市形象的一张靓丽名片。

（二）文化产业支柱性地位持续增强

广州大力推动文化产业发展，通过文化氛围的浸润和文化市场的推动，大力弘扬正能量，不断满足人民群众的精神需求和对美好生活的向往，实现了经济效益和社会效益的互促共进。"十三五"时期，全市文化及相关产业增加值年均增速达 13%。尤其是 2016~2019 年，产业规模增长迅猛，年均增速高达 15%，远超全市地区生产总值的平均增速。2020 年以来，虽受新冠肺炎疫情影响，但在 5G、人工智能、AR/VR 等新技术的加持下，文化产业发展逐步回稳向好。2020 年，广州文化及相关产业增加值达到 1536.39 亿元，占全市 GDP 的 6.13%，较 2016 年提高 1.2 个百分点。2021 年，其文化及相关产业仍保持增长态势，实现营业收入 4807.76 亿元，同比增长 19.4%，两年平均增长 8.2%①，文化产业的支柱地位持续增强，已成为广州经济增长的新引擎。

（三）文化产业创新发展领先全国

广州强化落实创新驱动战略，发挥科技创新的引领和支撑作用，加快应用 5G、4K、AR/VR 等新技术，推动文化产业创新发展，文化产业数字化转型升级迅速，诸多领域处于全国领先地位。2020 年，全市数字文化产业营业收入占文化产业总营收的 60% 以上，数字动漫、数字音乐、网络直播、数字出版、数字演艺、新媒体等新兴优势产业继续领跑全国，高清影视、电子竞技、智慧旅游等新兴行业发展强劲。全市动漫企业 500 家以上，数字动漫产业总产值超百亿元，约占全国产值的 1/5，原创漫画发行量占据全国市场的 30% 以上份额，漫画生产和消费规模均占全国 10% 以上；以酷狗音乐为龙头的数字音乐持续领跑全国数字音乐赛道，总产值约占全国 1/4；VR 主题乐园硬件占据国内 80% 的市场份额、50% 的国际市场份额，专利申请量占全国的 60%。②

（四）文旅融合成为广州文化产业高质量发展的重要抓手

依托深厚的岭南文化底蕴和丰富的自然人文旅游资源禀赋优势，广州多措并举推动"文化+"融合发展，文旅产业发展亮点纷呈。2021 年 7 月，广州市出台《广州市促进文化和旅游产业高质量发展的若干措施》，从品牌打造、新业态培育、融合发展、文旅消费和区域合作等方面提出具体举措，推动城市文化旅游出新出彩。扶持力度加大，设立文化和旅游产业发展专项资

---

① 数据来源：《2021 年广州文化产业持续增长 新业态动力强劲》，广州市统计局网站。
② 数据来源：《广州文化产业发展报告（2021）》，社会科学文献出版社，2021。

金 3 亿元/年，重点扶持新型旅游业态、文化旅游云服务、文旅消费新业态等发展；市场主体竞争力不断增强，汇聚了励丰文化、三川田、酷旅（要出发）、漫游国际、驴迹科技、康云科技、广州欧科等众多智慧文旅企业；具有文商旅产居共融特色的历史文化街区——西关永庆坊，先后入选国家 4A 级旅游景区、省级旅游休闲街区和首批国家级旅游度假区；成功创建国家级文化产业示范园区的北京路，2020 年实现营业额 111.8 亿元；积极培育文旅消费新业态新模式，"云旅游""云展览""云演出"、非遗网上购物节、不打烊数字图书服务和精品慕课堂等新模式新产品不断涌现，成功入选首批国家文化和旅游消费试点城市。

四 广州引领粤港澳大湾区文化产业高质量发展的对策建议

（一）积极迎接数字化趋势，加快文化产业转型升级

当前，全球正处于信息化加速时代，5G、人工智能、区块链等数字技术的不断突破和应用，带来数字革命的新浪潮。新发展格局下，随着数字中国的加快建设，推进数字技术的创新和应用，已成为我国突破要素流动壁垒、提升全要素生产率的必然路径。广州要继续发挥科技资源、数字经济先发优势，推动数字产业化和产业数字化发展，着力构建数字技术引领的现代文化产业体系。

一是加快文化产业与数字经济的深度融合。推动数字技术与文化产业从内容生产、传播推广到终端消费的全产业链融合，激发文化创新创造活力，优化升级产业结构，延长产业链条，促进文化产业生产方式、组织形式、营销模式向网络化、生态化、集群化转变。

二是充分利用数字化技术助力传统文化创新传承。加快盘活文物古迹、文化场馆、传统曲艺、历史文化街区等文化资源，推动粤剧、武术、龙舟、乞巧等传统文化 IP 变现开发以及"非遗"的产业化，扶持莲香楼、致美

斋、敬修堂等"老字号"和完美日记、立白、古良吉吉等国货品牌跨界发展，提升"广货"品牌的认可度、影响力和市场价值。

三是数字赋能产业结构优化。巩固提升数字动漫、数字音乐、电子竞技、文化创意、文化装备制造等优势产业，提高数字化水平。积极培育文化数字内容服务、可穿戴智能文化设备、新媒体娱乐、数字出版等文化新业态。

四是加快推进重点载体建设。以创建国家人工智能创新应用先导区为契机，加快广州人工智能与数字经济试验区建设。实施"百园提质"计划，推进广州大湾区数字娱乐产业园、花都数字文化产业园、云湖竞城等园区建设，加快文化产业园区数字化改造，助推新技术、新模式、新产品在文化领域的创新应用，促进园区提质增效，建设智慧园区。

（二）创新文化消费，建设国际消费中心城市

随着国民对生活质量的愈益重视，作为满足人民美好生活需求重要内容的文化消费，已经成为我国消费升级的主要标志，也是新冠肺炎疫情防控常态化后，消费潜力释放的重点领域和城市经济复苏的新亮点。广州要积极服务构建新发展格局，持续发挥文化消费蓬勃发展的突出优势，创新文化消费方式，推动文化产业高质量发展。

一是丰富优质文化产品供给。以科技创新为动力，弘扬和践行社会主义核心价值观，加快提升文化内容创新能力。加大文化产品创新创意创造的激励力度，适应大众多元化、个性化精神需求，扩大中高端文化产品的生产和供给，促进文化消费扩容提质升级。

二是加快培育文化消费新业态。推进数字技术的深入广泛应用，培育远程康养、直播展销、云演艺、电子竞技、个性化定制旅游、文化夜经济等新兴文化消费形态，进一步拓展广州文化消费市场空间。

三是积极营造文化消费新场景，打造文化消费新地标。发挥广州"千年商都""时尚之都"等优势，打造沉浸体验式潮流街区、节庆集市、街头艺人表演、潮玩集聚区等。适应国风国潮元素流行趋势，打造国风 IP 全新

消费场景，举办电子竞技赛事等。优化提升时尚商业圈，加强体验类业态供给，促进高端消费。

四是优化文化消费环境。加强文化消费市场的制度体系建设，创新监管手段，加大监管力度，健全数字治理规则，加强文化新产品、新业态、新模式的知识产权保护。

（三）强化科技创新，培育发展新动能

当下，新一轮科技和产业革命为文化产业大发展提供了新机遇，科技创新正引导文化产业走向新发展，复杂多变的世界经济环境使得文化产业的发展更加离不开科技创新的支撑和推动。广州要持之以恒地坚持创新驱动战略，强化科技支撑，促进文化科技深度融合。

一是提升科技创新的有效供给。支持文化领域产学研体系建设，加大对高校和其他文化研究机构的应用型研究项目的支持力度，鼓励和引导龙头文化企业设立专业研究院，组建技术创新联盟，加大扶持文化科技创新成果转化，推动跨行业、跨部门、跨地域成果转化。

二是加强文化共性关键技术研究。支持大数据、云计算、AR、VR、人工智能、物联网、5G、区块链等先进技术研发及在文化产业中的推广应用，鼓励有实力的企业开展元宇宙底层核心技术基础研发。

三是坚持内容为本源，增强文化科技的硬实力。强化"文化+科技"思维，推进文化产品内容生产的供给侧结构性改革，以满足人民群众的文化消费新期待和新需求为宗旨，创新内容生产供给模式，创新内容表现形式，提升优质内容产能。

（四）推动文旅融合出新出彩，构建世界级旅游目的地

随着疫情的常态化有效防控，国内旅游市场有序恢复，文化和旅游深度融合进程加快。广州要依托文旅资源禀赋优势，发挥文化产业、旅游业的比较优势，协同粤港澳大湾区各城市，进一步推动文旅产业深度融合，促进区域资源整合，打造新发展格局下的文旅发展新优势。

一是加快推进数字技术的广泛应用，完善文化旅游产业链。增强5G、大数据、机器学习、云计算等数字技术的创新应用，发展智慧旅游。创新旅游模式，建设智慧景区、智慧旅游小镇，数字文化公园、VR主题公园等。协同湾区城市，加强旅游信息基础设施建设，打造数字旅游公共服务平台。

二是加快文旅融合重点项目建设。稳步推进广州美术馆、文化馆、粤剧院等重大文旅项目，加快广州塔—花城广场—琶醍片区"岭南之窗"文旅融合创新示范区建设，培育一批文旅融合集聚区、文旅融合示范基地、文旅产业示范园，促进"文旅+农业""文旅+体育""文旅+康养""文旅+工业""文商旅"等跨界融合发展。

三是推动穗港澳文旅融合发展。加强穗港澳三地文化和人才交流，增强港澳青少年文化认同，吸引港澳人才来穗创业就业。以粤港澳大湾区北部生态文化旅游合作区建设为契机，加强协作，携手推进粤港澳大湾区世界级旅游目的地建设；优化实施72小时过境免签、便利签证政策，进一步规范市场行为，保障大湾区文旅合作有序推进。

四是扩大开放，提升文旅产业国际化水平。加强文旅基础设施现代化、智能化和国际化建设，提升文旅服务国际化水平。借鉴北京先进经验，吸引国际演出项目选择广州作为首站首发地。允许国际文化服务提供者在广州提供与文化娱乐服务有关的网络内容服务。鼓励国际服装、动画、插画以及创业设计团队，在广州设立独资设计公司等，优化市场环境。

（五）创新体制机制，打造文化产业改革试验田

推动文化产业高质量发展，政策创新是杠杆，体制机制创新是保障。广州要以文化体制改革创新试验区建设为契机，先行先试，进一步深化文化供给侧结构性改革。

一是推动管理体制创新。优化广州市文化体制改革与文化产业发展领导小组的管理职能，加大简政放权，完善相关部门协作机制，提升服务效能。深化国有文化企业和文艺院团改革，激发文化市场主体活力。

二是创新文化内容生产机制。坚持内容为王、人民为本的内容生产导

向，树立内容为核心的生产机制，以实施"链长制"为抓手，发挥龙头文化企业带动作用，打造产业链协同发展生态体系，建设以广州为核心、服务粤港澳大湾区的高质量文化内容产业带。

三是优化市场准入机制。推进营商环境5.0改革，完善文化市场准入负面清单制度，进一步放宽市场准入。打破行业垄断和地区封锁，优化和规范网络游戏、视听、直播带货等领域市场环境，依法保障各类文化主体合法权益，营造开放、健康、富有活力的现代文化市场体系。

四是加快文化产业政策体系创新。以问题和需求为导向，积极探索政策集成创新，完善以高质量发展为导向的文化经济政策体系。积极探索开展电影备案和审查试点工作，创新国产网游版号审批制度改革，开展国产网络游戏属地管理试点，加强网络游戏内容审读培训，提高原创文化产品创作生产水平。

五是探索多元开放发展机制。创新区域文化产业合作机制，率先破除文化产业资源跨境流动的瓶颈，积极申请国家对外文化贸易基地落户南沙，探索开展南沙文化保税区建设试点，激发粤港澳大湾区城市群文化产业协同发展的内在动力。

（六）积极引领，推动粤港澳大湾区文化产业高质量发展

随着《粤港澳大湾区发展规划纲要》的深入实施以及多重利好政策的落实，大湾区文化产业合作发展的现实需求越来越强烈，广州要发挥国家中心城市和粤港澳大湾区核心引擎作用，促进大湾区城市间的文化认同和产业协作，携手推进粤港澳大湾区文化产业高质量发展。

一是增强大湾区文化交流和合作。发挥"广交会""广州文交会"等展会活动的平台作用，设立大湾区专场专区，引领大湾区文化企业、文化院团及文化人才参与全球文化交流，吸引高端文化资源集聚，促进大湾区文化产业资源优化配置。

二是提升城市文化的国际影响力。强化广州在大湾区的文化枢纽地位，大力建设具有广州特色、大湾区特色的地标性文化基础设施，增强城市文化

吸引力。积极争取"读懂中国"等各类国际性会议在广州举办,讲好广州故事、大湾区故事和中国故事,彰显广州魅力、大湾区风采和中国精神,提升城市文化显示度和国际影响力。

三是深化大湾区文化产业合作。依托广州科研资源优势和高新技术产业基础,用好香港、澳门会展资源,主动链接湾区城市的文旅优势资源,发挥粤港澳全面合作示范区、国家自主创新示范区、南沙自贸区等高端平台的要素集聚作用,推进大湾区城市群在创意设计、动漫游戏、影视产业、数字文化装备制造、演艺音乐、数字艺术展示、文化旅游等领域的产业合作,共建大湾区文化产业集群。

四是加强文化科技创新合作。以推动建设珠三角国家自主创新示范区为契机,紧密围绕粤港澳大湾区和广深港澳科技创新走廊建设,发挥广州国家级文化和科技融合示范基地的引领作用,加强城市间的文化科技成果转化、科技金融融合、创新平台建设、人才培养等方面的深度交流互鉴,积极营造科技与文化融合发展的产业生态,促进大数据、云计算等数字技术在文化产业中的广泛应用,助力粤港澳大湾区数字文化产业发展。

参考文献

徐咏虹等主编:《广州文化产业发展报告(2021)》,社会科学文献出版社,2021。

联合国世界旅游组织:《〈世界旅游晴雨表〉预测 全球旅游最早于2024年恢复至疫前水平》,中国网,2022年2月8日。

李永杰:《创新推动文化产业高质量发展》,《中国社会科学报》2021年12月8日。

皮泽红:《"2021广州文化企业30强发布暨粤港澳大湾区背景下文化产业高质量发展论坛"广州举行》,中国发展网,2021年12月6日。

秦瑞英:《5G时代广州文化产业创新发展的探索思考》,《广州文化产业发展报告(2020)》,社会科学文献出版社,2020。

郑慧梓、周甫琦:《数字赋能文化产业 携手构建人文湾区》,南方网,2021年12月6日。

B.6
广州推进文化产业高质量
发展的对策研究

艾希繁*

摘　要： 文化产业高质量发展是推动文化建设的重要内容。广州在动漫游戏、数字音乐、直播等文化互联网行业，4K超高清显示产业，数字展示，VR、AR虚拟现实产业等领域处于全国领先地位。与北京、上海、深圳、杭州等城市比较，广州文化产业发展还存在一些短板，比如文化产业增加值居北京、上海、深圳、杭州之后，居全国主要城市第5位，与广州城市经济实力不相匹配；龙头骨干文化企业数量不足；文化产业发展统筹管理力量不足；高端文化产业人才竞争力不足等。结合广州"十四五"发展规划，建议以建设"全国数字文化产业中心"为发展目标，做好文化产业发展规划；探索组建专门的文化产业管理协调机构；着力培育和引进一批重点文化企业，形成产业集聚；加强企业自主研发，加强文化和科技融合发展；扩大文化产业新消费；将广州文交会打造成为国内一流的文化产业展示交流平台；学习借鉴北京东城区国家文化金融合作示范区经验，推出一批文化金融创新举措；引进和培养一批高端文化产业人才；提高政策扶持的精准性，优化产业发展环境。

关键词： 文化产业　高质量发展　城市比较

＊ 艾希繁，中共广州市委宣传部干部，博士，研究方向为文化产业。

2020年9月17日，习近平总书记在视察长沙马栏山视频产业园时，明确指出："文化产业是一个朝阳产业，要重视文化产业的发展。"2021年9月，国家文化和旅游部公布《"十四五"文化和旅游发展规划》，提出了到2025年全国文化和旅游发展目标，部署了相关事宜。近年来，北京、上海、深圳、杭州等国内大中城市纷纷大力发展文化产业，上海提出"十四五"期间"打造网络文化产业高地"；深圳市提出"大力发展数字文化产业和创意文化产业"；杭州提出"打造全国数字文化产业创新发展示范地"。可以看出，推动文化产业高质量发展已成为我国各城市的重要方向。

一　广州文化产业发展的基本情况

近年来，广州市坚持以习近平新时代中国特色社会主义思想为指导，深入学习贯彻习近平总书记视察广东、广州重要讲话精神，深化文化领域供给侧结构性改革，加快发展数字文化等新业态，培育具有国际竞争力的文化产业集群，打造文化产业高质量发展新高地，产业规模不断扩大，广州在动漫游戏、数字音乐、数字出版等领域处于全国领先地位，支柱性地位进一步提升，有力推动城市文化综合实力出新出彩。

（一）广州市文化产业整体情况

根据广州市统计局数据，2021年广州市规模以上文化企业3074家，同比增加252家；实现营业收入4807.76亿元，同比增长19.4%。2020年文化产业增加值1536.39亿元，同比增长2.6%，占GDP比重为6.13%。

广州文化科技融合发展进一步加快，2020年底，全市高新技术文化企业超3000家，全市文化企业累计专利申请数超6500件。

广州文化新业态发展迅速，2021年广州市新业态文化企业732家，占比23.8%，营业收入2078.55亿元，占全部文化产业营收比重为43.2%，文化新业态企业营业收入占比明显高于企业数量占比，营业收入规模居前六位的都是数字文化产业，包括多媒体及游戏动漫、互联网其他信息服务、互联网搜索服务、互联网广告服务、互联网文化娱乐平台等，这些领域 2021 年全年营业收入规模都超 100 亿元，表明文化新业态企业营收能力较强。新冠肺炎疫情对演艺、电影院线、旅游等行业造成不利影响，但数字音乐、动漫游戏、网络直播等克服疫情不利影响，保持快速增长，有力推动行业平稳发展。其中表现最抢眼的是互联网广告服务业，2021 年其营业收入同比增长 95.9%。

广州地区文化上市公司达 45 家，其中沪深 A 股 31 家，约占全市 A 股上市公司总数（117 家）的 26.50%，形成特色鲜明的"文化板块"。广州涌现出一批文化产业龙头企业，网易公司、津虹网络（YY 语音）、唯品会、三七文娱、虎牙直播、多益网络、趣丸网络、荔枝集团等 8 家广州企业入选"2021 中国互联网企业百强榜"。2021 年营收在 100 亿元以上的数字文化企业有网易公司、欢聚集团公司、虎牙直播公司、酷狗音乐公司、分众传媒公司、省广股份公司等，其中营收 500 亿元以上有网易公司（876.06 亿元）一家。

（二）广州文化产业九大门类行业发展情况

广州市文化产业门类齐全。2019 年广州市规模以上文化产业法人单位 2819 个，年末从业人员 32.27 万，营业收入 4110.81 亿元，资产总计 5149.84 亿元。

1. 文化法人单位数量

从法人单位数量来看，创意设计类最多，2019 年 816 个、占比 28.9%，内容创作生产类法人单位数 595 个、占比 21.1%，文化消费终端生产类法人单位 400 个、占比 14.2%，文化辅助生产和中介服务类法人单位 382 个、占比 13.6%，文化传播渠道类法人单位 258 个、占比 9.2%，文化装备生产类法人单位 190 个、占比 6.7%，新闻信息服务类法人单位 112 个、占比 4%，文化娱乐休闲服务类法人单位 48 个、占比 1.7%，文化投资运营类法人单位 18 个、占比 0.6%。

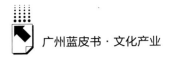

2. 营业收入

从营业收入来看，内容创作生产类最高，2019年营业收入917.59亿元，占比22.3%；其次是创意设计类，2019年营业收入751.34亿元，占比18.3%。

3. 资产总额

从资产总额来看，内容创作生产类也最高，2019年资产总额1585.81亿元；其次是创意设计类，2019年资产总额692.24亿元。

4. 从业人员数量

从从业人员数量来看，内容创作生产类从业人员最多，2019年末从业人员7.77万；其次是创意设计类，2019年末从业人员6.07万。

（三）广州重点优势文化产业发展情况

动漫、游戏电竞、新闻出版、文艺演出、文化制造等是广州市重点优势文化产业。

1. 动漫产业

广州动漫产业在全国具有重要地位。目前，广州市有动漫游戏企业2000多家，其中全国非上市类动漫企业100强榜单中，广州占30家，涌现了奥飞、漫友、天闻角川等一批龙头企业。广东省6家国家级重点动漫企业就有5家坐落在广州越秀区，即漫友文化、奥飞文化、原创动力、咏声、艺洲人。动画片年产量超200部，产量和播出量均在全国领先。原创漫画发行占全国漫画市场30%以上的份额。广州出品的《漫友》杂志被誉为中国原创漫画第一刊，发行量居全国第一。2020年代表中国动漫产业官方最高荣誉的中宣部"原动力"动漫创作项目中，广州市获奖数量15个，排名全国第一。

动漫电影广受欢迎，奥飞娱乐公司电影《喜羊羊与灰太狼之虎虎生威》首次实现国产动画电影票房过亿元；咏声动漫公司推出6部猪猪侠动画电影，累计票房近3亿元。

拥有多个具有全国影响力的动漫节展。中国动漫金龙奖（CACC）、中国国际漫画节（CICF）、全国动漫美术作品展览等国内顶级知名动漫盛事永久落户广州。

2. 新闻出版业

市属媒体积极转型，广州日报"1+N"全媒体产品用户已超过5000万，初步构建起了"报+网+端"一体化生产的融媒体方阵，广州市广播电视台"新花城"成功开播，"掌中广视"用户量超过100万，新媒体传播力不断提升。广州广播电视台广州国际媒体港获国家工商总局授牌"国家级广告产业园核心区"，园区产值超百亿元。

出版领域，广州地区拥有一大批省内外知名企业，如广东省出版集团、南方出版传媒、广东新华发行集团股份有限公司、广东省出版集团数字出版有限公司、广州数字出版有限公司、广东教育出版社有限公司、阿里文学、微信读书、久邦、广州朗锐科技等。广州的数字阅读平台包括阿里文学、微信读书、九库阅读等，加快推动了网络文学产业的发展。位于广州的阿里文学是国内知名的数字阅读平台。广州久邦数码公司是全球最大的手机工具软件开发商，其旗下品牌久邦文学是久邦独立运营的大型阅读集群平台和大型原创文学网站。

3. 游戏电竞产业

2020年，广州市游戏企业数量达到2768家，其中上市游戏公司14家，约占广州市文化产业上市公司比重为33%。网易、三七互娱、多益网络、趣丸网络等4家游戏企业入选"2021年中国互联网企业100强榜单"。面对新冠肺炎疫情冲击，广州市游戏电竞产业逆势增长，2020年，广州游戏产业营收1066.44亿元，首次突破千亿，居全国前列，同比增长23%。

龙头游戏企业网易公司2021年实现营业收入876.06亿元，其中海外营收占比超过11%，是国内游戏龙头中出海收入占比最高的企业。在2021年12月中国手游发行商全球App Store和Google Play收入排行榜中，网易游戏排名第二。

三七互娱公司积极推行多元化、国际化等战略，2021年前三季度实

现营业收入 121.11 亿元，预计全年实现净利润 28 亿元，同比增长
1.41%。

电竞产业在广州快速发展。网易全球电竞赛事《第五人格》系列比
赛在广州成功举办。2020 年 5 月初，广州网易公司《第五人格》全球总
决赛 COA 在广州成功举办，吸引多个国家和地区选手参赛，其中日韩有
超过 30 万人参赛，中国港澳台地区共 12 万人参赛，东南亚地区超过 10
万人参赛。

广州趣丸网络公司拥有两支电竞战队，2020 年实现营业收入 19.1 亿
元，旗下广州 TTG 战队 2021 年连续三次获 KPL 全国亚军（春季赛、秋季
赛、挑战者杯），并在 KPL 世界冠军杯赛上冲入全球四强；获首届英雄联盟
手游"破晓杯"世界赛亚军。

4. 电影产业

截至 2020 年底，广州市影视企业突破 600 家，其中电影院 255 家，拥
有超过 20 万张观众席，电影票房收入 6.84 亿元，位居全国第四。广州电影
涌现出一批精品力作。2021 年 12 月，粤剧电影《南越宫词》获第 34 届中
国电影金鸡奖最佳戏曲片奖。《掬水月在手》《点点星光》获第 33 届中国电
影金鸡奖，《刑场上的婚礼》获第 33 届金鸡奖提名。

5. 网络音乐

广州多元数字音乐生态体系发展态势良好，涌现出酷狗音乐、荔枝
FM、YY 语音等一批数字音乐龙头企业。酷狗、荔枝两家国内数字音乐龙头
企业位于羊城创意产业园。酷狗公司创立于 2004 年，是目前国内最大的数
字音乐服务提供商之一，拥有 4 亿音乐用户、3000 万海量正版音乐曲库以
及中国移动互联网 TOP30 赛道用户规模排名第一的 App。截至 2020 年底，
累计申请专利超 2000 项，授权专利超 1200 项；实现营业收入 135.76 亿元。
近年来，酷狗获得"中国互联网百强企业""国家知识产权优势企业""国
家音乐产业优秀项目"等荣誉。

2013 年成立的荔枝集团，公司主营产品是国内知名的声音互动 App，
旗下 UGC 音频社区荔枝拥有累计超过 2 亿全球用户，公司于 2020 年 1 月 17

日登陆纳斯达克交易所，估值达 5 亿美元，成为中国在线音频第一股，公司 2021 年前三季度实现营业收入 5.05 亿元，同比增长 40%。

在智能音乐硬件领域，广州涌现了艾茉森、音乐猫等知名企业。珠江钢琴主要通过控股子公司艾茉森（广州珠江艾茉森数码乐器股份有限公司）开展数码钢琴业务。近年来，广州的智能音响不断取得新突破，代表性企业有国光电器、爱浪智能、锐丰、励丰、安望科技等。

6. 网络直播

广州市网络直播行业处于全国领先地位，主要有欢聚时代、虎牙直播、千聊、网易 CC 等企业。欢聚时代集团公司全球专利申请共计近 1300 件，荣获"国家知识产权示范企业"称号。虎牙直播公司 2020 年全球移动端月活跃用户超 4.5 亿。

7. 超高清视频与 VR、AR 虚拟现实产业

广州超高清视频产业快速发展。2020 年 11 月，获国家广电总局授牌，世界超高清视频产业发展大会永久落户广州，连续五年在广州成功举办，行业影响力不断扩大。广州广播电视台完成全国第一个 4K 电视应用示范社区建设、开通全国第一个城市台 4K 超高清频道。2021 年 5 月国内第一家 8K 超高清影厅在广州越秀区流花展贸中心 1 号馆揭幕。

广州的 VR 产业近年来不断创新发展，广州已成为国内的 VR 产业重镇。依托制造业和动漫产业优势，广州近年来涌现了一批 VR 企业。代表性企业包括玖的、三七互娱、时间网络、谷得游戏、数娱科技、广州卓远（幻影星空）、影擎（影动力）、身临其境、黑晶科技广州分公司、盗梦科技、龙程电子、超级队长、幻境科技等。2018 年 1 月，广州时间网络公司联手广州动物园，推出了全球第一座 VR 动物园；随后，又在佛山推出了第一座 VR 功夫馆。

8. 文化装备制造业

广州文化装备制造业实力强劲，舞台灯光音响制造市场份额处于国内领先地位，具有国际影响力。广州浩洋电子公司、珠江灯光公司、励丰文化公司、锐丰音响公司等企业，在灯光音响方面占据行业领先地位。珠江

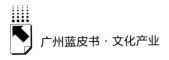

钢琴集团是全球最大的钢琴制造商，全球市场占有率31.3%，国内市场占有率41.5%。

二 广州文化产业高质量发展面临的挑战

广州文化产业具备坚实的发展基础和良好的发展态势，但也面临一些挑战，主要面临行业龙头企业数量不足、产业扶持力度不足、统筹有力的产业管理组织机构缺乏等短板问题。

（一）龙头骨干文化企业数量不足

广州数字文化企业总体上呈"星星多、月亮少"状态，整体营收规模与北京、深圳等地相比，仍有一定差距，广州无一企业年营收超过1000亿元，年营收超500亿元的只有网易公司1家，北京、深圳各有3家。网易公司2020年营收736.7亿元，与国内规模最大的文化企业深圳腾讯公司（2020年营收4820.64亿元）、北京字节跳动公司（2020年营收2366亿元）等相比，有较大差距（见表1）。

表1　2020年北上广深杭五城市文化企业情况比较

城市	上市文化企业数量	2020年营收500亿元以上文化企业	2020年营收100亿~500亿元文化企业	其他知名文化企业
北京	42家	字节跳动公司（今日头条、抖音、西瓜视频等）（2366亿元） 百度公司（1071亿元） 快手科技（588亿元）	蓝色光标（405亿元） 爱奇艺（297亿元） 咪咕文化（121亿元） 完美世界（102亿元）	新浪公司（96亿元） 万达电影（63亿元） 金山软件（56亿元） 搜狐公司（49亿元） 人民网（21亿元） 新华网（14亿元）
上海	暂缺数据	迪士尼公司（4500亿元）（上海迪士尼母公司）	携程（183亿元） 哔哩哔哩（120亿元） 东方明珠（100亿元）	阅文集团（85亿元） 喜马拉雅（41亿元）

续表

城市	上市文化企业数量	2020年营收500亿元以上文化企业	2020年营收100亿~500亿元文化企业	其他知名文化企业
广州	40家	网易公司（736.7亿元）	三七互娱（144亿元） 酷狗公司（136亿元） 省广股份（133亿元） 欢聚集团（132亿元） 分众传媒（121亿元） 虎牙直播（110亿元）	南方传媒（69亿元） 汇量科技（36亿元） 奥飞娱乐（24亿元） 星辉娱乐（17亿元） 粤传媒（5亿元）
深圳	31家	腾讯公司（4820.64亿元） 深圳华侨城（819亿元） 康佳集团（504亿元）	腾讯音乐（292亿元） 雷霆股份（248亿元）	创维数字（85亿元） 华强方特（40亿元） 创梦天地（32亿元） 雅昌文化（6.8亿元）
杭州	24家		阿里巴巴文娱板块（291亿元）	华数传媒（75亿元） 网易云（49亿元） 浙数文化（35亿元） 华策影视（37亿元）

说明：数据采集时间截至2020年底。

资料来源：相关政府网站。

（二）文化产业整体规模与城市经济实力不相匹配

2020年广州文化产业增加值为1536.39亿元，在全国主要城市中排名第5，排在北京、上海、深圳、杭州之后。广州GDP排名为全国第4，文化产业增加值的全国排名与广州城市经济实力不相匹配。

表2 2019~2020年北上广深杭五城市文化产业增加值比较

单位：亿元，%

序号	城市	2019年文化产业增加值	2019年文化产业增加值占GDP比重	2020年文化产业增加值	2020年文化产业增加值占GDP比重
1	北京	3318.4	9.38	3770.2	10.5
2	上海	2500	6.55	—	—
3	广州	1497.66	6.34	1536.39	6.13
4	深圳	1849.05	8.17	2200	8.0
5	杭州	2105	13.69	2285	14.19

资料来源：统计局相关数据，上海市2020年文化产业增加值数据未正式公布。

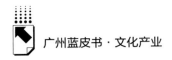

（三）文化产业统筹管理力量不足

目前，广州在市委宣传部设有一个正处级的行政机构——市文资办（加挂市文改文产办牌子），承担全市统筹文化产业发展等职能；在市文旅局有一个内设处室——产业发展处。与北上深杭四城市相比，广州文化产业管理机构设置存在"管理层级不高、人员编制不足、统筹力量不够"问题（见表3）。

表3　广州与北上深杭四城市文化产业统筹管理机构设置情况比较

城市	宏观指导机构	工作机构	机构性质	人员编制	各区文化产业机构
北京	北京市文化创意产业发展领导小组 组长：市委书记；常务副组长：市长；副组长：市委常委、宣传部部长 议事协调机构，办公室设在市委宣传部	北京市国有文化资产管理中心作为北京市委宣传部归口管理的正局级单位	正局级事业单位	编制100名，13个处室	各区设文化创意产业推进领导小组
上海	上海市文化创意产业推进领导小组 组长：市长；副组长：市委常委、宣传部部长 议事协调机构，常设办公室在市委宣传部	文创办（领导小组办公室的简称），由市政府副秘书长担任主任、市委宣传部副部长担任常务副主任	正局级		各区设文化创意产业推进领导小组，区长担任组长
广州	广州市文化体制改革与文化产业发展领导小组 组长：市委常委、宣传部部长，设办公室在市委宣传部	文资办（文改文产办）	正处级行政单位	7个行政编制	无独立机构（除天河区）
深圳	深圳市文化体制改革与发展工作领导小组 组长：市委常委、宣传部部长，设办公室在市委宣传部	市委宣传部发改办（文资处）	正处级内设处室	5个行政编制，3个雇员编制	各区设独立运作的文产办
杭州	杭州市文化创意产业发展委员会 主任：市委书记；常务副主任：市长；副主任：市委常委、宣传部部长	杭州市文化创意产业发展中心主任由市委宣传部常务副部长兼任	正局级事业单位	编制25人，设4个处室	均建立文创委和文创发展中心

资料来源：各城市政府网站。

（四）文化产业发展扶持力度有待进一步加强

广州在数字文化产业发展方面出台了一系列政策，但在财政资金支持、用地政策支持等方面扶持措施的精准性、落地效果有待进一步提升。与北京、上海、深圳、杭州等城市相比，广州扶持力度不大，以文化产业专项财政资金为例，北京、深圳每年安排资金不少于 5 亿元；上海每年安排不少于 3 亿元；杭州每年安排不少于 5 亿元。广州是国内较晚设立文化产业专项财政资金扶持的城市，从 2020 年起设立广州市文化旅游产业发展专项资金，规模为每年 3 亿元，为期 5 年。2021～2022 年该专项资金合计支出 2.86 亿元（见表 4）。

表 4　国内主要城市文化产业专项资金设置情况

城市	资金名称	资金规模	资金用途	设立年份	管理部门	扶持方式
北京	文化产业发展专项资金	5 亿元	用于支持文化产业发展	2012	宣传、财政部门为主的专项资金联席会议	项目补助、贷款贴息、奖励、融资担保、股权投资、产业投资基金等
上海	促进文化创意产业发展财政扶持资金	3 亿元	上海市政府转型发展专项资金下的子项资金，主要用于文创产业公共服务平台建设运营	2012	文创办、宣传部、经信委、财政局	无偿资助、贷款贴息、政府购买
深圳	文化创意产业发展专项资金	5 亿元	专项资金纳入市本年度预算安排的市产业发展资金中统筹安排	2005	市文产办与市财政局	项目补贴、贷款贴息、配套资助、奖励、无息借款五种资助方式
杭州	文化创意产业专项资金、文化事业发展专项资金	5 亿元	扶持文化创意产业、文化事业发展	2005	市委宣传部（市文创办）	资助、贴息、奖励

资料来源：各城市政府网站。

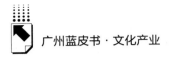

（五）高端文化产业人才竞争力不足

广州高端文化产业人才还较为缺乏。根据广州市税务局相关数据，2020年广州数字产业个人所得税收入54.9亿元，仅为上海、深圳、杭州的1/4，北京的1/5。该数据表明，广州与北上深杭四地相比，人才数量、薪酬水平处于劣势，导致人才竞争力不足。

三　北上深杭四城市发展文化产业的经验借鉴

（一）注重完善文化产业政策体系

北京市加强顶层谋划，发布实施《北京市文化产业发展引领区建设中长期规划（2019年—2035年）》《北京市文化产业高质量发展三年行动计划（2020—2022年）》等。

上海市着力完善产业政策，2021年7月，上海出台《全力打响"上海文化"品牌深化建设社会主义国际文化大都市三年行动计划（2021—2023年）》，明确提出深化文化科技融合发展，推动文化产业数字化转型发展。

上海专门出台游戏电竞创新政策措施，游戏电竞居全国领先地位，集中了全国80%以上的电竞企业、俱乐部和直播平台，电子竞技场馆数量约为35家，全国每年超过40%的电竞赛事在上海举办。2020年，上海电竞产业规模超过190亿元。国内规模最大的游戏展会——中国国际数码互动娱乐展览会连续多年在浦东举办。

杭州市加强文化产业政策体系建设。2021年9月，杭州专门印发《杭州市文化产业发展"十四五"规划》，明确数字与文化融合发展。

（二）注重加强文化产业管理机构建设

北京市注重加强文化产业管理机构建设。2019年10月，设立北京市国有文化资产管理中心，作为北京市委宣传部归口管理的正局级单位，下设

13 个内设机构，专门负责国有文化资产管理、国有文化产业园区发展。

上海市注重加强全市文创产业领导管理机构建设。2010 年 9 月，建立上海市文化创意产业推进领导小组，由市政府主要领导担任组长，常设领导小组办公室（简称"文创办"），由市政府副秘书长担任主任、市委宣传部副部长担任常务副主任。上海市各区参照市里，成立各区文化创意产业推进领导小组。

杭州注重加强文化产业管理力量。杭州市和 13 个区、县（市）、钱塘新区均建立文创委和文创办（现"文创办"因机构改革更名为"文创发展中心"），专门承担指导协调文化产业发展职责。2019 年机构改革后，专门成立正局级事业单位——杭州市文化创意产业发展中心，编制 25 人，设 4 个处室（综合处、产业处、合作交流处、创意策展处），现任中心主任由市委宣传部常务副部长担任。

（三）注重加强文化金融等具体政策举措创新

北京市特别注重文化产业政策举措创新。从 2017 年起在全国率先推出"投贷奖"联动政策，文化企业有效降低融资成本，截至 2019 年底，"投贷奖"累计支持项目 2009 个，支持金额 12.1 亿元，拉动投资 1071.8 亿元，放大倍数达 88.4 倍。

深圳注重发挥财政资金对文化产业发展的引导作用。2020 年 1 月深圳市政府出台《深圳市文化产业发展专项资金资助办法》，2011 年以来，每年市财政安排 5 亿元扶持文化产业发展，每年各区累计安排 5 亿元扶持文化产业发展。

杭州注重文化金融创新。2011 年，建立全国首个文创产业无形资产担保贷款风险补偿基金，累计为 2000 余家文化企业提供融资服务，融资信贷规模累计超 100 亿元。2013 年，在全国率先成立文创金融专营机构——杭州银行文创支行，并不断拓展合作机构范围，目前，已拥有四家文创金融专营机构，不断做大做强杭州文化产业国有投资引导基金，截至 2019 年底，参股子基金累计规模超过 30.4 亿元，共投资项目 80 余个，投资额达 7.6 亿元。

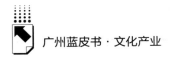

（四）注重加强国际文化交流合作

深圳高度重视推动文化"走出去"，与苏格兰首府爱丁堡、美国加州帝国郡和澳大利亚布里斯班市等地成功互建国际创意产业孵化中心。

杭州注重文化产业国际交流合作。2012年成为全国首个联合国教科文组织命名的"工艺与民间艺术之都"。2019年5月，"杭州英国文化创意产业交流中心"在英国诺丁汉市设立。

（五）高度重视数字文化产业发展

北京市提出将数字创意发展作为主攻方向，《北京市关于推进文化创意产业创新发展的意见》提出："全面推动文化科技融合，打造数字创意主阵地。"上海市出台《全力打响"上海文化"品牌深化建设社会主义国际文化大都市三年行动计划（2021—2023年）》，提出"推动文化数字化转型发展"。深圳市提出了发展数字文化产业的具体目标，《深圳市关于加快文化产业创新发展的实施意见》提出"大力发展数字文化产业和创意文化产业等新型业态，到2025年，数字文化等新型业态占文化产业的比重超过60%"。杭州市出台文化产业发展"十四五"规划，明确提出"打造全国数字文化产业创新发展示范地"。

四　加快广州文化产业高质量发展的对策建议

（一）做好文化产业发展规划

建议进一步明确城市文化产业发展的目标和愿景，建议以建设"全国数字文化产业中心"作为广州今后5~10年的发展目标，依托广州科教资源丰富、互联网产业发达等优势，加快部署数字文化产业发展，做好"十四五"全市数字文化产业发展布局，着力在动漫、游戏电竞、数字音乐、网络直播、数字创意设计等新兴文化产业领域，培育竞争新优势。

（二）完善文化产业发展统筹协调机制

学习借鉴北上深杭关于文化产业组织管理机制建设的经验，结合广州实际，加强文化产业管理机构的层级和力量，建议组建全市推进文化产业发展领导小组，由市政府主要领导担任组长，宣传文化、网信、发改、工信、商务、金融等部门作为小组成员单位，统筹全市文化产业发展规划、资源协调等，指导各区完善文化产业组织管理体制机制，常设文化产业发展办公室，具体承担文化产业发展规划、服务文化企业（园区）发展等职责。

（三）培育一批重点文化企业

对标国际国内先进城市，依托人工智能和数字经济试验区平台，培育一批本土龙头文化企业。加大招商力度，优化招商引资政策，吸引国内外数字文化龙头企业总部（区域总部）落户广州。加强与腾讯、字节跳动等龙头企业合作，推动建设一批数字文化企业华南总部。

大力支持广州高新区文化和科技融合示范基地等文化产业园区（聚集区）发展，鼓励数字文化企业入驻园区，形成数字文化产业集聚发展。

（四）加强企业自主研发，推进文化和科技融合发展

重点加强数字领域基础技术，鼓励产学研合作，鼓励在重点领域和关键环节取得突破，形成一批具有自主知识产权的创新技术。发挥广州高新区文化和科技融合示范基地等平台作用，带动文化科技融合发展，深化"互联网+"，推动互联网、人工智能、大数据、超高清等数字技术在文化产业领域的融合应用，促进数字互联网、数字呈现、数字音乐、VR/AR 等新型文化业态发展。

（五）扩大文化产业新消费

引导和扩大文化消费需求，顺应数字时代群众消费习惯，提升消费体验，增加数字文化产品的有效供给，引领时尚消费潮流。丰富动漫、游戏、

视听节目的内容制作，鼓励提供更多的群众喜闻乐见的内容产品。鼓励企业开展数字文化产品消费渠道创新，规范引导数字付费模式，让数字文化产品服务以更便捷的方式抵达用户。推动数字文化在公共交通、电子商务、社交网络等平台上应用，鼓励企业开拓社交电商、"粉丝"经济、夜间经济、混合现实娱乐、智能家庭娱乐等消费新领域。发挥省会广州作为全国首批国际消费中心城市之一的重要作用，积极创新试点数字文化消费。

（六）形成广州文化产业优势领域

广州应紧抓目前具有领先优势的数字音乐、动漫、游戏、动画影视、数字文化装备等产业方向，积极布局"十四五"发展规划，在人工智能与数字经济试验区建设中，大力发展新基建，完善广州市数字文化产业布局。

继续加大动漫产业发展力度，重点培育像奥飞动漫、咏声动漫、蓝弧动漫、漫友文化等之类的国产原创动漫品牌产品、团队和企业，拓宽动漫产品受众范围，鼓励动漫企业制作动漫电影，鼓励网络视频平台与动漫产业链深度融合。

鼓励引导游戏企业完善未成年人网络游戏防沉迷系统建设，加强对未成年人保护。鼓励游戏企业开发更多具有岭南文化特色，更多具有教育、益智功能的游戏产品。优化游戏电竞产业发展生态，实施"电竞+"战略，加快电竞产业融合创新发展，打造较为完善的电竞产业生态。

进一步提升网络文化产业竞争力和影响力。鼓励和支持数字音乐、社交媒体、网络视频、直播等产业发展。鼓励在线视频产业进一步加强优质内容生产，推动数字内容精品化发展，培育一批优质数字内容原创作品和精品IP。引导和支持 YY、虎牙、网易 CC 等全国知名直播平台发展壮大。

大力发展超高清视频产业。鼓励和支持企业推出 8K 超高清产品，鼓励和支持电视制播平台制作更多 4K/8K 视频节目。

进一步做大做强广州数字装备产业。鼓励演艺设备企业向数字内容产业延伸，向灯光演艺、声光电一体化等转型升级，鼓励广州国际灯光节进一步提升品质，成为国际一流的声光电演艺品牌。

大力发展增强现实/虚拟现实（AR/VR）产业，加强与文化对接，发展VR博物馆、VR岭南文化馆等。提升城市公共空间、城市综合体、文化单位等展陈的数字化水平。

（七）引进和培养一批高端文化产业人才

完善吸引高层次数字文化人才的政策措施，建立柔性人才引进使用机制，推动人才体系建设，以设立工作室、定期服务、项目合作、项目聘任、客座邀请等多种形式引进和使用数字文化产业人才及其团队。发挥广州高校众多的优势，利用高等院校、科研机构、文化企业资源，加强数字文化产业人才培养基地建设。重点培养引进数字文化产业高端人才。

（八）学习借鉴北京东城区国家文化金融合作示范区经验，推出一批文化金融创新举措

2019年12月，北京市东城区和宁波市经文化和旅游部、中国人民银行等部委批准，获得"首批国家文化与金融合作示范区"的创建资格，北京市东城区通过"文菁计划""文创保""税易保"等文化金融产品、"北京文创板"等文化金融创新，推动文化产业发展。

建议广州积极创建国家文化与金融合作示范区，支持发展文旅特色金融机构、开发文旅贷特色产品，支持开发适应数字文化产业发展的金融产品。支持广州文旅产业投融资创新发展，吸引社会资本投入文旅产业。支持粤港澳大湾区文化产业投资基金在广州做大做强。

（九）将广州文交会打造成为国内一流的文化产业展示交流平台

发挥广交会的平台作用，办好广州文交会等文化会展活动，学习借鉴东京动漫展、上海中国国际数码互动娱乐展览会（China Joy）等办展经验，提升广州文交会办展水平，以数字文化产业展览作为主要定位，打造具有国际影响力的综合性文化交易平台。鼓励和支持企业面向共建"一带一路"国家开展数字创意产业投资、市场开拓。加强粤港澳数字文

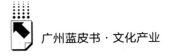

化产业合作，重点推进影视、动漫、创意设计、演艺、音乐等领域交流合作。

（十）提高文化产业政策扶持的精准性

优化产业发展环境，进一步加大政策创新力度，创造良好的产业发展环境。提高土地、税收、财政资金、人才等方面政策精准性，加大政策支持力度。落实好广州市对数字文化产业的税费减免、用地保障、资金支持、奖励补助等政策以及人才引进的住房、教育、医疗等政策。加强知识产权保护，充分发挥广州知识产权法院、互联网法院、版权工作专家库等知识产权服务平台作用，加强对数字文化产业知识产权保护，通过典型案例宣传，提高从业人员知识产权保护意识，鼓励文化企业加强知识产权保护。

参考文献

金元浦主编《数字和创意的融会：文化产业的前沿突进与高质量发展》，工人出版社，2021。

张铮：《数字文化产业体系与效应》，新华出版社，2021。

杨丽丽：《数字文化产业生态系统优化研究》，《文化产业》2022年第1期。

张伟、吴晶琦：《数字文化产业新业态及发展趋势》，《深圳大学学报》（人文社会科学版）2022年第1期。

郑琼洁、成一贤：《文化产业的数字生态与高质量发展路径》，《南京社会科学》2022年第1期。

B.7
基于分布式创新的广州数字
文化产业高质量发展研究[*]

于小涵[**]

摘　要： 数字文化产业不仅是文化领域供给侧结构性改革的重要路径，而且将为转变经济发展方式、繁荣人民文化生活、引领城市文明提供强力支撑。本文以广州为例，结合分布式创新的理论视角，从明确政策目标、深化协同创新机制、推动标准体系建设、优化产业生态等方面出发，提出推动广州数字文化产业高质量发展的若干举措。

关键词： 数字文化产业　技术创新　高质量发展　广州

　　文化产业是社会分工形成的产业，也是社会生产力发展的结果。在经济新常态背景下，数字文化产业是新旧动能转换、经济高质量发展的战略保障之一，将颠覆并重构传统文化生产范式与空间格局。"十四五"规划提出了实施文化产业数字化，积极推进数字创意、数字娱乐、线上演播、网络视听发展的战略。数字文化产业受到自上而下的政策驱动及自下而上的经济基础加强所激发的市场文化消费能力与文化消费意愿提升的双重作用加持。

　　广州是粤港澳大湾区文化产业集群的中心城市和重要增长极，数字文化

---

　*　本文是 2021 年度教育部哲学社会科学研究重大课题攻关项目"马克思主义中国化和中华优秀传统文化契合性研究"（项目编号：21JZD016）的阶段性研究成果。

**　于小涵，暨南大学马克思主义学院副教授，暨南大学铸牢中华民族共同体意识研究基地研究员，博士，研究方向为文化产业管理、文化认知。

产业发展进入快车道，但也存在龙头企业较少、品牌效应不强等短板。推进数字文化产业向实体经济全面赋能，是广州实现老城市新活力、"四个出新出彩"和经济高质量发展的重要举措。

一 数字文化产业研究现状

当前对于数字文化产业的研究主要从总体发展、产业链与价值链、区域比较及外向赋能等进路展开。首先，数字文化产业的最大特征就是现代技术对文化产业的深刻影响。[1] 文化产业数字化转型的理论逻辑是数字技术推动了要素分配体系新变革[2]，其发展要深化市场主体、产品与服务、创新生态系统、运营环境、创新驱动等内涵[3]，未来应从产业要素、产业服务、行业治理和国际竞争力等方面入手。[4]

其次，从区块链和产业链对数字文化产业的支撑看，区块链与数字文化产业的开放性、场景化、互联互通等特性高度匹配[5]，在数字文化内容生产、版权保护、分发传播、收益分配模式上具有创新的建构意义。[6] 应推动数字文化产业价值链横向延伸与拓展、纵向附加值提升；深化数字文化产业技术链演化升级、知识链升级创新、核心技术应用创新。[7]

我国数字文化产业的区域发展也有显著差异。知名学者花建提出，长三角数字文化产业发展的主要特色在于"一生态两引擎"，应建设有利于创新和创业的一体化发展生态，打造充满活力的数字文化生产力引擎和不断升级

---

① 黄永林：《数字文化产业发展的多维关系与时代特征》，《人民论坛·学术前沿》2020年第9期。
② 唐琳：《5G时代文化产业数字化转型的历史逻辑、理论逻辑与实践进路》，《南宁师范大学学报》（哲学社会科学版）2021年第5期。
③ 包国强、陈天成、黄诚：《数字文化产业高质量发展的内涵构建与路径选择》，《出版广角》2021年第3期。
④ 张晓欢：《数字文化产业发展的趋势、问题与对策建议》，《重庆理工大学学报》（社会科学版）2021年第2期。
⑤ 解学芳：《区块链与数字文化产业变革的内外部向度》，《人民论坛》2020年第3期。
⑥ 臧志彭、胡译文：《基于区块链的数字文化产业价值链创新建构》，《出版广角》2021年第3期。
⑦ 郝挺雷：《产业链视域下数字文化产业高质量发展路径研究》，《理论月刊》2020年第4期。

的数字文化消费力引擎。[①] 具体而言，产业规模、创新能力、生产要素对数字文化产业竞争力贡献较大，长三角地区数字文化产业竞争力水平最高，而珠三角、京津冀地区数字文化产业竞争力水平差距不大。[②]

此外，从外向赋能的视角看，数字文化产业既可以直接纳入现代乡村经济体系，也可视为城乡融合和产业融合的转换器。[③] 数字文化产业不仅对构建国内国际双循环的新发展格局有现实意义，也为实体经济数字化的实践提供了范型。[④]

不难看出，当前对数字文化产业的研究有较为丰富的成果，研究方向多元化，但由于存在不同的研究方法与视角、研究情境，在数字文化产业的内涵、发展机理等问题上尚未形成一致的逻辑推进，地方实践也有待深入研究。

二 理论视角：分布式创新理论

数字文化产业是传统文化产业和新一代数字技术融合的产物，具有跨专业、跨组织协作的典型特征，数字文化产品的生产需要通过知识共享、分布式认知、交互作用和多中心协同才能实现。伴随着这一实践，本文选取分布式创新理论作为分析视野。分布式创新理论始于 Von Hippel 对创新源的预测和转移的研究[⑤]，分布式创新是以跨区域、跨时间或组织的项目团队为载体，基于分布式结构配置和分布式认知提升并通过相关分布式协同的支撑，以各种知识共享为连接纽带，为完成特定创新任务而在分散项目成员之间进

---

① 花建：《长三角数字文化产业：一体化与新动能》，《江苏社会科学》2021 年第 2 期。
② 韩东林、巫政章：《我国数字文化产业区域竞争力评价——基于长三角、珠三角、京津冀的比较分析》，《武汉商学院学报》2022 年第 1 期。
③ 李翔、宗祖盼：《数字文化产业：一种乡村经济振兴的产业模式与路径》，《深圳大学学报》（人文社会科学版）2020 年第 2 期。
④ 刘洋、肖远平：《数字文化产业赋能实体经济高质量发展：市场逻辑、跨界效应及现实向度》，《理论月刊》2021 年第 12 期。
⑤ Von Hippel E：*The Sources of Innovation*，New York：Oxford University Press，1988.

行的各种创新活动。① 其实质是在项目成员之间形成的知识共享、转移、整合等环节构成的知识流循环。②

尽管文化科技融合是数字文化产业的核心动能，但仅通过合作网络的文化资源与数字技术的静态加和却难以实现这一目标，可能会出现知识的共享、转移与认知等障碍。分布式创新理论则强调数字文化企业应协调内外部成员的异质性知识结构并建构基于信任的关联性，提高跨越边界而动态获取知识和技术的能力，重塑对创新网络的组织管理模式，并最终提升竞争优势。分布式创新这一技术创新模式对数字文化产业技术标准的统一、治理结构的多层次化和企业间与企业内知识创新与共享具有更好的解释力，特别是在当前我国提出加快建设全国统一大市场的战略下，将成为更有针对性的理论指引。

三 广州数字文化产业发展现状

（一）政策驱动背景下文化产业已成为国民经济支柱产业

广州的地方政策对数字文化产业的布局、规模和业态多样化起到了积极的引导作用。近年来，通过《广州市人民政府办公厅关于加快文化产业创新发展的实施意见》《广州市促进文化和旅游产业高质量发展若干措施》《广州市人民政府办公厅关于促进我市文化与科技融合的实施意见》《广州市促进电竞产业发展三年行动方案（2019—2021 年）》等政策文件，从资金、税收、土地、人才等方面为数字文化产业提供了具体的支撑，特别是文化科技融合的政策指向鲜明。

从数据层面看，在新冠肺炎疫情和产业自生速度叠加影响的背景下，2020 年广州规模以上文化及相关产业企业 2984 家，比上年增加 165 家，营业收入 4135.28 亿元，文化产业增加值约 1536.39 亿元，占全市 GDP 的比

---

① 陈劲、金鑫、张奇：《企业分布式创新知识共享机制研究》，《科研管理》2012 年第 6 期。
② 黄国群、李珮璘：《分布式创新的机制及核心过程研究》，《预测》2008 年第 5 期。

重为 6.13%。文化产业成为广州经济转型升级的重要抓手和支柱产业，彰显了广州综合竞争的文化内涵和软实力水平。

（二）数字文化产业重点突出，具有显著竞争优势

广州数字文化产业起步早、增速快，传媒出版、动漫游戏、创意设计、娱乐智能设备制造、文化出口等重点领域综合实力突出。2020 年，多媒体、游戏动漫、数字出版软件开发、互联网广告服务、娱乐用智能无人飞行器制造等数字文化产业新业态营业收入增速均在 30%以上，与全国文化产业增速 2.2%相比，形成鲜明优势。2021 年，游戏动漫、新媒体娱乐、娱乐智能设备制造等 16 个数字文化业态特征明显的行业小类共有规模以上法人单位 723 家，增加 125 家，营业收入 2078.55 亿元，同比增长 21.4%，在全国数字文化产业版图上具有明显竞争优势，预计将形成更大的市场空间。

（三）数字文化产业市场主体发达，平台优势明显

广州深化文化体制改革，做强做优文化市场主体，形成网易、微信、三七互娱等一批有较大影响力的民营数字文化龙头企业。2021 年，出品知名动漫猪猪侠等 IP 的咏声动漫股份有限公司入选全国"文化企业 30 强"提名企业。在 85 个国家文化与科技融合示范基地中以广州高新区为载体的广州国家文化和科技融合示范基地、励丰文化、广州欧科、南方报业在列。其中广州国家文化和科技融合示范基地专项资金已扶持项目 18 个，滚动扶持金额超过 1 亿元。励丰文化的"全景多声道技术"与其主导研发的国家重点研发计划"云端互联观众互动体验系统"被应用于北京冬奥会。广州的文化产业园区（基地）达到 600 多个，包括 24 个国家级园区。广州会展业具有突出的集聚优势，以中国创交会、广州文交会、中国（广州）国际纪录片节为契机，形成了数字文化产业区域发展的新载体。

（四）积极融入国家"一带一路"倡议，外向度持续提升

广州的文化贸易具有显著的集聚与辐射能力，"一带一路"倡议成为广

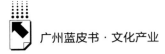
州数字文化"走出去"新引擎。自天河区2018年入选首批国家文化出口基地后、番禺区于2021年获批，全国29家国家文化出口基地中广东占据两席，全部来自广州，广州成为展现文化自信、开展文化交流的对外门户。2021年上半年，广州文化和娱乐服务出口2265.6万美元，同比增长311.89%。14家企业和项目获评由中宣部、文旅部等五部委认定的2021~2022年度国家文化出口重点企业和重点项目，数量居全省第一。以精品游戏为代表的文化出海通过对中华优秀传统文化的数字化表达，形成了积极的"文化输出"效应。

四 广州数字文化产业存在的问题

（一）"航母级"数字文化企业偏少

虽然广州有大批数字文化企业蓬勃发展，但是具有国际影响力的"航母级"数字文化企业较为缺乏。与拥有大量数字文化龙头企业、"链主"企业的北京、上海、深圳等差距明显。而巨型数字文化平台如微信、网易公司等主体力量分散，微信所属为深圳腾讯公司，网易公司的新游戏和新业务均已在杭州开展。广州的潜力数字文化企业数量明显不足，2021年广州16家"独角兽"企业中没有数字文化企业上榜，63家"未来独角兽"企业中仅有4家数字文化企业。

（二）"现象级"数字文化IP亟待培育

尽管广州汇聚了大批动漫、游戏、传媒等数字文化企业和人才，积累了大量具有较高知名度的优质IP，但是"现象级"的数字文化IP依然较少，具有高附加值的国际知名数字文化品牌有所欠缺。知名IP对广州城市形象的符号性展现与提炼不足，在"红色文化"、"岭南文化"、"海丝文化"和"创新文化"四大广州城市文化品牌中，数字化的表征和赋能路径还不清晰。

（三）系统性的产业政策体系有待完善

广州尚未将数字文化产业作为整体对象出台针对性政策，对数字文化产业的界定也未设计统一的统计指标。相较而言，2018 年北京《关于推进文化创意产业创新发展的意见》明确将数字创意作为两大主攻方向之一；2017 年上海以《关于加快本市文化创意产业创新发展的若干意见》为主体，制定了"创意与设计""动漫游戏""文化装备产业"等数字文化产业若干专项实施办法。浙江专门制定了针对数字文化产业发展的政策文件《推动数字文化产业发展三年行动计划（2018—2020 年）》。

（四）创新生态体系亟须加强

文化的丰富性与技术的通用性使数字文化产业不同于其他类型的战略性新兴产业，而是在更大的圈层与各个领域构成以共生耦合、复杂网络为特征的创新生态系统。但是从创新生态系统的各个要素看，广州数字文化产业无论是原创优质内容、关键技术研发能力，还是数字技术与文化创意融合以及高效的文化与科技融合机制都有较大的发展空间。数字文化产业对制造业、休闲旅游、养老健康等实体经济与服务业的辐射和渗透也不够充分。具备深厚文化底蕴、优秀管理和一定技术能力的复合型高端人才匮乏。

五　广州数字文化产业高质量发展应对策略

习近平总书记指出："中国高度重视科技创新工作，坚持把创新作为引领发展的第一动力。"在分布式创新理论的视角下，广州数字文化产业高质量转型发展依托人工智能、大数据、云计算等数字技术的更新迭代，在目标、企业、机制、布局和保障等维度提升资源共享、异质知识协同和创新能力及效率，构成一个整合的分布式创新网络，实现数字文化产业的社会效益和经济效益。

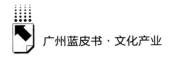

（一）目标维度：明确世界级数字文化产业中心目标定位，发挥政策效能

党的十九届五中全会明确提出了 2035 年建成文化强国的远景目标，在这一重大国策的统领下，结合广州文化产业及互联网科技企业的突出优势，进一步分析文化强市的逻辑机理，确立广州打造"世界级数字文化产业中心"的总定位目标和"全国数字文化技术创新中心""全国数字文化产业增长极"分目标，以及"亚洲电竞产业中心""亚洲动漫产业中心"等业态目标，抢占数字文化产业高质量发展制高点。到 2025 年，力争将广州建成全国数字文化产业第一高地、粤港澳大湾区数字文化产业融合发展核心区。

在政策方面，应尽早制定"广州市推进数字文化产业高质量发展指导意见"，配套出台"广州市数字文化产业三年行动计划（2023～2025 年）""广州市数字文化产业 2035 年目标纲要"，通过提升关键技术研发能力、鼓励数字文化融合创新、培育数字文化产业名企名品等具体路径，推进数字文化与实体经济深度融合，加快推动数字文化产品"走出去"，全域化布局数字文化产业载体。

（二）企业维度：提升领军企业带动能级，激发产业链与价值链活力

根据广州已有的资源基础与比较优势，建议重点发展"广告媒体、动漫游戏、创意设计、数字装备、互联网信息、文化出口"六大细分领域。培育咏声动漫等"航母级"战略发展集团，鼓励领军企业的产业链延伸与价值链提升，发挥重大项目和龙头企业的带动作用。组织开展全市数字文化产业示范企业的认定工作，扶持中小型数字文化企业加速发展。

品牌培育是数字文化产业发展的高级阶段。建议实施"广州数字文化产业品牌培育计划"，对数字文化精品给予支持，增强数字文化产业及数字公共文化服务对广州文化品牌的赋能作用，提高广州城市文化的国际美誉度。

（三）机制维度：培育文化与科技协同创新，推动标准体系建设

从数字文化内容与技术跨界的延伸逻辑出发，建议依托广州人工智能创新应用先导区建设，制定"广州'文化产业+人工智能'发展计划"，依托移动互联网领域的相关产业技术联盟，抓住大数据、云计算、区块链和移动电商等产业焦点，支持虚拟现实、增强现实、全息成像、文化资源数字化等前沿技术研发及应用，鼓励新型文化产品及数字文化装备研发。加速新一代数字技术向文化领域深度渗透和应用，改变文化内容生产、分发和变现的过程，提升文化科技附加值。

从创意创新与标准化协同的升级逻辑出发，建议广州制定"数字文化产业标准化建设工程"，鼓励数字文化企业牵头或参与国际标准、国家标准、行业标准和地方标准建设，发挥标准体系的引领性和支撑性作用，实现广州数字文化产业链高端化发展。

（四）布局维度：放大产业集群功能，打造珠江文化产业带

鼓励羊城创意产业园、广州国际媒体港、星坊文化创意产业园等文化产业园区进一步发挥产业集群功能，着力形成一批规模百亿级的产业集聚区。支持天河区、南沙区创建文化体制改革创新试验区——广州数字文化产业试验区。学习各地产业带发展的经验，规划以珠江两岸为中心、串联各区以数字文化企业为主体、结合产业基地与服务平台的"珠江文化产业带"，实现业态复合效能与产城融合的文化价值。

积极规划粤港澳大湾区的数字文化产业合作，推动优秀文化产品与文化企业"走出去"，与国际友好城市共建海外文化产业交流合作平台，形成广州发展新引擎。

（五）保障维度：发挥版权、金融、人才和数据库的保障作用

建议制定"广州'IP+'融合发展工程"，拓展相关行业的垂直联通，大力支持中国版权保护中心华南版权登记中心和广州版权产业服务中心建

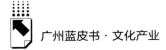

设。发挥广州市文化金融服务中心作为重点投融资平台的积极作用，鼓励撬动社会资本，通过多元化的金融工具为数字文化企业提供差异化的金融服务，完善以企业为主体的文化金融服务体系。

结合国家文化大数据体系战略，在广州建设"图书馆之城""博物馆之城"的基础上，开发"广州文化遗产元素数据库"，对广州岭南文化、南越文化等文化遗产进行数字化表征，实现历史文化资源的元素化和便捷检索。学习山东经验，打造"广州文化产业项目数据库"，探索大数据与数字文化产业协同共生新模式，规范数字文化产业统计工作。

将高层次数字文化人才纳入广州市人才绿卡计划，发挥社科院、中山大学、暨南大学等高校和智库科研力量，追踪全球数字文化科技前沿与政策变迁动态。

参考文献

江小涓：《数字时代的技术与文化》，《中国社会科学》2021 年第 8 期。

余钧、戚德祥：《新形势下文化产业双循环发展的战略思考》，《科技与出版》2022 年第 2 期。

〔美〕道格拉斯·霍尔特、〔美〕道格拉斯·卡梅隆：《文化战略》，汪凯译，商务印书馆，2013。

比较研究篇

Comparative Research Chapter

B.8

广州与我国其他主要城市文化
产业创新发展比较研究*

陈 刚 刘福星**

摘　要： 本报告在上一年的报告分析基础上，优化和完善了中国城市文化
产业创新发展指数指标体系，以国内文化产业创新发展较好的
20个城市为分析样本，基于2020年相关数据，对样本城市文化
产业创新发展水平进行了测算和评估。研究发现：从综合指数
看，2020年北京、上海和深圳三个城市仍处于第一梯队，较其
他城市有明显的比较优势；广州处于第二梯队，具有较强的比较
优势，但与北上深三市存在不小的差距。创新能力不均衡是样本
城市综合得分出现较大差异的主要原因。权重居前五位的三级指

* 本文是广州市人文社科研究基地——"超大城市现代产业体系与广州实践研究基地"的阶段
性研究成果，广州市哲学社会科学发展"十四五"规划2022年度智库课题"广州振兴工业
经济运行研究"（项目编号：2022GZZK09）阶段性研究成果。

** 陈刚，广州市社会科学院产业经济与企业管理研究所副研究员，博士，研究方向为产业
经济；刘福星，广东技术师范大学财经学院讲师，博士，研究方向为区域经济与文化合
作战略。

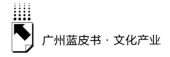

标仍集中在创新能力和创新投入领域，说明影响样本城市 2020 年文化产业创新发展水平的关键因素仍在于各城市创新能力的提升和创新要素投入的增加。

关键词： 文化产业　创新发展　熵值法

一　引言

2021 年，在我国经济发展进入"双循环"新发展格局以及全球疫情加速冲击对城市经济发展的影响持续加重的大环境背景下，城市经济发展的不稳定因素不断增加，为进一步适应经济发展环境的变化，国家及各城市在其出台的"十四五"产业规划中，均将未来几年的发展重点放在产业结构的调整和优化上，将科技创新作为产业发展的核心动力源，力求有效提升科技创新对产业发展的动力作用。此外，在坚持推动供给侧结构性改革的同时，也非常重视消费需求的释放，力求通过构建健康的供求市场体系，实现城市经济的良性发展。作为国家及各城市产业发展的重要组成部分，随着近年来的快速发展，文化产业已经成为很多城市经济发展的支柱性产业，许多城市文化产业发展已经进入规模效益阶段，面临的要素约束不断增强，急需新的发展动力。当前背景下，如何推动科技创新要素与文化产业融合发展，亦是"十四五"期间各城市文化产业保持持续快速增长、保持其作为城市经济发展支柱性产业地位的重要命题。

本报告是有关中国城市文化产业创新发展的跟踪研究成果，在前两年的分析基础上，对指标体系进行了进一步优化完善，选择 20 个文化产业创新发展较好的城市，分析 2020 年样本城市文化产业创新发展情况。

二 城市文化产业创新发展水平的
评价方法和测算过程

（一）指标体系建设

在有关我国城市文化产业创新发展指数指标体系建设的理论综述方面，本研究在 2020 年的报告——《我国主要城市文化产业创新发展比较分析》中已经进行详细的介绍和归纳，在此报告中就不再赘述。样本城市选取与2020 年分析报告一致，依旧选择文化产业规模排名靠前以及文化产业与科技创新融合发展较为突出的二十个城市为本年度报告分析的样本城市，即北京、上海、广州、深圳、杭州、成都、西安、武汉、南京、苏州、重庆、天津、厦门、宁波、大连、哈尔滨、济南、长沙、无锡和东莞。

在评价指标体系建设方面，本报告以上一年指标体系为主，整体指标体系包含 4 个一级指标、8 个二级指标、24 个三级指标，值得注意的是，在本年度分析报告中，我们对三级指标进行了微调，在保证大部分核心指标不变的前提下，调整和优化了部分三级指标，完善了指标体系，一级指标和二级指标设定依旧延续上一年分类。

（二）数据说明

关于三级指标数据来源，在上一年报告[1]中已进行详细的说明，本文在此就不再赘述，值得说明的是，本研究基于 20 个样本城市 2020 年数据进行分析。由表 1 可知，样本城市在创新能力和创新绩效方面的差异化系数[2]均值分别为 1.12 和 1.51，差异化程度相对较高，创新基础和创新投入的差异化系数分别为 0.74 和 0.93，差异化程度相对偏低。从二级指标

---

[1] 陈刚、莫佳雯、陈荣：《中国 20 城市文化产业创新发展比较分析》，《广州文化产业发展报告（2021）》，社会科学文献出版社，2021。
[2] 差异化系数为标准差与均值之比。

表现看，产出质量和市场活力的差异化程度分别为 2.33 和 1.12，均在 1.0 以上，显著高于其他二级指标，说明产出质量和市场活力方面的差异较大是造成样本城市创新绩效和创新能力差异较大的直接原因。值得注意的是，设施基础的差异化系数仅为 0.54，在 8 个二级指标中最低，表明样本城市在文化产业创新发展的基础设施条件方面的差异相对较小。从三级指标表现看，样本城市在文化产业增加值增长率、中国文化企业品牌价值 TOP50 企业总价值、A 股文化传媒类上市企业总市值、国家级非物质文化遗产代表性传承人总量、纳入国家文化和旅游部文化产业重点项目规划投资金额、国家及以上级别非物质文化遗产数量等 6 个基础指标上的变异系数（标准差/均值）均大于 1，其中，文化产业增加值增长率的变异系数最高，为 7.06，其次是中国文化企业品牌价值 TOP50 企业总价值，其差异化系数值也达到了 3.07，说明文化产业规模增速差异大和文化产业龙头企业规模分布不均衡是造成样本城市间文化产业创新发展明显差异的直接原因。

表 1　指标描述性统计

一级指标	二级指标	三级指标	样本量	均值	标准差	极小值	极大值
创新基础	设施基础	文化馆数量（个）	20	14.80	8.08	1.00	41
		博物馆数量（个）	20	65.40	34.43	4	133
		公共图书馆数量（个）	20	16.10	8.66	1	43
	资源基础	国家及以上级别非物质文化遗产数量（个）	20	23.35	23.88	7	102
		纳入国家传统工艺振兴目录项目数量（个）	20	4.45	4.44	0	19
		2020 年 5A 级景区数量（个）	20	2.90	2.34	0	9
创新能力	业态融合	赋能能力	20	12.06	5.81	2.51	22.94
		创新驱动力	20	6.42	3.46	1.38	14.02
		国家文化和科技融合示范基地数量（个）	20	2.80	2.42	0	11

续表

一级指标	二级指标	三级指标	样本量	均值	标准差	极小值	极大值
创新能力	市场活力	全市居民人均教育文化娱乐消费支出(元)	20	3443.73	1127.01	2121	6646.26
		A股文化传媒类上市企业总市值(亿元)	20	592.50	863.38	0	3341
		中国文化企业品牌价值TOP50企业总价值(亿元)	20	335.81	1031.42	0	4632.04
创新投入	人力投入	文化、体育和娱乐业从业人员(万人)	20	5.35	6.17	0.67	25.60
		国家级非物质文化遗产代表性传承人总量(人)	20	28.15	32.85	3	120
		万人拥有在校大学生数量(人)	20	489.39	318	77.23	1002
	资本投入	文化、体育和娱乐业固定资产投资(亿元)	20	107.19	89.76	1.49	296.16
		纳入国家文化和旅游部文化产业重点项目规划投资金额(亿元)	20	32.69	33.72	0	110.17
		文化、体育和娱乐业固定资产投资占全社会比重(%)	20	1.28	0.98	0.10	3.78
创新绩效	产出规模	文化产业增加值规模(亿元)	20	1136.47	911.71	259.16	3779.66
		电影票房规模(亿元)	20	4.35	2.84	1.52	11.64
		旅游总收入(亿元)	20	1670.12	1034.79	7.44	3335.40
	产出质量	文化产业增加值占GDP比重(%)	20	6.76	3.17	2.77	14.19
		旅游收入规模增长率(%)	20	-43.34	23.09	-99.87	-14.22
		文化产业增加值增长率(%)	20	2.32	16.37	-42.10	35.38

（三）信度检验

参照克朗巴哈 α 系数法，利用 20 个城市 2020 年文化产业创新发展数据进行信度检验分析，具体步骤如下：首先，使用规范化方法对数据进行标准化处理，以保证数据在 0~1 之间变动；其次，利用 Stata14.0 统计分析软件对标准化处理后的数据进行信度检验分析，信度检验结果如表 2 所示。

表 2　信度系数

信度系数	基于标准化项的克朗巴哈 α 系数	指标项目数量
0.8971	0.9019	24

表 2 显示，本文构建的中国城市文化产业创新发展评价指标体系信度系数和基于标准化项的克朗巴哈 α 系数分别为 0.8971 和 0.9019。根据克朗巴哈 α 值的区间分布情况，可以认定本文构建的评价指标体系的内在信度是可以接受的，测评结果具有较高的可靠性，即本文基于 20 个城市 2020 年数据构建的中国城市文化产业创新发展评价体系在统计上具有较强的合理性，基于此指标体系测算出的结果能够对 20 个样本城市的文化产业创新发展情况进行较好的解释。

（四）指标体系评估方法选择及权重测算结果

指标权重测算方法选择方面，本报告依旧沿袭前两年的报告[1][2]中采用的熵值法，选择熵值法的理由以及熵值法测算原理在此就不再赘述。经测算，基于 2020 年数据我国 20 个主要城市指标权重计算结果如表 3 所示。

---

[1]　陈刚、莫佳雯：《广州与我国主要城市文化产业创新发展比较分析》，《广州文化产业发展报告 2020》，社会科学文献出版社，2020。

[2]　陈刚、莫佳雯、陈荣：《中国 20 城市文化产业创新发展比较分析》，《广州文化产业发展报告（2021）》，社会科学文献出版社，2021。

表 3　广州与我国主要城市文化创新发展评价指标及相应权重

一级指标	二级指标	三级指标	权重
创新基础 (19.285)	设施基础 (4.982)	文化馆数量(个)	1.570
		博物馆数量(个)	1.878
		公共图书馆数量(个)	1.534
	资源基础 (14.303)	国家及以上级别非物质文化遗产数量(个)	7.571
		纳入国家传统工艺振兴目录项目数量(个)	3.973
		5A 级景区数量(个)	2.758
创新能力 (36.275)	业态融合 (7.481)	赋能能力	1.976
		创新驱动力	2.322
		国家文化和科技融合示范基地数量(个)	3.183
	市场活力 (28.794)	全市居民人均教育文化娱乐消费支出(元)	3.225
		A 股文化传媒类上市企业总市值(亿元)	7.348
		中国文化企业品牌价值 TOP50 企业总价值(亿元)	18.221
创新投入 (28.217)	人力投入 (16.086)	文化、体育和娱乐业从业人员数量(万人)	6.747
		国家级非物质文化遗产代表性传承人总量(人)	6.323
		万人拥有在校大学生数量(人)	3.015
	资本投入 (12.131)	文化、体育和娱乐业固定资产投资(亿元)	3.560
		纳入国家文化和旅游部文化产业重点项目规划投资金额(亿元)	5.187
		文化、体育和娱乐业固定资产投资占全社会投资的比重(%)	3.384
创新绩效 (16.223)	产出规模 (11.453)	文化产业增加值规模(亿元)	4.749
		电影票房规模(亿元)	4.525
		旅游总收入(亿元)	2.179
	产出质量 (4.770)	文化产业增加值占 GDP 比重(%)	2.822
		旅游收入规模增长率(%)	1.102
		文化产业增加值增长率(%)	0.846

三 2020年中国主要城市文化产业创新发展分析

（一）整体比较

根据表3中的权重，结合样本城市2020年指标数据，可以进一步测算出20个样本城市2020年文化产业创新发展情况。从整体上看，可以得出以下三方面结论。

第一，与2019年相比，样本城市整体指数在2020年的排名有一定波动，但跨梯度变化不明显。从第一梯队城市2020年的文化产业创新发展水平看，北京以64.09分仍居第一梯队首位，较其他城市而言领先优势明显。上海（43.34分）和深圳（40.36分）位于第二和第三，与北京仍存在较大差距。从第二梯队看，杭州以33.04分成绩取代重庆，在第二梯队中排名首位，广州（32.80分）和重庆（31.28分）居第二梯队第二和第三位，得分均在30以上，彼此差距不明显。南京（28.28分）、成都（26.28分）和长沙（26.13分）在第二梯队中排名相对靠后。从第三梯队看，武汉（24.37分）居第三梯队首位，西安（21.8分）和苏州（21.08分）分别位于第三梯队第二和第三，宁波、天津、哈尔滨、厦门、济南、大连和无锡等7个城市得分在10~20分之间，东莞得分为8.53，在样本城市中排名最低。与2019年相比，2020年样本城市中苏州、杭州、哈尔滨、成都、长沙、济南和无锡七市排名有所提升，其中苏州名次提升了3位，在样本城市中升幅最大，杭州和哈尔滨均提升了两位。厦门、重庆、武汉、大连、宁波和东莞六市排名有所降低，其中厦门的名次下滑了3位，在样本城市中降幅最大，重庆、武汉和大连均下滑了两位。北京、上海、深圳、广州等七市的名次没有发生改变（见表4）。从各梯队城市分布看，第一梯队城市没有发生变化，武汉市由2019年的第二梯队下滑至2020年第三梯队，第三梯队的其他城市并没有发生变化（见表5）。

表4　2020年我国主要城市文化产业创新发展指数得分及排名比较

排名	城 市	得分	排名变动	排名	城 市	得分	排名变动
1	北 京	64.09	—	11	西 安	21.80	—
2	上 海	43.34	—	12	苏 州	21.08	↑3
3	深 圳	40.36	—	13	宁 波	18.13	↓1
4	杭 州	33.04	↑2	14	天 津	16.69	—
5	广 州	32.80	—	15	哈尔滨	15.07	↑2
6	重 庆	31.28	↓2	16	厦 门	13.56	↓3
7	南 京	28.28	—	17	济 南	11.99	↑1
8	成 都	26.28	↑1	18	大 连	11.54	↓2
9	长 沙	26.13	↑1	19	无 锡	10.45	↑1
10	武 汉	24.37	↓2	20	东 莞	8.53	↓1

说明："排名变动"为相对于2019年排名的变动情况，"—"表示排名没有发生变化，"↑"表示排名上升，"↓"表示排名下降。

表5　2020年主要城市分组指标得分均值

梯队	城市	综合指数	创新基础	创新能力	创新投入	创新绩效
第一梯队	北京、上海、深圳	49.26	9.95	17.36	11.46	10.5
第二梯队	杭州、广州、重庆、南京、成都、长沙	29.63	5.68	7.07	9.88	7.01
第三梯队	武汉、西安、苏州、宁波、天津、哈尔滨、厦门、济南、大连、无锡、东莞	15.75	3.48	2.73	5.79	3.74

第二，从分级指标得分均值来看，第一梯队的北京、上海和深圳三个城市的文化产业创新发展指数总体得分均在40分以上，该梯队综合指数均值为49.26，较其他样本城市具有明显的领先优势；第二梯队杭州、广州、重庆、南京、成都和长沙等六个城市的综合指数在25～40分的区间内，该梯队城市的综合指数均值为29.63，约为第一梯队得分均值的一半；第三梯队武汉、西安、苏州、宁波、天津、哈尔滨、厦门、济南、大连、无锡、东莞

等 11 个城市的综合指数分布在 25 分以下，得分均值为 15.75，约为第二梯队的一半。

第三，从样本城市一级指标 2020 年的具体得分看，三大梯队的城市在创新能力方面呈现出明显的差异性。创新基础方面，第一梯队城市的得分均值为 9.95 分，分别高出第二梯队（5.68 分）和第三梯队（3.48分）75% 和 186%，存在较大领先优势。创新能力方面，第一梯队城市的得分均值为 17.36 分，高出第二梯队（7.07 分）146%，而第二梯队城市的得分均值高出第三梯队（2.73 分）159%，表明创新能力存在巨大差异是决定三个梯队城市文化产业创新发展水平存在巨大差异的关键原因。创新投入方面，第一梯队城市的得分均值为 11.46 分，分别高出第二梯队（9.88 分）和第三梯队（5.79 分）16% 和 98%，具有一定比较优势。创新绩效方面，第一梯队城市的得分均值为 10.5 分，分别高出第二梯队（7.01 分）和第三梯队（3.74 分）50% 和 181%。从三大梯队一级指标得分结构看，创新能力在第一梯队中的均值得分占比最高，达到了 35.23%，创新投入在第二梯队和第三梯队中的均值得分占比最高，分别达到了 33.35% 和 36.77%，表明创新能力是影响第一梯队城市综合得分的关键因素，而对第二和第三梯队而言，创新投入却是影响其创新发展综合水平的主要因素。

（二）分项指标比较

从 2020 年样本城市的一级指标及其对应的二级指标具体得分看，20 个样本城市的文化产业创新发展既有一定的类似性，又具备各自独特的发展特性。

1. 创新基础

2020 年样本城市创新基础的得分均值为 5.11，样本城市中有 7 个城市的得分均在平均水平以上，13 个城市的得分低于样本平均值。从具体城市表现看，北京（15.02 分）、上海（12.52 分）和重庆（11.95 分）位于样本城市排名前三，且它们的创新基础得分均超过了 10 分，与其他城市相比，具有绝对领先优势，杭州（7.23 分）、天津（6.24 分）、苏州（6.05 分）在样本城市中排在第 4~6 位。广州在创新基础方面的得分为 4.24，位于样本城市第 9 位，低于平均水平，处于相对劣势地位。从创新基础得分构成看，强大的资源基础和完善的设施基础依旧是 2020 年北京和上海文化产业创新基础指标获得高分的关键因素。具有较强竞争力的资源基础和设施基础是重庆、杭州和天津三个城市文化产业创新基础得分较高的主要因素，成都、西安、武汉、哈尔滨等城市设施基础得分在平均水平以上，而资源基础得分均在平均水平以下，说明这些城市拥有具备一定竞争优势的设施基础，但资源基础方面还有待提升，苏州在资源基础方面有一定比较优势，但设施基础有待提升，广州、宁波、无锡、南京、济南等城市在设施基础和资源基础方面均处于相对劣势。样本城市中东莞的创新基础水平排名最后。

表6　各城市创新基础指数得分及排名情况

排名	城　市	得分	排名	城　市	得分
1	北　京	15.02	11	宁　波	3.94
2	上　海	12.52	12	无　锡	3.55
3	重　庆	11.95	13	南　京	3.48
4	杭　州	7.23	14	哈尔滨	3.24
5	天　津	6.24	15	济　南	2.51
6	苏　州	6.05	16	深　圳	2.31
7	成　都	5.12	17	大　连	2.08
8	西　安	4.54	18	长　沙	2.03
9	广　州	4.24	19	厦　门	1.73
10	武　汉	4.17	20	东　莞	0.25

　　从创新基础的二级指标得分构成看，样本城市资源基础得分均值仅占创新基础的 24.17%，可见资源基础指标得分普遍偏低是造成样本城市文化产业创新基础整体得分不高的直接原因。

（1）设施基础

总体来看，2020 年样本城市在设施基础方面差异依旧不明显。重庆以 4.57 分居样本城市第一名，上海和成都位居第二和第三，而第一梯队的深圳在该项指标上得分排名第十三。从设施基础方面的三级指标结构看，样本城市间的差异性不明显，三级指标值的变异系数均小于 1，均值为 0.54，且极大值与极小值比值均小于 50，均值为 39.08。从样本城市表现看，重庆在博物馆、文化馆以及公共图书馆数量方面都居样本城市首位。广州设施基础指标得分为 1.74 分，在 20 个样本城市中排名第十二，在文化馆、博物馆和公共图书馆方面均不具有竞争优势。

表 7　各城市设施基础指数得分及排名情况

排名	城　市	得分	排名	城　市	得分
1	重　庆	4.57	11	宁　波	1.80
2	上　海	3.17	12	广　州	1.74
3	成　都	2.95	13	深　圳	1.61
4	西　安	2.86	14	济　南	1.46
5	北　京	2.69	15	苏　州	1.38
6	天　津	2.51	16	无　锡	1.37
7	哈尔滨	2.44	17	大　连	1.05
8	武　汉	2.35	18	长　沙	0.92
9	杭　州	2.17	19	厦　门	0.60
10	南　京	1.92	20	东　莞	0.17

文化馆数量方面，2020 年第二梯队城市的文化馆平均拥有量为 19 个，超过第一梯队（17.67 个），且远高于第三梯队（11.73 个），具有绝对优势。其中重庆拥有 41 个文化馆，在样本城市中最多，比排名最低的东莞（1 个）多了 40 个。可见文化馆拥有量优势明显是第二梯队城市基础设施得分高的关键因素，而第一梯队中深圳仅拥有 10 个文化馆，虽然比 2019 年增加了两个，但依旧是造成第一梯队城市基础设施得分不高的主要因素。

博物馆数量方面，2020 年第一梯队城市的博物馆平均拥有量为 83.33

个，与第二梯队（71 个）和第三梯队（57.45 个）相比优势明显。从样本城市表现看，西安（133 个）、上海（107 个）和重庆（105 个）是样本城市中博物馆数量超过 100 个的三个城市，厦门仅拥有 4 个博物馆，不仅是样本城市中拥有博物馆数量最少的城市，也是唯一一个博物馆拥有量少于两位数的城市，其博物馆拥有量仅为西安的 3%，可见，厦门博物馆数量偏少是造成第三梯队城市博物馆指标得分偏低的一大原因。

公共图书馆数量方面，第二梯队城市的公共图书馆平均拥有量为 20 个，略高于第一梯队（19.67 个），较第三梯队（13 个）具有明显的优势。其中，重庆市拥有 43 个公共图书馆，是样本城市中拥有最多公共图书馆的城市，也是第二梯队城市公共图书馆数量指标得分偏高的重要因素。东莞仅拥有 1 个公共图书馆，在一定程度上拉低了第三梯队在设施基础方面的得分。

（2）资源基础

从整体上看，2020 年样本城市的资源基础指标得分具有较大的差异性，以北京、上海和深圳三市构成的第一梯队在资源基础方面的得分具有绝对优势。第一梯队中的北京（12.32 分）和上海（9.36 分）该指标得分远高于其他样本城市，具有较强的比较优势。从具体三级指标情况看，样本城市在资源基础方面呈现出了较大的差异性，其中国家及以上级别非物质文化遗产数量的变异系数大于 1，纳入国家传统工艺振兴目录项目数量的变异系数也非常接近 1，表明资源基础不均衡是造成样本城市创新基础指标表现出较大差异的主要原因。且资源基础对应的三级指标的极大值与极小值之间的差距也较为明显。从具体样本表现看，北京和上海两市在国家及以上级别非物质文化遗产数量和纳入国家传统工艺振兴目录项目数量方面均处于样本城市前列，这也是两市资源基础方面获得高分的主要原因。广州资源基础指标得分为 2.51 分，在样本城市中排名第七。深圳的资源基础得分仅仅为 0.69 分，在样本城市中仅略高于东莞，主要原因在于作为新崛起城市，深圳在传统工艺振兴目录项目和高质量景区方面的建设与其他城市存在巨大差距，这也是造成深圳创新基础整体指数低于北京和上海的原因。

表 8　各城市资源基础指数得分及排名情况

排名	城　市	得分	排名	城　市	得分
1	北　京	12.32	11	武　汉	1.82
2	上　海	9.36	12	西　安	1.67
3	重　庆	7.38	13	南　京	1.56
4	杭　州	5.06	14	厦　门	1.12
5	苏　州	4.67	15	长　沙	1.11
6	天　津	3.73	16	济　南	1.04
7	广　州	2.51	17	大　连	1.03
8	成　都	2.18	18	哈尔滨	0.80
9	无　锡	2.17	19	深　圳	0.69
10	宁　波	2.14	20	东　莞	0.08

国家及以上级别非物质文化遗产数量方面，第一梯队城市的国家及以上级别非物质文化遗产数量均值为57.67个，远高于第二梯队（22.67个）和第三梯队（14.36个），具备绝对的领先优势。其中北京拥有102个国家及以上级别非物质文化遗产项目，是样本城市中唯一一个拥有数量在三位数的城市，其拥有量约为排名末位大连（7个）的14.57倍。第一梯队城市拥有的国家及以上级别非物质文化遗产数量是其资源基础得分占据绝对优势的主要原因。

纳入国家传统工艺振兴目录项目数量方面，第一梯队城市的平均拥有量为10个，与第二梯队（5.17个）和第三梯队（2.55个）相比，具有一定的领先优势。从样本城市表现看，2020年上海以累计拥有19个纳入国家传统工艺振兴目录项目，成为最多的城市，北京拥有11个，远多于其他城市，杭州（8个）、重庆（8个）和广州（6个）在样本城市中亦有一定比较优势，而深圳和东莞两市均没有纳入国家传统工艺振兴目录项目，是造成第一梯队和第三梯队城市资源基础得分不高的主要原因。

5A级景区数量方面，第一梯队城市5A级景区的平均拥有量为4.33个，第二梯队和第三梯队平均拥有量分别为3.17个和2.36个。从样本城市表现看，重庆以累计拥有9个5A级景区，成为最多的城市，北京拥有8个，排名第二，苏州拥有6个，其余城市均在4个以下，而东莞则没有5A级景区。

2. 创新能力

2020 年样本城市创新能力得分均值为 6.23 分，样本城市中有 6 个城市的得分在平均水平以上，14 个城市的创新能力指标得分低于样本平均值。从具体城市表现看，深圳以 25.57 分位居样本城市第一，北京（17.27 分）和广州（11.08 分）分别位于样本城市第二和第三，这三个城市的创新能力得分均在 10 分以上，杭州（9.70 分）、长沙（9.46 分）和上海（9.23 分）与排名稍后的样本城市相比，具有一定的比较优势，这三个城市的创新能力得分均在 9.0 分以上。哈尔滨（1.11 分）、济南（1.63 分）和大连（1.87 分）处于垫底位置。从创新能力得分结构看，深圳不仅在市场活力方面具有绝对优势，在业态融合能力方面也具有较强优势，这是深圳在创新能力方面取得高分的直接原因。北京和广州两市同时具备较强的市场活力和业态融合能力，杭州和上海两市在业态融合能力和市场活力方面表现比较均衡，均具有一定的比较优势，市场活力优势明显是长沙创新能力排名靠前的主要原因，南京和苏州的业态融合能力均在样本城市平均水平以上，而两个城市的市场活力均处于样本城市均值以下，成都、武汉等 12 个城市的业态融合能力和市场活力得分均低于样本城市平均水平。

表 9　各城市创新能力指数得分及排名情况

排名	城　市	得分	排名	城　市	得分
1	深　圳	25.57	11	厦　门	3.15
2	北　京	17.27	12	西　安	3.08
3	广　州	11.08	13	无　锡	2.99
4	杭　州	9.70	14	东　莞	2.99
5	长　沙	9.46	15	宁　波	2.91
6	上　海	9.23	16	重　庆	2.69
7	南　京	6.22	17	天　津	2.45
8	苏　州	4.78	18	大　连	1.87
9	成　都	3.28	19	济　南	1.63
10	武　汉	3.24	20	哈尔滨	1.11

从创新能力的二级指标得分构成看，业态融合和市场活力得分均值分别占创新能力的42.72%和57.28%，可见，市场活力是影响样本城市文化产业创新能力整体得分的主要因素。

（1）业态融合

从整体上看，2020年样本城市的业态融合能力得分的差异相对较小，样本城市中业态融合得分高于4分的仅有北京、深圳、上海、广州和杭州五个城市，其中最高的北京仅有6.97分，苏州、南京、西安等六个城市得分在2~3分之间，东莞、武汉、天津等城市得分在2分以内。从具体三级指标情况看，样本城市在业态融合方面的差异相对较小，赋能能力、创新驱动力、国家文化和科技融合示范基地数量三个三级指标的差异化系数均小于1，表明样本城市在业态融合领域并没有表现出明显的差异性特征。

表10   各城市业态融合指数得分及排名情况

排名	城　市	得分	排名	城　市	得分
1	北　京	6.97	11	宁　波	2.03
2	深　圳	5.46	12	东　莞	1.97
3	上　海	5.00	13	武　汉	1.96
4	广　州	4.28	14	天　津	1.94
5	杭　州	4.03	15	厦　门	1.89
6	苏　州	2.85	16	重　庆	1.85
7	南　京	2.67	17	无　锡	1.20
8	西　安	2.48	18	大　连	1.14
9	成　都	2.30	19	济　南	0.72
10	长　沙	2.14	20	哈尔滨	0.29

赋能能力方面，第一梯队城市的赋能能力均值为20.73分，超过第二梯队（14.32分）和第三梯队（8.45分）。其中，深圳（22.94分）和上海（20.37分）居于样本城市前两位。广州以19.79分列样本城市第三名，优于北京（18.89分）、杭州（18.2分）和南京（16.65分）等城市，具有较强比较优势。

创新驱动力方面，第一梯队城市的创新驱动力均值为12.91分，第二和第三梯队均值分别为5.86分和4.97分。第一梯队中，深圳（14.02分）、北京（13.35分）和上海（11.34分）是样本城市中仅有的三个创新驱动力指标得分超过 10 分的城市。广州的创新驱动力得分为 9.3，在样本城市中排名第四，虽然与第一梯队相比存在一定差距，但远优于排名靠后的杭州（7.21 分）、南京（5.33 分）、成都（4.69 分）等城市。

国家文化和科技融合示范基地数量方面，2020 年第一梯队城市的国家文化和科技融合示范基地的平均拥有量为 6.67 个，第二和第三梯队均值分别为 3.17 个和 1.55 个。北京以拥有 11 个国家文化和科技融合示范基地，在样本城市中排名第一，上海拥有 5 个，位列第二，广州和深圳均拥有 4 个，同时位列第三，成都、长沙、武汉、厦门、大连五个城市拥有 3 个，而济南和东莞两市均没有，这是造成它们业态融合指标得分不高的主要因素之一。

（2）市场活力

从整体上看，2020 年样本城市的市场活力得分存在着明显的差异。第一梯队中，深圳该指标得分 20.12 分，远高于其他样本城市，远优于同处于第一梯队中的北京（10.3 分）和上海（4.22 分），具有绝对优势。从具体三级指标情况看，样本城市在市场活力方面呈现出了巨大的差异性，其中，中国文化企业品牌价值 TOP50 企业总价值的变异系数达到了 3.07，A 股文化传媒类上市企业总市值的变异系数也高达 1.46，表明市场主体价值方面的巨大差异是样本城市在市场活力中产生巨大差异的主要原因，且市场活力对应的三级指标的极大值与极小值之间的差距也较为明显。从具体样本表现看，深圳在中国文化企业品牌价值 TOP50 企业总价值方面得分远高于其他城市，北京则在 A 股文化传媒类上市企业总市值上具有绝对优势，这也是两市市场活力方面获得高分的主要原因。广州市场活力指标得分为 6.8 分，在样本城市中排名第四，在样本城市里具有较强的比较优势。

表 11   各城市市场活力指数得分及排名情况

排名	城　市	得分	排名	城　市	得分
1	深　圳	20.12	4	广　州	6.80
2	北　京	10.30	5	杭　州	5.67
3	长　沙	7.32	6	上　海	4.22

续表

排名	城 市	得分	排名	城 市	得分
7	南 京	3.54	14	济 南	0.91
8	苏 州	1.94	15	重 庆	0.83
9	无 锡	1.79	16	哈尔滨	0.82
10	武 汉	1.28	17	宁 波	0.80
11	厦 门	1.26	18	大 连	0.73
12	成 都	0.98	19	西 安	0.60
13	东 莞	0.94	20	天 津	0.51

全市居民人均教育文化娱乐消费支出方面，第一梯队城市的全市居民人均教育文化娱乐消费支出均值为 3380 元，低于第二梯队（4033.09 元），但高于第三梯队（3139.51 元）。

A 股文化传媒类上市企业总市值方面，2020 年第一梯队城市 A 股文化传媒类上市企业总市值均值为 1559.00 亿元，远高于第二梯队（957.83 亿元）和第三梯队（129.64 亿元），三个梯队之间存在明显的差异性。北京（2766 亿元）、广州（2137 亿元）两市位于样本城市前列，长沙（1680 亿元）位居第三。

中国文化企业品牌价值 TOP50 企业总价值方面，各梯队城市之间存在极大的差异性，其中，深圳在中国文化企业品牌价值 TOP50 企业总价值指标上表现极为突出，2020 年仅腾讯公司一家就为深圳贡献品牌价值 4143.3 亿元。同时，深圳在该项基础指标的良好表现也是提升第一梯队城市平均水平的关键。杭州（713.1 亿元）和北京（633.41 亿元）两市排名次于深圳，与其他城市相比具备一定的比较优势，而重庆、西安、苏州、宁波、天津、哈尔滨、大连、无锡、东莞等九个城市没有文化企业入选中国文化企业品牌价值 TOP50 榜单，因此其该基础指标得分为 0，这也是造成该项指标差异性极大的主要因素之一。

3. 创新投入

2020 年样本城市创新投入得分均值为 7.87 分，样本城市中有 9 个城市的得分在平均水平以上，11 个城市的得分低于样本平均水平。从具体城市表现看，北京以 18.11 分位居样本城市第一，重庆（13.42 分）和南京（13.36 分）分别位于样本城市第二和第三，武汉（11.03 分）和上海（10.86 分）排名仅次于以上三市，与排名稍后的样本城市相比，具有一定的比较优势。这五个城市的创新能力得分均在 10 分以上，广州得分为 9.6 分，在样本城市中处于第 6 位，具有一定比较优势。无锡（1.09 分）和东莞（2.32 分）处于垫底位置。从创新投入得分结构看，人力投入优势明显是北京创新投入取得高分的主要原因，资本投入较大则是重庆和南京在创新投入上获得高分的主要原因，广州和上海在人力投入方面具有较强优势，但资本投入相对偏低，这两个城市的资本投入得分值均低于平均水平。西安、长沙、厦门、大连和宁波五个城市的资本投入得分均在平均水平以上，但人力投入均处于平均水平以下。济南、哈尔滨、深圳、杭州等 10 个城市的人力投入和资本投入得分均低于样本城市平均水平。

表 12　各城市创新投入指数得分及排名情况

排名	城　市	得分	排名	城　　市	得分
1	北　京	18.11	11	厦　门	6.10
2	重　庆	13.42	12	大　连	6.01
3	南　京	13.36	13	哈尔滨	5.72
4	武　汉	11.03	14	宁　波	5.49
5	上　海	10.86	15	深　圳	5.41
6	广　州	9.60	16	杭　州	5.30
7	西　安	9.58	17	天　津	5.07
8	长　沙	9.41	18	苏　州	4.72
9	成　都	8.20	19	东　莞	2.32
10	济　南	6.57	20	无　锡	1.09

从创新投入的二级指标得分构成看，人力投入和资本投入得分均值分别占创新投入的 50.45% 和 49.55%。可见，创新投入的得分同时受人力投入和资本投入共同影响。

（1）人力投入

从整体上看，2020 年样本城市的人力投入得分均值为 3.97 分，除北京（12.74 分）外，仅上海（8.63 分）、重庆（6.28 分）和广州（6.04 分）三市得分相对较高，其他城市得分均相对较低，成都、南京和武汉三个城市得分在 4~5 分之间，长沙、西安、天津等 13 个城市的得分在 4 分以下，大部分城市人力投入得分相对偏低。从具体三级指标情况看，样本城市在人力投入方面存在一定的差异性，文化、体育和娱乐业从业人员以及国家级非物质文化遗产代表性传承人总量两个三级指标的差异化系数均大于 1。

表 13　各城市人力投入指数得分及排名情况

排名	城　市	得分	排名	城　市	得分
1	北　京	12.74	11	济　南	3.31
2	上　海	8.63	12	杭　州	3.17
3	重　庆	6.28	13	苏　州	3.15
4	广　州	6.04	14	深　圳	2.90
5	成　都	4.25	15	哈尔滨	2.72
6	南　京	4.25	16	东　莞	2.15
7	武　汉	4.08	17	厦　门	1.54
8	长　沙	3.63	18	大　连	1.53
9	西　安	3.52	19	宁　波	1.06
10	天　津	3.49	20	无　锡	0.91

文化、体育和娱乐业从业人员方面，第一梯队城市的文化、体育和娱乐业从业人员均值为 14.83 万人，与第二梯队（6.37 万人）和第三梯队（2.2 万人）相比，具有明显领先优势。北京拥有 25.5 万人，居样本城市第一名，从业人员规模达到十万人以上的还有广州（12.54 万人）和深圳（11.39 万人）。厦门、大连和无锡三市从业人员不足 1 万人。

国家级非物质文化遗产代表性传承人总量方面，第一梯队平均水平为 76 人，是第二梯队（25.83 人）的 2.94 倍，是第三梯队（16.36 人）的 4.65 倍。其中，北京（105 人）和上海（120 人）位居样本城市前列，依然是样本城市中超过 100 人的城市，也是提升第一梯队平均水平的主要力量，而西安（9 人）、大连（8 人）、东莞（5 人）、济南（4 人）、深圳（3人）则不超过 10 人，拉低了它们所在梯队的平均水平。

万人拥有在校大学生数量方面，第二梯队万人拥有在校大学生数量平均值为 638.31 人，与第三梯队（494.32 人）和第一梯队（173.46 人）相比，具有巨大的优势。武汉（1002 人）是唯一一个万人拥有在校大学生数量超过 1000 的城市，济南（976.38 人）、南京（985.12 人）和长沙（933.24人）三个城市比较优势明显。第一梯队城市整体表现处于样本城市中下水平，其中，深圳（77.23 人）排名末位，本地高等人才培育不足在一定程度上拉低了深圳文化产业创新发展的潜在人力投入水平。

（2）资本投入

从整体上看，2020 年样本城市的资本投入得分均值为 3.90，南京以9.11 分位居样本城市第一。此外，重庆（7.14）、武汉（6.94）和西安（6.06）三市得分相对较高，其他城市得分均相对较低，均在 6 分以下，东莞和无锡两个城市的得分低于 1.0。从具体三级指标情况看，样本城市在资本投入方面的差异性不太明显，普遍得分偏低，仅纳入国家文化和旅游部文化产业重点项目规划投资金额的变异系数大于 1，其他两个指标的变异系数均小于 1。

表 14　各城市资本投入指数得分及排名情况

排名	城市	得分	排名	城市	得分
1	南京	9.11	11	广州	3.55
2	重庆	7.14	12	济南	3.26
3	武汉	6.94	13	哈尔滨	3.00
4	西安	6.06	14	深圳	2.51
5	长沙	5.78	15	上海	2.23
6	北京	5.37	16	杭州	2.13
7	厦门	4.55	17	天津	1.58
8	大连	4.48	18	苏州	1.56
9	宁波	4.43	19	无锡	0.18
10	成都	3.95	20	东莞	0.17

文化、体育和娱乐业固定资产投资方面，第二梯队城市的文化、体育和娱乐业固定资产投资均值为 176.62 亿元，是第一梯队（127.4 亿元）的 1.39 倍，是第三梯队（63.8 亿元）的 2.77 倍，具备较大的领先优势。其中，南京（296.16 亿元）位居样本城市第一，长沙（251.13 亿元）、重庆（233.09 亿元）与北京（217.82 亿元）等三市紧跟其后，具有较强比较优势，东莞（4.08 亿元）和大连（1.49 亿元）则排名垫底。

纳入国家文化和旅游部文化产业重点项目规划投资金额方面，由于最新的数据为 2019 年数据，本研究仍选用 2019 年数据进行测算，具体城市表现不再赘述。

文化、体育和娱乐业固定资产投资占全社会投资的比重方面，第二梯队城市平均水平为 1.73%，略高于第一梯队（1.55%）和第三梯队（0.96%）。其中，南京（3.78%）在样本城市中排名第一，与第二名长沙（2.55%）相比，存在较强的领先优势。结合以上两个指标来看，南京、长沙等新一线城市近年来在文化产业固定资产投入上具有比较优势，也是提升第二梯队城市平均水平的重要因素。

4. 创新绩效

2020 年样本城市创新绩效得分均值为 5.74 分，样本城市中有 8 个城市的得分在平均水平以上，12 个城市低于样本城市平均水平。从具体城市表现看，北京以 13.69 分位居样本城市第一，杭州（10.81）和上海（10.73）分别位于样本城市第二和第三，广州得分为 7.87 分，在样本城市中处于第五位，具有一定比较优势。大连（1.57）和济南（1.29）处于垫底位置。从创新绩效得分结构看，产出质量和产出规模是评价创新绩效的主要指标，产出规模优势明显是北京和上海创新绩效取得高分的主要原因；杭州和成都在创新产出规模和产出质量方面均具有一定比较优势；宁波、长沙和哈尔滨在产出质量方面具有一定比较优势，但产出规模相对不足，这三个城市的产出规模得分值低于平均水平；广州、深圳和武汉三个城市的产出规模得分均在平均水平以上，但产出质量均处于平均水平以下；苏州、南京、西安等10 个城市的产出规模和产出质量得分均低于样本平均水平。

表 15　各城市创新绩效指数得分及排名情况

排名	城市	得分	排名	城市	得分
1	北　京	13.69	11	南　京	5.23
2	杭　州	10.81	12	哈尔滨	5.00
3	上　海	10.73	13	西　安	4.61
4	成　都	9.67	14	重　庆	3.21
5	广　州	7.87	15	东　莞	3.05
6	深　圳	7.07	16	天　津	2.93
7	武　汉	5.94	17	无　锡	2.82
8	宁　波	5.87	18	厦　门	2.58
9	苏　州	5.53	19	大　连	1.57
10	长　沙	5.25	20	济　南	1.29

从创新绩效的二级指标得分构成看，产出规模和产出质量得分均值分别占创新绩效的 61.69% 和 38.31%。可见，当前阶段，产出规模仍然是影响样本城市创新绩效得分的主要因素。

（1）产出规模

从整体上看，2020 年样本城市的产出规模得分均值为 3.54，在平均水平以上的城市有 7 个，其中，北京以产出规模得分 10.58 排名第一，是样本城市中唯一一个产出规模得分在 10 分以上的城市，上海以 9.0 分在样本城市中排名第二。北京和上海在产出规模上远超其他城市，排名第三的杭州仅有 6.37 分，广州以 5.85 分排名第五。可见，样本城市产出规模的分布呈现出不均衡特征，大部分城市得分偏低。从具体三级指标情况看，除北京和上海外，样本城市在产出规模方面的差异性相对较小，文化产业增加值规模、电影票房规模和旅游总收入三个三级指标的差异化系数均小于 1，表明样本城市在产出规模领域并没有表现出明显的差异性特征。

表 16　各城市产出规模指数得分及排名情况

排名	城　市	得分	排名	城　市	得分
1	北　京	10.58	4	成　都	6.18
2	上　海	9.00	5	广　州	5.85
3	杭　州	6.37	6	深　圳	5.19

续表

排名	城 市	得分	排名	城 市	得分
7	武 汉	3.93	14	天 津	1.84
8	苏 州	3.47	15	无 锡	1.27
9	南 京	3.04	16	东 莞	1.08
10	长 沙	2.66	17	哈尔滨	0.78
11	宁 波	2.64	18	厦 门	0.75
12	西 安	2.60	19	济 南	0.59
13	重 庆	2.52	20	大 连	0.43

文化产业增加值规模方面，2020 年第一梯队城市的文化产业增加值平均规模为 2732.4 亿元，是第二梯队（1387.45 亿元）的 1.97 倍，是第三梯队（564.31 亿元）的 4.84 倍，规模优势明显。其中，北京（3779.66 亿元）居样本城市第一名，杭州（2285 亿元）居第二位，上海（2217.54 亿元）占据第三，广州（1536.39 亿元）排名第六，虽然具有一定比较优势，但与排名靠前的城市相比仍存在较大差距。

电影票房规模方面，因新冠肺炎疫情影响，各城市电影市场受到较大冲击，2020 年第一梯队城市的电影票房平均规模仅有 9.63 亿元，约为 2019 年的 30%，第二梯队和第三梯队的电影票房均值分别为 4.99 亿元和 2.55 亿元，均出现大幅度下滑。上海（11.64 亿元）和北京（10.47 亿元）居样本城市前两位，是样本城市中电影票房规模达到 10 亿元以上的城市，与深圳（7.02 亿元）和广州（6.84 亿元）相比具有一定比较优势。

旅游总收入方面，2020 年第一梯队城市的旅游总收入平均规模为 1969.84 亿元，仅为 2019 年的 43.2%，第二梯队和第三梯队城市旅游总收入均值分别为 2084.64 亿元和 1362.28 亿元。杭州（3335.4 亿元）居样本城市第一名，成都（3002.00 亿元）和北京（2914.02 亿元）两市在样本城市中排名第二和第三。广州 2020 年旅游总收入为 2679.07 亿元，旅游收入规模在样本城市中排名第六，具有一定比较优势。

（2）产出质量

从整体上看，2020 年样本城市的产出质量得分均值为 2.2，在平均水平以上的城市有 6 个，其中杭州以产出质量得分 4.44 排名第一。与产出规模相比，样本城市普遍存在着产出质量偏低的特征，城市间产出质量差异性并不明显。从具体三级指标情况看，样本城市在文化产业增加值占 GDP 比重和旅游收入规模增长率两个指标上的差异化系数均小于 1。广州产出质量指标得分为 2.02 分，在 20 个样本城市中排名第九，低于样本城市平均水平，在样本城市中处于中间水平，不具有较强的比较优势。

表 17　各城市产出质量指数得分及排名情况

排名	城　市	得分	排名	城　市	得分
1	杭　州	4.44	11	武　汉	2.01
2	哈尔滨	4.21	12	东　莞	1.97
3	成　都	3.49	13	深　圳	1.88
4	宁　波	3.23	14	厦　门	1.83
5	北　京	3.11	15	上　海	1.73
6	长　沙	2.58	16	无　锡	1.55
7	南　京	2.19	17	大　连	1.15
8	苏　州	2.05	18	天　津	1.08
9	广　州	2.02	19	济　南	0.70
10	西　安	2.01	20	重　庆	0.69

文化产业增加值占 GDP 比重方面，2020 年三个梯队城市文化产业增加值占 GDP 比重的均值分别为 8.05%、7.87% 和 5.8%。杭州（14.19%）、北京（10.47%）和成都（10.19%）等城市该指标值位居样本城市前列，且均超过 10%，无锡（4.3%）、大连（4.03%）、重庆（3.88%）、天津（3.67%）和济南（2.77%）是样本城市中这一比重没有超过 5% 的城市。广州文化产业增加值占 GDP 的比重为 6.14%，在样本城市中排名第十，处于中间水平，不具有明显的比较优势。

旅游收入规模增长率方面，2020 年受疫情影响，样本城市旅游产业均受到一定程度影响，旅游收入呈现出不同程度的下滑，这也是造成部分城市2020年综合指数得分低于或者没有显著高于2019年的主要原因。2020年三个梯队城市平均增长率分别为-64.45%、-40.76%和-39.00%，第一梯队城市旅游产业受疫情影响最大，其次是第二梯队城市，第三梯队城市受疫情影响相对较小。由此可见，疫情对北京、上海、深圳、广州等超大城市以及成都、重庆、厦门、大连等对旅游产业依赖性较强城市的影响相对较大。

文化产业增加值增长率方面，受疫情影响，2020年样本城市文化产业发展也受到一定的影响，文化产业增速呈现出普遍下降的特征。第二梯队城市的文化产业增加值平均增长率由2019年的16.06%下滑至2020年的8.08%，下滑了近8个百分点。第一梯队城市的文化产业增加值增长率均值由2019年的9.46%下滑至2020年的1.87%，下滑了7.59个百分点，其中2020年深圳市的文化产业增加值增速下滑至8.36%，是造成第一梯队城市均值出现大幅下滑的主要原因。第三梯队城市由2019年的5.24%下滑至2020年的-0.7%，下滑了5.94个百分点。从具体城市表现看，2020年有9个城市的文化产业处于负增长，其中，济南的文化产业增加值降幅最大，下降了42.1%。

四 结论及政策建议

（一）结论

通过对样本城市2020年的文化产业创新发展情况进行对比分析，本研究给出如下结论。

一是从样本城市整体表现看，2020年北京、上海和深圳等第一梯队城市文化产业创新发展水平较高，具有明显的领先优势。广州、杭州、重庆、南京、成都和长沙等第二梯队城市文化产业创新发展具备较高的水平，但与第一梯队相比仍存在一定差距，武汉、西安、苏州、宁波、天津等第三梯队城市文化产业发展水平相对偏低。与2019年相比，2020年第一梯队城市没有发生变化，武汉市由2019年的第二梯队下滑至2020年的第三梯队，第三梯队的其他城市并没有发生变化。

二是通过一级指标比较分析，可以发现，2020 年样本城市在文化产业创新发展能力方面的差异相对较大，说明创新能力的不均衡是样本城市文化产业创新发展指数出现较大差异的主要原因。从三大梯队一级指标得分结构看，创新能力在第一梯队中的均值得分占比最高，达到了 35.23%，创新投入在第二梯队和第三梯队中的均值得分占比最高，分别达到了 33.35% 和 36.77%，表明创新能力是影响第一梯队城市综合得分的关键因素，而对第二和第三梯队而言，创新投入却是影响其创新发展综合水平的主要因素。

三是通过对二级指标进行比较分析，可以发现，2020 年三个梯队城市在设施基础、业态融合和产出规模方面的差异性相对较小，在资源基础、市场活力、人力投入、资本投入和产出质量五个方面差异性较为明显。从三级指标具体表现看，熵值权重排名前五的基础指标分别为中国文化企业品牌价值 TOP 50 企业总价值，国家及以上级别非物质文化遗产数量，A 股文化传媒类上市企业总市值，文化、体育和娱乐业从业人员数量及国家级非物质文化遗产代表性传承人总量，熵值权重分别为 18.22、7.57、7.35、6.75 和6.32。熵值权重居前五位的基础指标均集中在创新能力和创新投入领域，说明 2020 年影响样本城市文化产业创新发展水平的关键性因素仍在于各城市创新能力和创新要素投入。

（二）政策建议

壮大文化市场主体规模和数量。持续优化营商环境，深化文化产业领域"放管服"改革，降低文化市场主体发展的制度成本，构建一个公平有效多元的文化产业发展环境，坚持以公有制经济为主体，降低民间资本准入门槛，推动文化产业领域多种所有制企业共同发展。坚持创新驱动，重视文化产业领域产业链、供应链、创新链和价值链协同发展，鼓励文化行业龙头企业与产业链供应链创新链和价值链上下游中小微文化企业协同发展。发挥规模经济优势，准确把握城市自身文化产业的发展基础、特点以及相关资源要素条件，推动文化产业集聚发展，建设文化产业价值园，扩大文化产业规模经济效应以及外部经济效应。积极推动数字化技术与文化产业融合发展，推动文化产业园区由要素集聚向创新发展平台转变。

积极培育文化产业新业态新模式。充分利用数字产业化和产业数字化发展大趋势，推动文化企业数字化转型，以新技术催生文化产业领域新业态新模式，重塑文化产业发展的新动能，打造文化产业发展新优势，拓展文化产业的发展空间。充分认清当前文化消费市场呈现出的可视化、交互性和沉浸式发展趋势和特征，推进"互联网+文化产业"新发展模式，不断革新传统文化产品市场发展模式，加快推动以数字经济为基础的平台经济、共享经济等新兴业态向文化产业领域渗透。引导和鼓励文化消费与各类新兴消费融合发展，积极培育定制消费、体验消费、网络消费、智能消费、时尚消费等新型消费。

加快推动文化产业数字化转型。加强顶层设计，以文化产业数字化转型为主攻方向，加快推动城市文化要素大数据体系建设，构建现代文化产业体系，重点布局高质量数字化场景和示范项目，为各类文化产业市场主体提供良好的发展平台和载体。推动文化产业区域协同发展，推动区域性文化产业大数据平台建设，协同文化产业发展关联城市，系统布局新型基础设施，加快构建汇聚数字基础设施、文化数据资源、新兴应用技术于一体的城市文化产业数字化发展根基，实现文化产业数字化区域协同发展。优化文化产业数字化转型制度环境，鼓励高校培育复合型文化产业领域人才，支持和鼓励企业完善人才培训体系，推动文化产业和新兴技术领域产学研一体化融合发展，筑牢复合型文化产业人才根基。

参考文献

陈刚、莫佳雯、陈荣：《中国 20 城市文化产业创新发展比较分析》，《广州文化产业发展报告（2021）》，社会科学文献出版社，2021。

陈刚、莫佳雯：《广州与我国主要城市文化产业创新发展比较分析》，《广州文化产业发展报告（2020）》，社会科学文献出版社，2020。

B.9
广州与厦门文化产业发展效率比较分析

——基于 DEA-BCC 和 DEA-Malmquist 指数模型

黄晓虹*

摘　要： 为进一步推动城市文化产业高质量发展，本文根据 2011～2020 年广州市与厦门市的文化数据，设定文化产业发展的投入和产出指标，求解 DEA-BCC 模型，比较分析近十年来广州市与厦门市文化产业投入产出效率水平。进一步的，采用 DEA-Malmquist 模型动态分析城市文化产业发展效率。结果表明，广州市近十年间文化产业的综合效率均值略低于厦门市，但投入产出达到最佳匹配状态的年份更多；动态分析结果表明，由于新冠肺炎疫情影响，两市的文化产业投入产出在 2019 年与 2020 年均呈现疲软状态。由此本文从财力投入、文化与科技融合、文化制度以及文化区域发展等方面提出相关的对策建议。

关键词： 文化产业　投入产出　发展效率

一　引言

在经济从高速发展向高质量发展的时代要求下，文化产业的强劲发展已然成为拉动整体经济发展的一个重要引擎，是经济软实力的重要体现。随着新技术的迅猛发展，文化与科技的融合是文化产业发展的必然趋势。2017

---

* 黄晓虹，集美大学诚毅学院副教授，博士，研究方向为财政政策与区域经济发展。

年《文化部"十三五"时期文化科技创新规划》发布，明确提到要构建文化科技创新体系，切实推动科技创新引领文化发展。2019年，科技部等六部门印发了《关于促进文化和科技深度融合的指导意见》，提出到2025年，基本形成覆盖重点领域和关键环节的文化和科技融合创新体系，实现文化和科技的深度融合。从地方相关政策来看，广州市于2011年发布了《广州建设文化强市培育世界文化名城规划纲要（2011—2020年）》，由此明确了广州市作为世界文化名城的发展目标。此后，广州市持续在文化科技创新、数字文化等方面积极发展文化产业。

目前，研究文化产业发展效率的文献较为丰富，采用了多种效率评价方法，包括主观性较强的层次分析法以及更加客观的数据包络分析法（Data Envelopment Analysis，DEA）、随机前沿法（Stochastic Frontier Analysis，SFA）、主成分分析法（Principal Component Analysis，PCA）和熵值法等。其中，基于DEA方法进行产业发展效率评价发展得相对成熟。可以划分为以下几类：一是对文化产业的不同领域进行分析。比如对文化旅游业的效率评价[1][2][3]、对文化产业融合效率的评价[4]等等。二是对不同空间范围的文化产业发展情况进行测度。宏观层面的分析基本基于全国性数据或者区域性的省市级数据。李忠斌、肖博华[5]采用PCA-DEA的组合模型对"一带一路"省区文化旅游产业发展效率进行评价；王文姬、顾江[6]同样基于DEA模型、Malmquist模型和空间计量方法分析了长江经济带省市文化产业

---

① 徐文燕、周玲：《基于DEA方法的文化旅游资源开发利用效率评价研究——以2010年江苏文化旅游业投入产出数据为例》，《哈尔滨商业大学学报》（社会科学版）2013年第3期。

② 袁丹、雷宏振：《我国西部地区文化旅游产业发展效率与产业集群研究》，《内蒙古社会科学》（汉文版）2013年第4期。

③ 王耀斌、孙传玲、蒋金萍：《基于三阶段DEA模型的文化旅游效率与实证研究——以甘肃省为例》，《资源开发与市场》2016年第1期。

④ 廖继胜、刘志虹、郑也夫：《文化制造业的科技金融支持效率及其影响因素研究——基于长江经济带省际面板数据》，《江西社会科学》2019年第10期。

⑤ 李忠斌、肖博华：《"一带一路"省区文化旅游产业效率研究——基于PCA-DEA组合模型》，《广西师范学院学报》（哲学社会科学版）2016年第2期。

⑥ 王文姬、顾江：《长江经济带文化产业效率的测度及时空演化》，《南京社会科学》2021年第6期。

发展的效率。郭淑芬等①则探讨的是文化产业发展效率在我国东中西部的区域差异并研究其中的影响因素。研究对象为个别省市的研究同样存在，如彭连贵、阎瑞霞②仅以上海市文化产业投入产出效率进行实证分析，找到上海市文化产业投入产出效率不同时期的差异。

可见以 DEA 模型评价文化产业发展效率的文献较为丰富，但是，整体来看，对文化产业发展效率的衡量指标的选取，以及对文化产业发展效率的评价结果莫衷一是。将同样属于新时代文化产业发展较快的城市——广州市与厦门市，作为研究对象的文献更是空白。厦门市与广州市都属于港口城市，是国际贸易和对外文化交流的重要窗口，不仅有得天独厚的地理环境，而且同为南方城市，也有非常深厚的文化底蕴，广州是岭南文化的中心，厦门则有浓厚的闽南文化作支撑。两座城市都曾屡获全国文明城市的殊荣，居民生活幸福指数较高。然而，厦门市不管是行政区域面积还是人口的体量均不足以与广州市直接对比。因此非常有必要在现有理论研究的基础上，借助非参数方法的 DEA 模型对其进行研究。因此，本文根据 2011～2020年广州市与厦门市文化投入与产出的相关数据，采用 DEA-BCC 及 DEA-Malmquist 模型求出两城市文化产业发展效率，同时进行动态比较分析。找出他们的文化产业发展的问题所在，并据此探索促进两市文化产业高质量发展的路径。

二　广州市与厦门市文化产业基本情况分析

广州市行政区域面积为 7434.4 平方公里，划分 11 个行政区。从 2022年 3 月 9 日发布的《2021 年广州市国民经济和社会发展统计公报》来看，截至 2021 年底，广州市常住人口共 1881.06 万人，密度达到 2530 人/平方

① 郭淑芬、王艳芬、黄桂英：《中国文化产业效率的区域比较及关键因素》，《宏观经济研究》2015 年第 10 期。
② 彭连贵、阎瑞霞：《基于 DEA-Malmquist 的上海市文化产业效率变化研究》，《上海管理科学》2021 年第 5 期。

公里，初步核算 2021 年广州市地区生产总值达到 28231.97 亿元，第三产业增加值为 20202.89 亿元，贡献率为 71.56%[①]。厦门市整体来看体量较小，行政区域面积为 1700.61 平方公里，不到广州的 1/4，共设 6 个市辖区。其常住总人口约 528 万人，2022 年 3 月初步核算的 2021 年 GDP 为 7033.89 亿元，同样是以第三产业发展为主，占比 58.60%[②]。在文化娱乐消费支出方面，2021 年广州市城镇居民的文化娱乐消费支出占总支出比重约为 13%，相比于 2020 年提高了 3 个百分点，2020 年厦门市城镇居民人均文化娱乐消费支出占总支出比重在 7% 左右。从文化设施（包括广播、电视、艺术馆、文化馆、公共图书馆、博物馆以及文物商店等的供给数量）来看，两市之间确实差距悬殊，但从文化设施的空间分布密度来看，广州市为 3.58 个/平方公里，厦门市为 2.12 个/平方公里，差距并不大。值得说明的是，由于文化产业发展的最终目的是为人民提供精神服务，因此从文化设施数量或服务次数的绝对值上做出简单比较并不能直接判定其质量，有必要从已有的信息挖掘出更为准确的文化产品和服务提供的效率，以此作为质量判断依据。

表 1　广州市与厦门市基本情况及文化相关指标的比较

分类	指标	广州市	厦门市
基本情况（2021 年）	行政区域面积	7434.4 平方公里	1700.61 平方公里
	常住总人口	1881.06 万人	528 万人
	城镇化率	86.46%	90.10%
	地区生产总值	28231.97 亿元	7033.89 亿元
	第三产业增加值及占比	20202.89 亿元，71.56%	4121.94 亿元，58.60%
	城镇居民年人均可支配收入	74416 元	67197 元
	城镇居民年人均消费支出	47162 元	43010 元
	城镇居民文化娱乐消费支出	6145 元	—

① 资料来源：《2021 年广州市国民经济和社会发展统计公报》，2022 年 3 月 9 日。
② 资料来源：《2021 年厦门市国民经济和社会发展统计公报》，2022 年 3 月 22 日。

分类	指标	广州市	厦门市
文化设施及提供的基本情况（2020年）	文化设施的供给数量,供给密度	266个,3.58个/平方公里	36个,2.12个/平方公里
	文化服务（图书馆、博物馆、纪念馆、美术馆等藏品（书））的供给数量	4035万件（册）	844万件（册）
	文化艺术活动提供次数	16222次	3339次

资料来源：2021年数据来源于两市公布的《2021年国民经济和社会发展统计公报》；2020年的数据取自2021年《广州统计年鉴》《厦门经济特区年鉴》以及笔者的加总处理。

在我国15个副省级城市中，厦门市的土地面积及人口规模均最小，但其经济社会软实力确实在全国位居前列。比如中国社科院发布的《中国城市竞争力第19次报告》对2021年中国城市营商环境竞争力进行了排名，从排行榜来看，厦门市和广州市的软硬件实力在内地上榜城市中分别排在前十五名和前十名之内；2020年发布的《中国副省级城市形象传播影响力报告》中有关城市形象的美誉度，厦门持续稳居第一，远高于其他城市的评价；中国城市品牌发展指数（CBDI），对中国288个城市进行了排名，厦门排名全国第17；在国家发改委发布的城市营商环境评价中，厦门同样是全国城市中的佼佼者。这些都为其文化产业健康积极发展提供了非常坚实的制度保障及发展基础。在文化实力方面，目前，厦门市重点培育了8个文创园及基地，包括海峡两岸龙山文创园、特区1980创意园、海丝艺术品中心、沙坡尾海洋文化创意港、嘉禾良库文化创意产业园、集美集影视创意园、厦门（集美）影视拍摄基地、中国（厦门）智能视听产业基地等。其中，中国（厦门）智能视听产业基地是福建省首个国家级的网络视听基地，是7个国家级网络视听产业基地之一。美亚柏科、咪咕动漫等文化科技企业均为厦门本地企业，在政府的扶持下进一步做大做强。另外，2019年起金鸡奖落户厦门，厦门以其文化内涵与实力连续获得五届金鸡奖举办权。

由此可见，广州市与厦门市的经济发展均以第三产业为主导，人均GDP相近，文化消费水平差距不大，在扶持文化产业发展的地方政策措施

方面也有相似之处，故此厦门市与广州市的文化产业发展具有比较分析的实际意义，经过比较可找出他们文化发展中的堵点，为后续促进地方文化产业发展提供经验依据。

三 模型介绍与数据来源

（一）模型介绍

数据包络分析法（DEA）由 Charnes，Cooper 和 Rhodes（1978）提出，是以数学规划模型为基础的一种非参数检验方法，普遍应用于评价产业发展效率。该模型通过设置投入产出指标对决策单元（Decision Making Units，DMU）进行相对客观的效率评价。该模型在多投入与多产出指标的小样本分析中具有绝对的优势。DEA 模型可以分为规模报酬不变（Constant Returns to Scale，CRS）和规模报酬可变（Variable Returns to Scale，VRS）模型，分别对应于 CCR 模型（Charnes，Cooper 和 Rhodes，1978）、BCC 模型（Banker，Charnes 和 Cooper，1984），另外还有 Malmquist 指数模型（Malmquist，1953），该模型可用于面板数据的动态分析。CCR 模型和 BCC 模型均只能对不同 DMU 静态的生产效率进行评价，表现为纯技术效率（Technology Efficiency，TE）与规模效率（Scale Efficiency，SE）。相应的方程式为：

$$
\begin{cases}
\min\{\theta\} \\
s.t. \ \displaystyle\sum_{i=1}^{n} \lambda_i x_{ij} \leqslant \theta x_{io} \\
\displaystyle\sum_{i=1}^{n} \lambda_i y_{rj} \geqslant y_{ro} \\
\displaystyle\sum_{i=1}^{n} \lambda_i = 1, \ \sum_{r} \lambda_r = 1
\end{cases}
\tag{1}
$$

式（1）中，x 为投入值，y 为产出值，x_{ij} 为第 j 个城市的第 i 项投入值，y_{rj} 为第 j 个城市的第 r 项产出值，θ 为模型求解的关键核心。

DEA-Malmquist 指数又称为全要素生产率指数（tfpch），克服了 DEA 模型中仅分析截面数据的缺点，可以进行面板数据的分析，用来评价 DMU 在不同时期生产效率的变化，以此反映出更多的数据信息。

$$m_{t,t+1} = \left[\frac{d_t(x_{t+1},y_{t+1})}{d_t(x_t,y_t)} \times \frac{d_{t+1}(x_{t+1},y_{t+1})}{d_{t+1}(x_t,y_t)}\right]^{1/2} \tag{2}$$

式（2）中，t 为年份，(x_t,y_t) 为第 t 期投入产出值，(x_{t+1},y_{t+1}) 为第 $t+1$ 期的投入产出值。两者之间的变化为我们要关注的生产率变化情况。$d_t(x_t,y_t)$ 和 $d_{t+1}(x_{t+1},y_{t+1})$ 分别表示第 t 期和第 $t+1$ 期的距离函数，代表的是第 t 期和第 $t+1$ 期的技术效率水平；$d_t(x_{t+1},y_{t+1})$ 为以第 t 期技术表现出来的第 $t+1$ 期的技术效率水平；$d_{t+1}(x_t,y_t)$ 则为以第 $t+1$ 期技术表现出来的第 t 期的技术效率水平。因此 m 值是以几何平均值来衡量。若 $m_{t,t+1}$ 大于 1，说明 DMU 全要素生产率水平有所提高；$m_{t,t+1}$ 值小于 1，则说明全要素生产率水平相比上年有所下降；$m_{t,t+1}$ 值等于 1，那么效率水平没有变化。进一步的，可以分解 tfpch 的因素，找出 tfpch 下降的原因。tfpch 由 tech（技术进步指数）和 effch（综合效率变化指数）组成，即 tfpch＝tech×effch。effch 在规模收益可变时，又可以分解成两个部分：pech（纯技术效率变化指数）和 sech（规模效率变化指数）。因此，tepch 上升或下降可以从这三个分解因素得到一定的解释。本文比较 2011~2020 年广州市与厦门市的文化产业发展趋势，可以采用该指数模型对两市文化产业发展效率进行动态评价。

本文利用 Stata 软件求解 DEA 模型，进行文化产业发展效率评价。静态分析模型采用的是 Ji 和 Lee（2010）编写的 DEA 相关命令，不同时期生产效率的模型则运用 Lee 和 Leem（2011）的方法。

（二）投入产出指标设定与数据来源

为构建 DEA 模型，我们根据文化产业发展的具体情况以及已有文献的研究来设定多投入和多产出的指标。文化产业又可以分为公益性文化产业（公共文化产业）和经营性文化产业。公益性文化产业主要提供公共文化设施及服务，而经营性文化产业具有企业性质，追求利润最大化。在文化产业发展中这两方面缺一不可。因此，在设定文化产业投入产出指标时有必要考虑公益性以及经营性的文化产业，以更为全面地反映城市文化产业发展的效率。

在投入方面，从经济效率角度考虑应重点关注劳动力、土地与资本的投入，但囿于文化产业土地投入的数据可获取性较低，本文仅衡量人力与财力这两项直接影响地区文化产业发展的投入。人力方面表现为文化产业目前就业的人员数，代表了城市在文化产业发展上的人力资源投入情况。财力则反映出城市对于文化产业发展的资金倾向，主要以政府财政资金投入来反映，具体以地方财政支出中文化旅游体育与传媒的财政支出总量来表现。

在产出方面，需要衡量的指标相对较多，主要包括文化机构、人员及业务活动开展情况等。本文主要从供给效应、消费效应和经济效应三方面入手，表现为文化设施和服务的提供、文化资源的消费以及文化产业的产值等三个方面。其中，文化设施包括提供文化服务的相关设施，如广播电台、电视台、艺术表演场馆、文化馆、公共图书馆、博物馆、纪念馆以及美术馆、文物商店等，其他产出指标同样从广播、电视、电影和影视录音制造业，文化艺术业及文化事业产业三个文化细分领域入手。本文将搜集到的数据进行加总，得到各个产出指标的数据。

最终，本文选取2个二级投入指标以及2个三级投入指标，4个二级产出指标，5个三级产出指标，共同构建了文化产业发展效率投入产出指标体系，具体如表2所示。

表2　文化产业发展效率投入产出指标体系

一级指标	二级指标	三级指标	指标说明
投入指标	人力投入	文化产业的就业人员（万人）	从事电影、艺术、广播、电视、公共图书馆、档案馆、艺术馆、文化馆、博物馆等工作人员数
	财力投入	地方财政支出（万元）	文化旅游体育与传媒的财政支出

一级指标	二级指标	三级指标	指标说明
产出指标	供给效应-设施供给量	文化服务设施数量（个）	提供文化服务的相关设施数量，包括广播电台、电视台、艺术表演场馆、文化馆、公共图书馆、博物馆、纪念馆以及美术馆、文物商店等数量
	供给效应-服务供给量	图书馆、博物馆、纪念馆、美术馆提供的藏品（书）数量（万件、万册）	博物馆、纪念馆、美术馆藏品数和公共图书馆总藏书量
		艺术、展览供给次数（次）	文化站举办展览次数、博物馆举办陈列展览次数、艺术表演团体演出场次、文化站组织文艺活动次数、文化站举办训练班次数
	消费效应	文化服务消费量（万人次）	主要包括艺术表演团体演出观众人次、公共图书馆总流通人次、博物馆参观人次
	经济效应	产业增加值（万元）	文化产业增加值

2011 年广州市明确了未来十年间的文化发展目标，即要建设成为世界文化名城。因此，本文选取 2011～2020 年广州市与厦门市的市级文化相关数据进行比较分析。广州市的数据来自 2012～2021 年的《广州统计年鉴》《广东统计年鉴》以及《广东社会统计年鉴》及相关的资料。厦门市的相关数据资料来源于《厦门经济特区年鉴》以及《厦门市国民经济和社会发展统计公报》《政府工作报告》等。

四　模型结果比较分析

（一）2011～2020年广州市与厦门市的文化产业发展效率比较分析

由于规模报酬不变状态实现的假设条件难以在现实社会经济环境中达到，因此，本文选取宏观经济分析中更常采用的规模报酬可变模型，即 DEA-BCC 模型，将广州市和厦门市分样本进行文化产业发展效率评价。在资源有限的条件下，寻求优化文化产业劳动力、资本等要素资源的配置路径，以达到最佳的产出效果，对广州市与厦门市的文化产业发展效率做出对比分析。

DEA-BCC 模型对投入产出的效率评价包括三个主要指标，分别为综合效率（TE）、纯技术效率（PTE）以及规模效率（SE），综合效率是由后两者相乘所得，是指 DMU 以现有资源要素投入水平发挥出的效率；规模效率是指要素资源的投入与产业发展需求的匹配程度。通过评价结果我们可以发现广州市与厦门市在文化产业发展中存在的短板，并据此提出提高两市文化产业的发展速度与质量的路径。

DEA-BCC 模型评价结果如表 3 所示。文化产业发展效率值若为 1，则为 DEA 有效，投入产出效率在生产前沿面上，说明达到最优配置；若效率值小于 1 则表示 DMU 处于生产前沿面外，为 DEA 无效，说明该决策单元的投入产出效率较差，在投入或者产出方面仍有改善的空间。规模效率的结果体现出三种情况，包括规模报酬递增、规模报酬递减以及规模报酬不变。规模效率的值为 1 时为规模报酬不变，若不等于 1，则有可能是递增也可能是递减。

表 3 2011~2020 年广州市与厦门市文化产业发展效率评价

城市	年份	综合效率（TE）	纯技术效率（PTE）	规模效率（SE）	规模报酬
广州市	2011	1.0000	1.0000	1.0000	规模报酬不变
	2012	1.0000	1.0000	1.0000	规模报酬不变
	2013	1.0000	1.0000	1.0000	规模报酬不变
	2014	1.0000	1.0000	1.0000	规模报酬不变
	2015	1.0000	1.0000	1.0000	规模报酬不变
	2016	1.0000	1.0000	1.0000	规模报酬不变
	2017	1.0000	1.0000	1.0000	规模报酬不变
	2018	1.0000	1.0000	1.0000	规模报酬不变
	2019	0.7379	1.0000	0.7379	规模报酬递减
	2020	0.8621	1.0000	0.8621	规模报酬递减
	平均值	0.9600	1.0000	0.9600	

城市	年份	综合效率（TE）	纯技术效率（PTE）	规模效率（SE）	规模报酬
厦门市	2011	1.0000	1.0000	1.0000	规模报酬不变
	2012	1.0000	1.0000	1.0000	规模报酬不变
	2013	1.0000	1.0000	1.0000	规模报酬不变
	2014	1.0000	1.0000	1.0000	规模报酬不变
	2015	0.9586	0.9653	0.9930	规模报酬递增
	2016	0.9536	0.9769	0.9762	规模报酬递减
	2017	0.9576	0.9772	0.9799	规模报酬递减
	2018	1.0000	1.0000	1.0000	规模报酬不变
	2019	1.0000	1.0000	1.0000	规模报酬不变
	2020	1.0000	1.0000	1.0000	规模报酬不变
	平均值	0.9870	0.9919	0.9949	

2011~2020 年，广州市与厦门市的文化产业投入产出综合效率值均呈现出小幅震荡变动的情况，但厦门市相对比较稳定。值得注意的是，广州市十年间的投入产出综合效率平均值略低于厦门市，广州市的平均综合效率为0.9600，而厦门市的均值为0.9870。从两市各年份的综合效率值变动趋势（见图 1）来看，广州市在 2019 年的综合效率值较低，仅为 0.7379，虽然2020 年的综合效率值有所提升，但仍低于广州市其他年份的综合效率值。与此同时，厦门市综合效率值则基本趋近于 1，且相对比较平稳，未见较大波动。厦门市在 2019 年、2020 年综合效率均达到最佳状态，效率值为 1，说明在这两年间厦门市的文化产业投入与产出相匹配，资源达到最有效率的配置状态。因此，从近十年的投入产出综合效率平均值来看，广州市要略低于厦门市的水平。

然而，从十年间达到最佳投入产出效率的年份来看，广州市的文化产业发展优于厦门市。广州市文化产业投入产出仅在 2019 年、2020 年未能达到最佳配置状态，而 2011~2018 年均处于最佳状态。反观厦门市，虽然十年间文化产业投入产出综合效率平均值高于广州市，但是，其中有 3 年未能达到最佳效率，其 2015 年的综合效率值为 0.9586，2016 年为 0.9536，2017

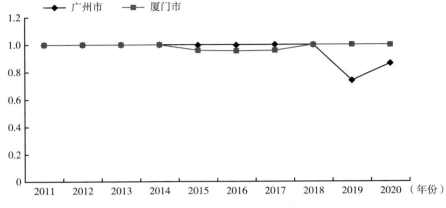

图1　2011~2020年广州市与厦门市的文化产业投入产出综合效率值

年是0.9576，均低于1，这三年为DEA无效，处于投入产出低效率状态，有进一步提升的空间。

进一步的，从综合效率的分解来看，综合效率由纯技术效率和规模效率组成。广州市的纯技术效率在近十年均达到了最优，说明与文化事项相关的人力、物力和财力等要素资源投入一定的情况下，城市可利用技术发展的文化产出水平达到最优。而综合效率低主要是规模效率低造成的，2019年及2020年广州市的规模效率均为低效率，且表现为规模报酬递减的状态。那么在一定的技术条件下，文化生产要素资源投入得越多，文化产出水平并不会越高。这说明广州市在这两年对于文化领域的资源投入过多，未能达到预期效果，造成了资源浪费的情况。其中，2019年规模效率低主要由于文化领域的劳动力投入较多，而艺术展览供给过剩；2020年规模效率低则是劳动力的投入与文化服务消费之间的不匹配造成的。这也从侧面说明了，广州市文化产业发展近两年低效率的主要原因在于人力投入过多。

以厦门的综合效率分解结果来看，2011~2014年以及2018~2020年这7年无论是纯技术效率还是规模效率均达到最佳状态，但2015~2017年这3年的投入产出综合效率值较低，其主要原因在于规模效率较低，而且纯

技术效率也有待提升。具体来看，2015 年厦门市投入产出综合效率值为
0.9586，其中纯技术效率为 0.9653，规模效率为 0.9930。规模效率高于纯
技术效率，说明该年份厦门市投入产出综合效率低更为主要的问题是纯技
术效率有待提升。2015 年互联网技术以迅猛之势与其他领域有机融合，文
化信息传输服务业也随之迅速发展。然而这时的厦门市纯技术效率没有达
到最佳状态，说明厦门市在 2015 年仅有 96.53% 的文化资源得到有效配
置，仍有 3.47% 的投入未能得到有效利用。2015 年其规模报酬递增，因
此，厦门市在技术水平上应加大研发和投入，将文化与科技融合，促进文
化产业的创新发展；另外，也说明厦门市在当时的技术水平上，仍可以通
过增加相关文化要素资源的投入来达到更高的产出效率，以此达到投入产
出比最大化。此外，厦门市 2016 年与 2017 年文化产业投入产出综合效率
低同样源于纯技术效率及规模效率低，且均为规模报酬递减的状态，因
此，这两年其应该做的是减少要素资源的投入，在防止资源浪费的同时提
高文化产出效率。具体来看，厦门市在 2015 年时应增加财政支出中对于
文化旅游体育与传媒的支出，文化产出中增加文化设施数量及服务提供的
数量将使得生产更有效率；2016 年减少文化领域劳动力的投入，同时减少
文化站、博物馆等举办展览的次数，则能得到更佳的投入产出效率。而
2017 年厦门市文化产业投入产出综合效率低的主要原因在于产出的冗余，
如文化服务设施的数量、艺术展览的次数若有所降低，则文化产业投入产
出综合效率更佳。

（二）2011~2020 年广州市与厦门市的文化产业发展动态分析

表 4 采用 DEA-Malmqusit 模型动态分析广州市与厦门市近十年的文化产
业发展效率变动情况。广州市 2011~2020 年的全要素生产率指数平均值为
0.9899，小于 1，说明这 10 年间，广州市文化产业还未能呈现出明确的正
向发展趋势。由于全要素生产率指数（tfpch）＝综合效率变化指数（effch）
×技术进步指数（techch）＝纯技术效率改变指数（pech）×规模效率变化指
数（sech）×技术进步指数（techch），结合表 4 中广州市的数据可知，全要

素生产率指数较低主要是技术进步指数的问题。具体来看，广州市文化产业全要素生产率指数除了 2015～2016 年、2018～2019 年、2019～2020 年这几个时间段有所降低，其余时间段均有所增长，其中，提升幅度最大的时间段是 2017～2018 年，其次是 2011～2012 年。2018 年广州市发布重要的文化产业纲领性文件《广州市关于加快文化产业创新发展的实施意见》，为大力推动广州文化产业创新发展还制定了相应的配套措施，在电影产业、博物馆、实体书店、文化产业示范园区等方面都做出了具体的规定，初步形成了"1+N"的文化产业政策体系。可见，2017～2018 年广州市文化产业大发展是与政策导向相符的。全要素生产率指数下降最大的时间段是 2018～2019年，2020 年相较 2019 年再次下滑。2019 年末以后由于受新冠肺炎疫情的影响，广州市文化旅游等服务业均受到重创。

表4　2011～2020 年广州市与厦门市文化产业发展效率动态评价

城市	时间段	全要素生产率指数（tfpch）	综合效率变化指数（effch）	技术进步指数（techch）	纯技术效率改变指数（pech）	规模效率变化指数（sech）
广州市	2011～2012 年	1.3130	1.0000	1.3130	1.0000	1.0000
	2012～2013 年	1.0830	1.0000	1.0830	1.0000	1.0000
	2013～2014 年	1.0543	1.0000	1.0543	1.0000	1.0000
	2014～2015 年	1.0041	1.0000	1.0041	1.0000	1.0000
	2015～2016 年	0.8561	1.0000	0.8561	1.0000	1.0000
	2016～2017 年	1.0420	1.0000	1.0420	1.0000	1.0000
	2017～2018 年	1.5001	1.0000	1.5001	1.0000	1.0000
	2018～2019 年	0.5281	1.0000	0.5281	1.0000	1.0000
	2019～2020 年	0.5286	1.0000	0.5286	1.0000	1.0000
	平均值	0.9899	1.0000	0.9899	1.0000	1.0000
厦门市	2011～2012 年	0.9897	1.0000	0.9897	1.0000	1.0000
	2012～2013 年	0.7812	1.0000	0.7812	1.0000	1.0000
	2013～2014 年	1.0572	1.0000	1.0572	1.0000	1.0000
	2014～2015 年	1.0819	1.0000	1.0819	1.0000	1.0000
	2015～2016 年	0.9725	1.0000	0.9725	1.0000	1.0000

城市	时间段	全要素生产率指数（tfpch）	综合效率变化指数（effch）	技术进步指数（techch）	纯技术效率改变指数（pech）	规模效率变化指数（sech）
厦门市	2016~2017年	1.0913	1.0000	1.0913	1.0000	1.0000
	2017~2018年	1.2513	1.0000	1.2513	1.0000	1.0000
	2018~2019年	1.0126	1.0000	1.0126	1.0000	1.0000
	2019~2020年	0.5852	1.0000	0.5852	1.0000	1.0000
	平均值	0.9803	1.0000	0.9803	1.0000	1.0000

厦门市的文化产业发展趋势与广州市不同。厦门市全要素生产率仅2013~2014年、2014~2015年、2016~2017年、2017~2018年这几个时间段得到提升，其余年份相较上年均有所下降。从广州市与厦门市全要素生产率指数的变化趋势（见图2）来看，2011~2020年，厦门市文化产业全要素生产率指数提升的年份仅有4个，即10年间有不到一半时间表现出文化产业全要素生产率指数得到提升，其他时间处于下降状态。厦门市全要素生产率指数平均值为0.9803，同样未能高于1，且低于广州市。但其技术进步指数起到关键性的作用。结合厦门市文化产业财政政策的颁布及修订时间来看，2013年厦门市制定了《文化产业发展专项资金管理办法》，2018年修订该办法，采用贷款贴息、项目补助、以奖代补和补充国家资本金等方式进行。在财政补贴、税收优惠等方面均做出了详细的规定，助力文化产业发展效率的提高。专项财政资金的落实使得2014~2019年厦门市的文化产业全要素生产率指数有明显的上涨，可见财政投入在其中的重要作用。而在2020年，文化产业全要素生产率指数相比上一年降低幅度更大，说明2020年厦门市的文化产业同样受到新冠肺炎疫情的影响，发展受阻。

由于新冠肺炎疫情对于文化产业发展的影响是不可预测的，因此，接下来我们暂时不考虑2019~2020年新冠肺炎疫情的外部性冲击影响，仅看

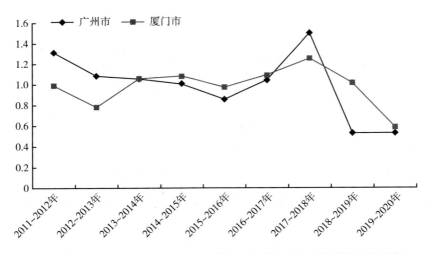

图2　2011~2020年广州市与厦门市全要素生产率指数的变化趋势

2011~2018 年的变动趋势。可以明显看出，广州市与厦门市的全要素生产率指数的变动趋势是较为明朗且稳定的。广州市文化产业全要素生产率指数呈现出"先降后升"的趋势，厦门市则基本呈现出增长的态势。2013~2014年、2014~2015年、2016~2017年、2017~2018年这4个时间段厦门的文化产业全要素生产率指数得到很大的提升，尤其是2013~2014年、2016~2017年这两个时间段的全要素生产率指数增加变化的幅度高于同期广州市的水平。结合图2中2018~2019年以及2019~2020年两市全要素生产率指数的变化可以看出，在新冠肺炎疫情影响下，厦门市在面对突发公共事件时的应变能力要高于广州市，其这两个时间段的文化产出效率虽然远不及前几年，但是下降的幅度小于广州市。此外，厦门市的影视文化产业发展也在一定程度上推升了其文化产业发展效率。2019年金鸡奖选中厦门作为颁奖活动举办地，同年推出《厦门影视产业发展规划（2019年—2025年）》，确定厦门市成为新时代中国影视产业高质量发展的典范城市的目标。厦门市近几年有多部优秀影视作品强势进军市场，可以预见"影视+"将助推厦门市文化产业链的建设及产业融合强劲发展。

五　促进文化产业发展的政策建议

本文采用 DEA-BCC 和 DEA-Malmquist 模型从静态和动态的视角来比较分析广州市与厦门市文化产业发展效率以及存在的问题，结果发现 2011～2020 年，广州市投入产出综合效率平均值略低于厦门市，广州市的投入产出平均综合效率为 0.9600，而厦门市的均值为 0.9870，主要原因在于，广州市 2019 年及 2020 年投入产出综合效率值较低，体现出这两年的文化产业投入产出效率未能达到最优的状态。从动态趋势来看，广州市与厦门市文化产业的发展水平均表现为"降-升-降"的态势。广州市的变动幅度更大，但综合来看，广州市文化产业全要素生产率指数均值高于厦门市，且在 10 年间，广州市文化产业发展效率得以提升的年份多于厦门市。

基于以上比较，本文从以下几个方面提出相关的政策建议。第一，稳定并巩固文化产业的财力保障。从上文分析中可以看到，2015～2017 年厦门市文化产业投入产出效率未能达到最佳状态，其中的一个原因在于财政投入的不足，而在专项财政资金落实后，厦门市的文化产业投入产出综合效率值有了明显的上涨，可见财政投入在其中的重要作用。笔者认为，政策的导向、财力的补给是文化产业高质量发展的首要支撑点。文化专项财政资金也在一定程度上减缓了厦门市 2019 年及 2020 年的文化产业发展效率下降的速度。2021 年为应对新冠肺炎疫情，广州市与厦门市均制定了相应政策为受疫情影响较大的行业进行纾困减负，在金融扶持、税收优惠、降低企业经营成本、支持企业用工等方面助力受疫情管控影响较大的行业加快恢复，并取得良好效果。因此，在防控疫情常态化情况下，两市应继续完善财政支持文化产业发展的政策与措施，以此稳定文化产业的发展。

第二，积极利用新科学技术促进文化产业跨界融合。本文研究结果表明，两市的全要素生产率指数的变化主要取决于技术进步指数的变动，这表明，技术创新对于文化产业投入产出效率具有重要作用。2020 年政策明确指出要"促进文化产业与数字经济、实体经济深度融合"，文化产业数字化发展是"十四五"规划的重大任务。首先，以文化融合技术创新来推动文化领域供给侧结构性改革。在人力投入方面，可以利用新技术代替部分人工，减少不必要的劳动力投入，更合理地配置人力资源，以此提高文化产业发展效率。在文化产品和服务供给方面，现代的科学技术使得文化产品更加多样化、文化服务更加个性化，更充分地满足居民的文化消费需求。在提供文化产品和服务的载体方面，"加强梯度培育"，重点培育创新型文化领军企业，引导社会资本投资支持小微文化企业发展。其次，可以利用科技手段创新文化产品及服务，以提高文化产品和服务的消费体验。比如全息投影技术的完善、VR/AR（虚拟现实/增强现实）技术的发展，足以让居民突破空间限制，足不出户地体验感受我国各城市的文化魅力、了解历史文化典故，推进互动式、沉浸式文化消费模式，激发潜在消费力。

2020年，全国各地都陆续出台关于新基建的行动计划。广州市自2020年以来先后发布数字经济、新基建等一系列政策，力争到2022年新基建规模和创新水平领先全国。广州近十年来文化产业的技术效率始终处于最优状态，技术进步指数也高于厦门市，技术与文化有机融合。厦门市下一步应着力促进文化与科技的融合，新基建的投入将助力文化产业创新发展，以形成新业务新格局。

第三，在文化制度方面，应加强应对突发公共卫生事件的能力，保证城市文化产业稳定发展。从2019年及2020年广州市与厦门市的文化产业发展变化情况来看，虽然两市均面临突发公共卫生事件，人员的流动、财力的耗费均面临着历史性的困境，文化产业发展投入产出效率降低，但厦门市的文化投入产出效率的变动相对广州市来说更加稳定，且下降幅度更小。这说明厦门市的文化制度更加灵活，能够有效应对公共卫生突发事件。因此，广州市应在制度保障方面查缺补漏，借鉴经验并及时调整相关措施，以保障文化产业稳定发展。

第四，加强区域文化产业统筹发展。文化产业的发展应该突破地理界线，形成区域发展格局。广州市可以协同珠江三角洲城市，发扬岭南文化，厦门市则可以紧密结合闽南文化，加强文化产业的联动，多同广东省的汕头市、潮州市进行文化交流，在文化碰撞的同时，提高文化创新能力，推动整个南方沿海城市文化成果的集成和输出。

参考文献

Banker, R. D. , A. Charnes, and W. W. Cooper, Some Models for Estimating Technical and Scale Inefficiencies in Data Envelopment Analysis, *Management Science* 30 (1984) .

Charnes, A. , W. W. Cooper, and E. Rhodes, Measuring the Efficiency of Decision Making Units, *European Journal of Operational Research* 2 (1978) .

Kyong-Rock Lee, and Byung-Ihn Leem, Malmquist Productivity Analysis Index Using DEA Frontier in Stata, *Stata Journal*, 2011.

Yong-bae Ji, and Choonjo Lee, Data Envelopment Analysis, *Stata Journal* 2 (2010) .

B.10
广州与我国其他主要城市文化
消费指数比较研究

刘福星　王　俊　秦颖滢*

摘　要： 中国城市文化消费指数以消费行为理论为基础，以统计年鉴数据为支撑，从文化消费需求、文化消费供给、文化消费结构、文化消费成本、文化消费环境五大维度构建中国城市文化消费指数，选取国内 37 个主要城市，以 2020 年数据为基础，全面测度我国主要城市文化消费水平，通过中国城市文化消费指数指标体系的各项具体指标和测度方法，可获得全面反映我国主要城市文化消费水平的综合指数。本文分析了这些城市文化消费发展情况及特征，最后提出中国城市文化消费的优化路径。

关键词： 文化供给　文化消费　指数构建

一　引言

近年来，中国人民物质生活水平和收入水平不断提升，居民消费结构重心正从商品性消费逐步转移到精神和文化消费，中国文化消费正式迈入高质量发展阶段，文化消费在人民群众追求美好生活的过程中变得越来越重要。构建以国内大循环为主体、国内国际双循环相互促进的新发展格局，激发国

---

* 刘福星，广东技术师范大学财经学院讲师，博士，研究方向为文化产业；王俊，广东技术师范大学财经学院研究生，研究方向为财经商贸；秦颖滢，广东技术师范大学财经学院本科生，研究方向为金融学。

内市场活力是必然要求，其支点在于扩大内需、促进消费，深入发掘我国居民文化消费潜力。作为消费的关键组成部分，文化消费需求正积聚着一种"倒逼"力量，这种力量正加快推进文化产业以及相关产业的发展，促进艺术创作与生产的兴旺繁荣。随着近年来经济社会的快速发展，我国文化消费不断提高，增长速度呈现不断加快的趋势。需要关注的是，虽然当前我国文化消费增幅显著，但是市场中的文化消费潜力，尤其是人民群众的文化消费潜力并没有得到有效释放，文化消费还有很大的上升空间。

城市不仅是经济财富的集聚地，同时也是区域精神生产和文化消费的中心。本报告选取中国 37 个主要城市，构建中国城市文化消费指标体系，测算和评价了 2020 年 37 个主要城市的文化消费情况，归纳总结了中国城市 2020 年文化消费的最新情况，为城市文化消费体系的强化和完善提供较为可靠的"可量化"的现实参考，并提出加快中国城市文化消费的对策建议，助力我国城市经济高质量发展。

二 城市文化消费指数体系构建

（一）指数体系构建

1. 理论基础

中国学界对文化消费的探讨主要开始于 20 世纪 80 年代。在最初的一段时间，精神层面的文化消费更加吸引学者的眼球。尹世杰等将文化消费看作社会化生产的重要环节，目的是满足人的需要。[①] 徐淳厚认为文化消费的存在是为了满足消费者的精神文化需求，满足这一需求的过程就是对文化产品或文化服务的占有、欣赏、享受和使用等的过程[②]。周刚志、王星星指出文化产品的使用价值主要是满足消费者的某种精神生活需要。随着学者们对文

[①] 尹世杰：《提高精神消费力与繁荣精神文化消费》，《湖南师范大学社会科学学报》1994 年第 6 期。

[②] 徐淳厚：《关于文化消费的几个问题》，《北京商学院学报》1997 年第 4 期。

化消费的关注与探讨，人们对于文化消费有了更深入的理解①。杨芃指出狭义的文化仅界定了文学和艺术等特定领域内的文化艺术产品和服务，而广义的文化是包含各种类型的精神文化类产品和服务。因此其也把教育活动、竞技比赛、网络娱乐、观光游玩等纳入文化消费的范围之中，文化消费不断进行吸收、凝聚、体验、融合，推陈出新，在消费过程中能形成一条具有潜在影响力的增值提升路径。随着时代的更迭与人类的发展，文化消费也不断发展变化，是一个不断创造与生成的过程②。

关于文化消费指数构建方面，近年来，云南省社会科学院王亚南等致力于文化消费需求景气评价的研究，自 2011 年以来其每年对全国各地的文化消费景气进行测量评价，并发布《中国文化消费需求景气评价报告》等③。尤其值得一提的是，其在 2012 年、2013 年发布的《中国中心城市文化消费需求景气评价报告》中运用"文化消费景气评价体系"，对各个城市的文化消费状况进行了测算。自 2013 年中国人民大学文化产业研究院接连 7 年发布"中国文化消费指数"④，其通过主流调研数据，从环境、意愿、能力、水平、满意度五个维度测度中国文化消费的发展。

从研究对象上看，上述研究多从全国层面或省级层面研究文化消费，从城市层面研究文化消费的文献较少，同时，文化消费指数体系构建涉及内容过于广泛或者需要大规模调研获取数据，持续性不足。本研究基于现有数据，借鉴关于文化消费的研究成果，选择全国主要城市作为分析样本，尝试构建城市文化消费指数体系，为文化消费研究提供新的视角。

2. 指标构建

本研究从文化消费需求、文化消费供给、文化消费结构、文化消费成本、文化消费环境五大维度构建中国城市文化消费指标体系。消费需求决定

---

① 周刚志、王星星：《"文化强国"目标下的文化产业政策导向与选择》，《湖南大学学报》（社会科学版）2022 年第 1 期。
② 杨芃：《文化消费影响因素研究述评》，《现代商业》2021 年第 35 期。
③ 王亚南等：《中国文化消费需求景气评价报告（2021）》，社会科学文献出版社，2021。
④ 王亚南等：《中国中心城市文化消费需求景气评价报告》，社会科学文献出版社，2012。

了消费结构,消费结构又对消费供给产生影响,消费供给进一步作用于消费成本,消费成本又是影响消费需求的重要变量;同时,消费环境作为城市文化消费的基础条件,对其他四大要素都具有不同程度的影响,具体逻辑链如图 1 所示。

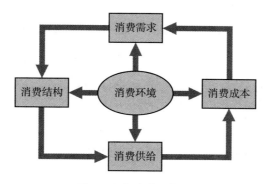

图1 文化消费逻辑链

文化消费需求主要反映了文化消费的现实和潜在能力,共设置消费水平和消费能力两个二级指标,消费水平代表现实的文化需求,消费能力代表潜在的文化需求。在文化消费水平方面,以城镇居民人均教育文化娱乐支出、城镇居民家庭人均文化消费支出占总消费支出比重两个指标衡量文化消费水平。体现文化消费最直接、最重要的指标就是人均文化消费水平,因此在绝对水平的意义上,本文以人均文化消费水平作为反映居民文化消费质量的一个维度。文化消费支出在总消费支出中的占比也是反映居民文化消费水平的重要指标,这体现人们在文化消费方面的偏好度,本文以城镇居民家庭人均文化消费支出占总消费支出的比重作为反映居民文化消费质量的一个维度。关于消费能力这个指标主要采用城镇居民人均全年可支配收入、文化消费占总收入比重以及常住人口来衡量。一般而言,文化消费支出水平总体上取决于可支配收入水平,人均文化消费水平与人均收入水平呈正相关,人均收入越高,文化消费支出就越高。

文化消费供给主要反映文化生产的能力,共设置要素供给和产业供给两个二级指标，要素供给主要是人力和资金供给，用文化、教育、体育和娱乐业从业人员，文化教育旅游体育与传媒支出表示。产业供给主要表现新增产值和供给主体文化企业实力，用文化产业增加值、A股文化传媒类上市企业数量、A股文化传媒类上市企业总市值表示。文化消费的一个重要特征是具有供给引领性，新的供给创造新的需求，文化消费始于需求端，终于供给侧，文化消费水平的衡量需考虑两个方面：一是消费能力，二是文化产品的供给。文化产品供给质量水平不但决定文化消费的经济层面，而且关系整个社会文化消费的价值取向。与此同时，文化消费又与文化企业的产品研发、创新水平、文化产品和服务的有效供给等方面息息相关。

文化消费结构反映文化消费的层次，共设置商品消费和服务消费两个二级指标，商品消费主要是耐用品消费，用每百户年末彩色电视机拥有量、每百户年末互联网移动电话拥有量表示。服务消费主要是精神文化消费，衡量指标主要有旅游总收入、在校学生数量、电影票房规模等。文化消费结构通常可以划分为基础型文化消费、享受型文化消费、发展型文化消费三种。后两种我们也称为精神文化消费，这在一定程度上反映了较高的文化消费层次。

文化消费成本反映文化消费的代价，文化消费成本与消费意愿通常成反比关系，这里只设置价格指数一个二级指标，本研究衡量文化消费的成本是通过教育文化和娱乐价格指数来进行。文化消费质量与价格指数是负相关的，价格指数越低，文化消费质量越高。支付成本后偏好的满足程度被视为文化消费与其他消费相似的特点，文化消费质量高最重要的体现在于，较低的成本和较高的回报代表更高的消费者剩余。

文化消费环境反映了城市文化消费的基础条件，共设置硬件环境和软件环境两个二级指标。在硬件环境方面，主要采用群众艺术馆、文化馆数量，博物馆、纪念馆及美术馆数量，公共图书馆数量以及公共图书馆藏书量表示；软件环境方面用消费满意度表示。公共文化设施是支撑整个城市文化消费的重要基础，丰富的公共基础设施能够为各城市文化产业创新发展成果提供强大的文化消费氛围，消费满意度高可以进一步促进文化消费软环境形成。

（二）数据说明

在开展城市文化消费发展指数比较研究中，基于数据的可靠性与可获得性，本研究数据大部分直接取自各城市统计年鉴，少部分数据例如比率等是通过对原始数据进行整理分析计算得到的，还有少数数据因为统计发布及统计口径问题，又根据城市经济社会发展趋势、文化发展实际情况以及所在省份文化消费情况进行修正，通过进一步计算处理得出。

通过参考关于城市文化消费的研究结果，借鉴以往有关数据指标建设方法，本课题通过对中国城市的文化消费指数进行综合研究分析，选择国内经济实力雄厚的城市和省会城市为代表，建立基于城市级别的文化消费评价指标体系，从文化消费需求、文化消费供给、文化消费结构、文化消费成本、文化消费环境等维度对比分析各城市文化消费发展情况。通过研究美国、英国和日本的文化消费统计方式，我们不难发现其都将教育、文化娱乐服务、文化娱乐用品和旅游等指标涵盖在文化消费统计内。国家和地方统计局编撰的《中国统计年鉴》，将人民生活消费支出分为食品烟酒、衣着、居住、生活用品及服务、交通通信、教育文化娱乐、医疗保健和其他用品及服务八大类。中国目前尚未对文化消费进行明确的统计分类。但是，教育文化娱乐消费通常被政府和学界广泛用作统计文化消费的重要指标。

本文所采用样本城市的相关数据均来自各城市 2020 年国民经济和社会发展统计公报、城市统计年鉴、中国电影市场年报、各城市本级政府预算决算报告、中国消费者协会发布的 100 个城市消费者满意度测评报告、东方财富网上市公司信息等。

由表 1 可知，样本城市在文化消费方面存在一定的差异，在消费需求、消费供给、消费结构、消费环境方面均表现出范围广、强度大、地区差异明显等特征，指标之间的差异较为明显，而消费成本指标的标准差均值差异较小，说明样本城市文化消费成本差异相对较小。

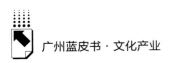

表1 指标描述性统计

一级指标	二级指标	基础指标	样本量	均值	标准差	极小值	极大值
消费需求	消费水平	城镇居民人均教育文化娱乐支出（元）	37	3358.66	1035.56	1524.00	6322.18
		城镇居民家庭人均文化消费支出占总消费支出的比重	37	0.10	0.02	0.07	0.16
	消费能力	城镇居民人均全年可支配收入（元）	37	52302.05	11707.64	36959.30	76437.00
		文化消费占总收入比重	37	0.06	0.02	0	0.11
		常住人口（万人）	37	1054.37	623.19	246.8	3208.93
消费供给	要素供给	文化、教育、体育和娱乐业从业人员（万人）	37	22.01	18.83	1.01	95.10
		文化教育旅游体育与传媒支出（亿元）	37	319.89	302.13	44.07	1363.40
	产业供给	文化产业增加值（亿元）	37	764.56	794.69	20.50	3779.66
		A股文化传媒类上市企业数量（个）	37	3.49	5.91	0.00	31.00
		A股文化传媒类上市企业总市值（亿元）	37	334.70	688.72	0.00	3341.00
消费结构	商品消费	每百户年末彩色电视机拥有量（台）	37	127.28	31.24	91.00	200.60
		每百户年末互联网移动电话拥有量（台）	37	230.81	30.62	104.90	290.00
	服务消费	旅游总收入（亿元）	37	1402.10	966.63	113.48	3506.22
		在校学生数量（万人）	37	206.01	149.51	36.99	842.00
		电影票房规模（亿元）	37	3.38	2.99	0.68	13.00
消费成本	价格指数	教育文化和娱乐价格指数	37	101.85	1.38	99.00	104.70
消费环境	硬件环境	群众艺术馆、文化馆数量（个）	37	13.27	6.44	5.00	41.00
		博物馆、纪念馆及美术馆数量（个）	37	48.65	43.15	2.00	197.00
		公共图书馆数量（个）	37	14.32	7.37	1.00	43.00
		公共图书馆藏书量（万册）	37	1574.34	1787.96	63.50	8091.75
	软件环境	消费满意度	37	79.11	4.16	69.48	86.67

（三）信度分析

针对本文研究内容，借鉴相关研究经验，选取比较常用的克朗巴哈 α 系数法对构建的中国城市文化消费指数指标体系进行信度测算，检验本文构建的指标体系存在的合理性。克朗巴哈 α 系数法用于测定体系内部的基础指标之间的一致性。参照克朗巴哈 α 系数测算方式，选择对 37 个样本城市 2020 年城市文化消费指标体系进行信度检验分析。具体步骤如下：首先，使用规范化方法对数据进行标准化处理，以保证数据在 0~1 变动；其次，利用 Stata 统计软件对标准化处理后的数据进行信度检验分析，得到信度检验测算结果。

表 2　信度系数

克朗巴哈 α 系数	基于标准化项的克朗巴哈 α 系数	指标项目数量
0.9064	0.9075	21

根据表 2 所示分析结果，本文构建的中国城市文化消费指数信度系数（克朗巴哈 α 系数）和基于标准化项的克朗巴哈 α 系数分别为 0.9064 和 0.9075，均在 0.9 以上。根据克朗巴哈 α 值的区间分布情况，可以认定本文构建的中国城市文化消费指数评价体系的内在信度是比较高的，测评结果具有较高的可靠性，即本文基于 37 个样本城市 2020 年相关数据构建的中国城市文化消费指标体系在统计上具有较强的合理性，基于此指标体系测算出的结果能够对中国城市文化消费情况进行很好的解释。

（四）权重计算

城市文化消费评价指标体系包括五个一级指标（消费需求、消费供给、消费结构、消费成本、消费环境）、9 个二级指标和 21 个三级指标。首先对指标进行无量纲化处理，根据各指标的权重和无量纲值，可进一步测算城市文化消费水平。

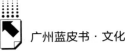

在权重计算方面，主要有两种方法。一种是德尔菲法，也称专家打分法。德尔菲法主要依据系统程序，采用匿名打分方式，是一种以主观分析手段为主的综合分析方法，主要是通过专家主观分析进行组合预测，其通常用于解决一些难以通过数学建模来解决的实际问题。这种方法具有广泛的代表性，适用范围广，不受数据的限制。但德尔菲法的缺点也非常明显：德尔菲法受专家因素的影响较大，专家自身知识、经验等主观因素很大程度上将影响权重的设置。另一种是熵值法，作为常用的客观赋权法，该方法意义明确且不受决策方案数及指标个数的限制，重要的是熵值法能显著反映出指标的区分能力，相较主观赋权德尔菲法具有较高的可信度和精确度，经由熵值法测算指标权重，评价结果具有较强的数学理论依据，不仅符合客观实际，而且规避了主观因素对分析结果的作用。但其无法综合指标与指标之间的相关性，如果缺乏业务经验的指导，权重可能失真，与此同时随着建模样本变化，测算权重会有一定的波动。

本研究将熵值法与德尔菲法结合，充分发挥两者的优势，一级指标需要结合专家经验和文化消费实际来构建，而基础指标分得比较细，权重比较难确定，故采用熵值法。根据熵值法和德尔菲法，结合37个样本城市2020年文化消费相关数据，将德尔菲法用以测算一级指标权重，熵值法则用来衡量基础指标权重，并在此基础上通过加和方式进一步求出二级指标权重，如表3所示。

表3　城市文化消费评价指标体系各级指标及权重

一级指标	二级指标	基础指标	基础指标权重
消费需求 (30.5151)	消费水平 (17.5056)	城镇居民人均教育文化娱乐支出(元)	12.274
		城镇居民家庭人均文化消费支出占总消费支出的比重(%)	5.2316
	消费能力 (13.0095)	城镇居民人均全年可支配收入(元)	6.503
		文化消费占总收入比重(%)	2.4894
		常住人口(万人)	4.0171
消费供给 (25.3729)	要素供给 (13.7788)	文化、教育、体育和娱乐业从业人员(万人)	4.651
		文化教育旅游体育与传媒支出(亿元)	9.1278

一级指标	二级指标	基础指标	基础指标权重
消费供给 (25.3729)	产业供给 (11.5941)	文化产业增加值(亿元)	8.0441
		A股文化传媒类上市企业数量(个)	1.173
		A股文化传媒类上市企业总市值(亿元)	2.377
消费结构 (19.878)	商品消费 (5.462)	每百户年末彩色电视机拥有量(台)	2.849
		每百户年末互联网移动电话拥有量(台)	2.613
	服务消费 (14.416)	旅游总收入(亿元)	6.215
		在校学生数量(万人)	4.326
		电影票房规模(亿元)	3.875
消费成本 (8.959)	价格指数 (8.959)	教育文化和娱乐价格指数	8.959
消费环境 (15.275)	硬件环境 (10.61)	群众艺术馆、文化馆数量(个)	2.696
		博物馆、纪念馆及美术馆数量(个)	3.791
		公共图书馆数量(个)	2.042
		公共图书馆藏书量(万册)	2.081
	软件环境 (4.665)	消费满意度	4.665

三 中国城市文化消费分析

(一)整体比较

通过对国内 37 个主要城市文化消费指数总体得分比较可以得出如下结论。

第一,我国 37 个主要城市文化消费指数总体得分大致可分为三个梯队:北京、上海两个城市的文化消费指数总体得分均在 60 分以上,且两大城市得分比较接近,同时还具备较为显著的领先优势,为第一梯队;广州、苏州、南京、深圳、长沙、重庆、杭州、成都、武汉、无锡、宁波、佛山、济南、青岛、西安、天津等十六个城市的总体得分均在 30~55 分之间,为第二梯队;合肥、郑州、沈阳、昆明、东莞、厦门、南昌、长春、哈尔滨、大连、福州、贵阳、银川、太原、西宁、海口、兰州、呼和浩特、石家庄等十九个城市的总体得分在15~30分之间，为第三梯队（见图2）。

第二，我国37个主要城市文化消费水平整体呈现城市间得分差距随排名后移而逐渐缩小的态势。从第一梯队城市文化消费水平看，上海（66.12分）、北京（65.78分）居第一梯队，是样本城市中文化消费水平最高的城市，具备绝对的领先优势，且与第二梯队的差距较大。从第二梯队城市文化消费水平来看，广州（53.40分）居于第二梯队首位，苏州（51.58分）、南京（50.83分）、深圳（49.95分）、长沙（49.59分）、重庆（48.83）、杭州（48.60分）居于第二梯队前部，其得分较为接近，与成都（43.95分）、武汉（38.46分）、无锡（38.45分）、宁波（34.76分）、佛山（34.51分）、济南（32.62分）、青岛（32.34分）、西安（30.41分）、天津（30.05分）相比存在一定的比较优势。从第三梯队城市文化消费水平来看，合肥（27.62分）居于第三梯队首位，郑州（27.08分）、沈阳（26.66分）、昆明（26.31分）、东莞（25.37分）、厦门（25.20分）、南昌（24.72分）的得分相近，且均高于第三梯队得分均值。

第三，从构成文化消费评价指标体系的一级指标看，各梯队城市在文化消费成本上的差异相对较小，文化消费需求、文化消费供给、文化消费结构、文化消费环境存在较大差异，是造成各大城市综合得分差异较大的主要原因。在文化消费供给、文化消费结构、文化消费环境方面，第一梯队城市表现尤为突出，领先优势凸显，是决定第一梯队城市文化消费水平较高的关键性因素。在文化消费需求方面，第二梯队城市与第一梯队城市之间的差距较小，部分城市甚至高于第一梯队城市。在文化消费成本方面，各梯队城市间的差距大致相同（见图3）。

（二）分项指标比较

1. 文化消费需求

文化消费需求表现出较强的南北差异，南方特别是长三角和珠三角

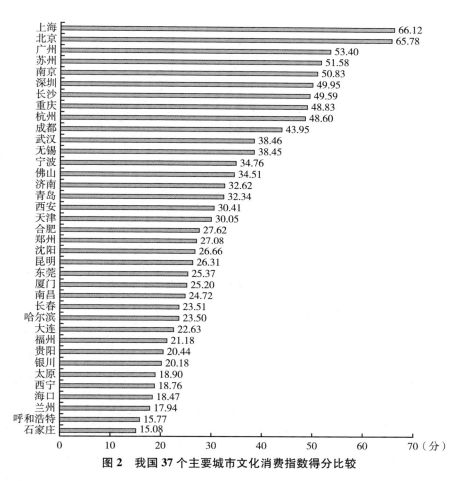

图2 我国37个主要城市文化消费指数得分比较

地区城市表现较好，长沙（24.49分）、南京（23.48分）、苏州（21.64分）、无锡（19.34分）、广州（18.78分）、上海（17.43分）位于样本城市前列（见图4），且文化消费需求得分均超过了17分，与排名靠后的城市相比具有较大的领先优势，长沙、南京、苏州、无锡在文化消费水平和消费能力方面都有较好的表现，特别是在文化消费水平方面有比较突出的表现，可能与其拥有较好的经济基础和良好的文教环境相关，广州、上海在消费水平和消费能力两方面则表现相对均衡，均位于样本城市上游水平。北方众多城市在该指标上得分表现相对不佳。

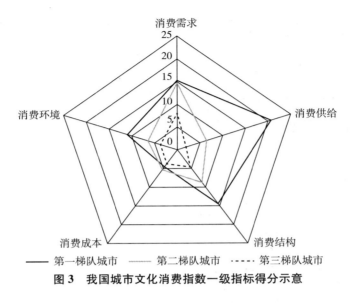

图 3 我国城市文化消费指数一级指标得分示意

（1）消费水平

从消费水平来看，长沙（17.51 分）、南京（15.87 分）、苏州（13.37 分）、无锡（12.70 分）、昆明（12.19 分）、广州（10.33 分）等城市表现较好，与其他城市相比具备较大的领先优势。人均文化消费额以及在总消费中的比重较高是上述城市基础指标获得高分的关键。长沙、南京、苏州、无锡虽然经济基础、消费规模不及一线城市，但是其文教环境有较好历史传承，他们文化消费水平较高，人均文化消费支出超过 5000 元，文化消费占总消费比重也达到 10% 以上，南京、长沙达到 16%，皆高于一线城市。一线城市中人均文化消费支出最高的为广州（4716 元），文化消费占总消费比重达到 11% 以上（见图 5）。

（2）消费能力

从消费能力来看，各梯队城市消费能力指标层次性特征较为明显，上海（10.03 分）、北京（9.07 分）、广州（8.45 分）、苏州（8.27 分）、南京（7.61 分）、深圳（7.33 分）、杭州（7.07 分）与其他样本城市相比具有较强的比较优势（见图 6），因为消费能力与城市收入水平和消费规模有密切

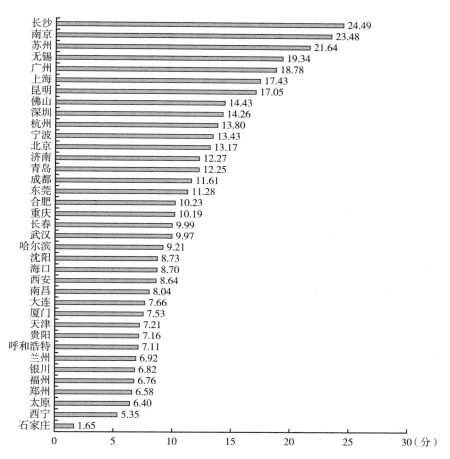

图4 我国主要城市文化消费指数一级指标文化消费需求得分情况

关系。从构成的基础指标看，上述城市虽然在人均可支配收入和人口规模方面具有领先优势，但在文化消费占人均可支配收入比重方面与其他城市存在差距；北京、上海、广州、深圳虽然在人均可支配收入方面较高，但是文化消费占人均可支配收入比重较低。

2.文化消费供给

从文化消费供给维度看，北京（25.37分）、上海（16.01分）、深圳（14.01分）、广州（11.64分）、重庆（10.81分）位于样本城市前列，且文化消费供给得分均超过了10分，杭州（9.68分）、成都（8.40分）排名

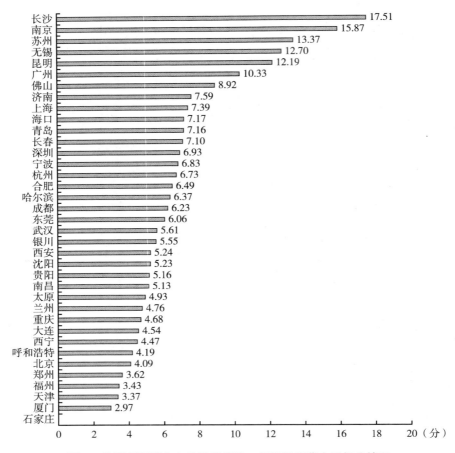

长沙 17.51
南京 15.87
苏州 13.37
无锡 12.70
昆明 12.19
广州 10.33
佛山 8.92
济南 7.59
上海 7.39
海口 7.17
青岛 7.16
长春 7.10
深圳 6.93
宁波 6.83
杭州 6.73
合肥 6.49
哈尔滨 6.37
成都 6.23
东莞 6.06
武汉 5.61
银川 5.55
西安 5.24
沈阳 5.23
贵阳 5.16
南昌 5.13
太原 4.93
兰州 4.76
重庆 4.68
大连 4.54
西宁 4.47
呼和浩特 4.19
北京 4.09
郑州 3.62
福州 3.43
天津 3.37
厦门 2.97
石家庄

0 2 4 6 8 10 12 14 16 18 20（分）

图5 我国主要城市文化消费指数二级指标消费水平得分情况

居于以上五市之后，但与后面样本城市相比仍有较大的优势（见图7）。从样本城市得分表现看，较高的要素供给水平和产业供给水平是排名前列城市文化消费供给指标得分高的主要因素，重庆、天津、西安、东莞等城市有较好的要素供给，但产业供给水平较低；杭州、长沙、宁波等城市则有较好的产业供给，但要素供给处于中等水平，其他城市则比较均衡。

（1）要素供给

从要素供给得分情况看，北京、上海、重庆、深圳、广州五大城市在要素供给方面占据绝对的领先优势，北京（13.78分）居样本城市首位，与上

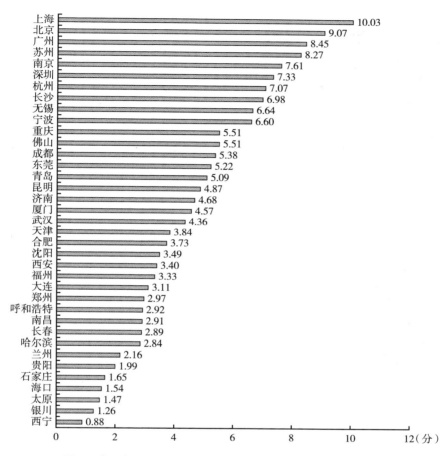

图 6 我国主要城市文化消费指数二级指标消费能力得分情况

海、重庆、深圳、广州相比，领先优势较为突出（见图 8）。从文化、教育、体育和娱乐业从业人员来看，前五大城市从业人员都在 40 万人以上，具有绝对的数量优势，其他梯队城市除成都（41.41 万人）、西安（38.22 万人）外，规模都较小。从文化教育旅游体育与传媒支出看，各梯队城市之间差异较大，前五大城市的支出保持在 600 亿元以上水平，北京、上海更是高达千亿元水平，其他城市除天津（476.92 亿元）外，都处于 400 亿元以下水平。

（2）产业供给

产业供给方面，北京、上海、杭州、深圳、广州、成都位居样本城市前

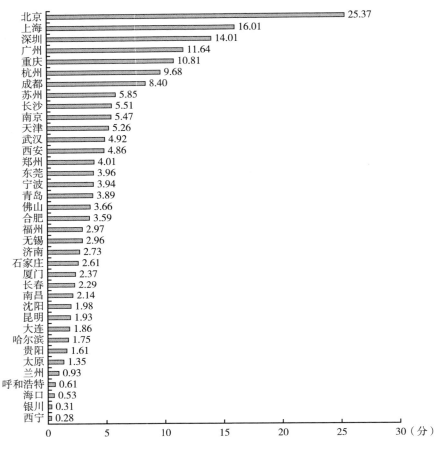

图7 我国主要城市文化消费指数一级指标文化消费供给得分情况

列，杭州表现较为突出（见图9）。从文化产业增加值来看，样本城市间存在较大的差异，上海、北京、深圳、广州、苏州、成都、杭州已达到千亿元水平，重庆、武汉、南京也接近千亿元，其他城市则远低于千亿元。从 A 股文化传媒类上市企业数量来看，上海、北京、深圳、广州、杭州拥有较多的文化传媒上市公司，都在 10 家以上，北京更是达到 31 家，而其他城市数量则在个位数；从 A 股文化传媒类上市企业总市值来看，北京、广州、长沙总市值达到千亿级，上海、杭州总市值也接近千亿级，其他城市则都在500 亿元以下。

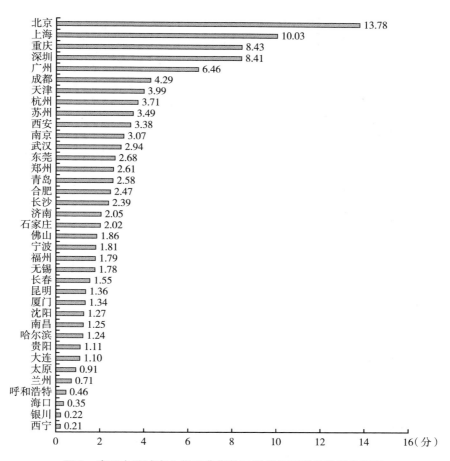

图 8　我国主要城市文化消费指数二级指标要素供给得分情况

3. 文化消费结构

从文化消费结构维度看，上海（16.57 分）位居样本城市第一，与其他样本城市相比具备绝对的领先优势，其后依次是重庆（13.74 分）、成都（12.33 分）、北京（12.31 分）、杭州（12.15 分）、广州（11.03 分）、深圳（10.88 分）、武汉（10.09 分），且文化消费结构得分均超过了 10 分，具备一定的比较优势（见图 10）。郑州、苏州、南京、宁波、长沙、西安紧随其后，也都在 7 分以上。从样本城市得分表现看，高水平的服务消费是以上城市得分较高的关键。部分城市还表现出商品消费和服务消费不对称的特点，例如苏

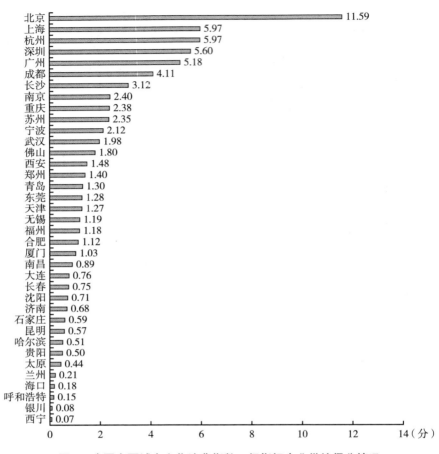

图9 我国主要城市文化消费指数二级指标产业供给得分情况

州、东莞、宁波、无锡等城市在商品消费上占据一定的比较优势，但在服务消费领域表现不佳；重庆、北京、广州、郑州、武汉、西安等城市则在服务消费上具备比较优势，在商品消费领域表现不佳。深圳、杭州、成都、上海等城市则在服务消费与商品消费领域表现得比较均衡。

（1）商品消费

从商品消费得分情况看，各大城市差异较小，苏州、东莞、杭州、深圳、宁波、无锡六大城市在商品消费方面占据一定的领先优势，成都、上海、南京、佛山、福州等城市紧随其后（见图11）。从每百户年末彩色电视

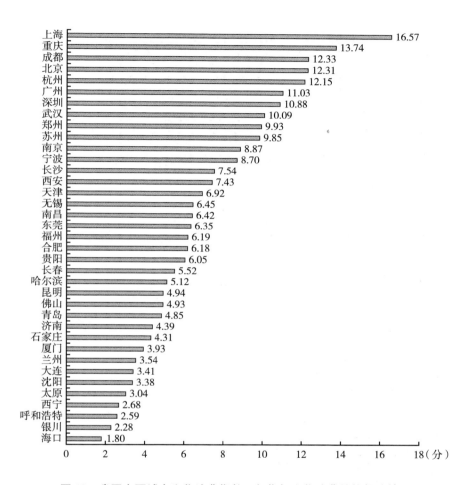

图 10　我国主要城市文化消费指数一级指标文化消费结构得分情况

机拥有量和每百户年末互联网移动电话拥有量来看，城市与城市之间差异相对较小，城镇居民家庭平均每百户拥有彩色电视机数量在 100 台上下浮动，每百户互联网移动电话数量则在 200 台上下波动。

（2）服务消费

服务消费方面，上海、重庆、北京位居样本城市前列，领先优势较为突出（见图 12）。从旅游总收入来看，样本城市间存在较大的差异，上海、北京、广州、重庆、苏州、成都、杭州、武汉已达到两千亿级水平，深圳、南

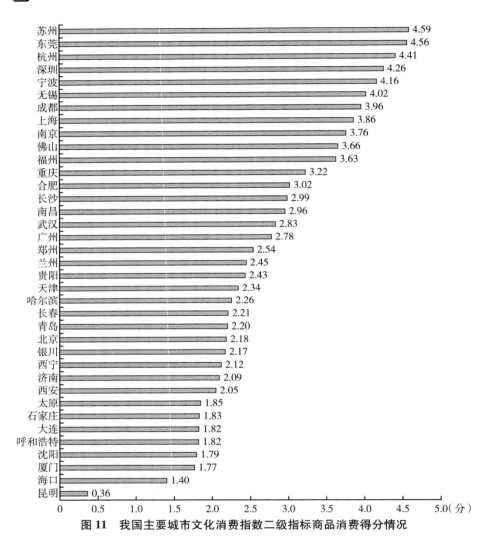

图11 我国主要城市文化消费指数二级指标商品消费得分情况

京、天津、宁波、青岛、无锡、长沙、郑州、西安、昆明、长春等城市也达到千亿级，其他城市则在千亿元以下。在校学生是城市文化教育消费的重要主体，从在校学生数量来看，上海、北京、广州、重庆达到300万以上水平，上海更是高达800万以上。从电影票房规模来看，仅有北京票房达到10亿元以上，深圳、广州、成都在6亿元以上，其他城市水平则相对较低。

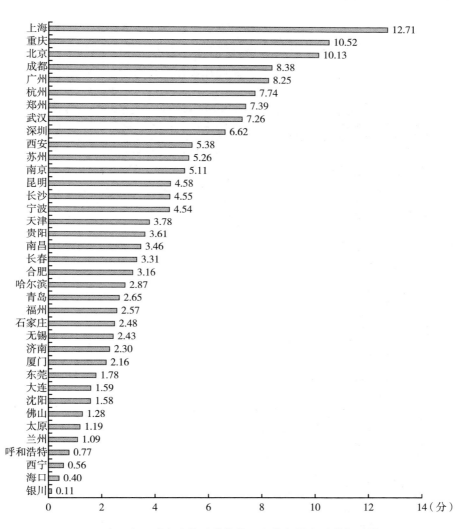

图 12　我国主要城市文化消费指数二级指标服务消费得分情况

4. 文化消费成本

文化消费成本虽然在文化消费指数中权重较小，但其在文化消费中同样发挥重要作用。从文化消费成本维度看，城市之间差异较小，长沙（8.96分）、苏州（8.02分）、济南（8.02分）、武汉（7.54分）、佛山（7.39分）五市位于样本城市前列，且文化消费成本得分均超过了7分，西宁、沈阳、大连、银川、广州、厦门、上海、南京等城市紧随其后（见图13）。从教育文化和娱乐价格指数来看，各大城市价格指数差异不大，长沙、苏州、济南、武汉价格指数在100以下，价格指数较高的如福州、东莞，在104以上。

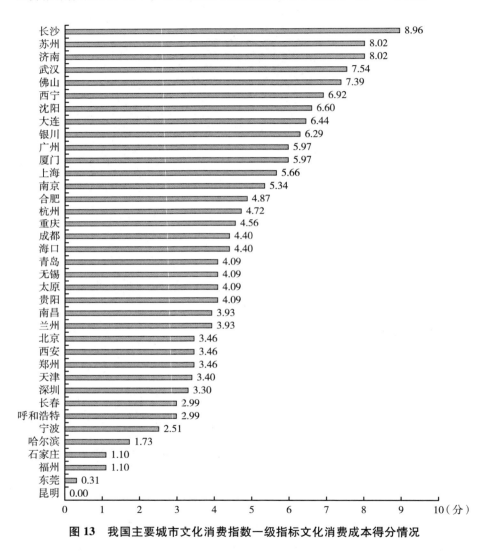

图13 我国主要城市文化消费指数一级指标文化消费成本得分情况

5.文化消费环境

从文化消费环境维度看，各大城市得分层次化特征比较明显，北京、上海、重庆、杭州位于样本城市前列，且文化消费环境得分均超过了8分，南京、深圳、青岛、天津、成都紧随其后，也达到了7分以上水平（见图14）。从样本城市得分表现看，较好的硬件环境是排名前列城市文化消费环境指标得分高的主要因素，同样其软件环境也发挥了重要作用。另外，部分

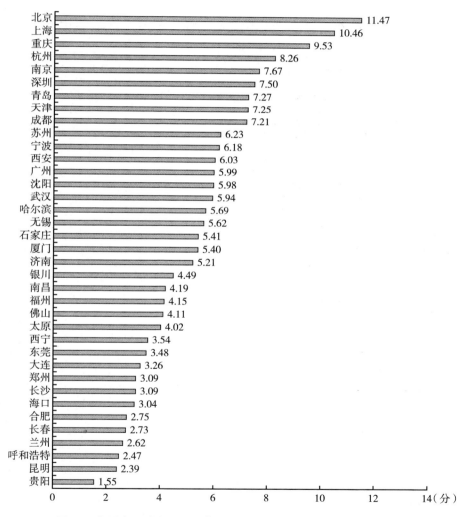

图14 我国主要城市文化消费指数一级指标文化消费环境得分情况

205

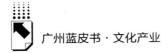
城市还表现出硬件环境和软件环境不对称的特点，例如北京、重庆、深圳、天津、西安、广州等城市在硬件环境上占据一定的比较优势，但在软件环境上表现不佳；南京、厦门、青岛、苏州、无锡、济南等城市则在软件环境上具备比较优势，在硬件环境上表现不佳。

（1）硬件环境

从硬件环境得分情况看，各大城市存在较大差异，北京、重庆、上海三

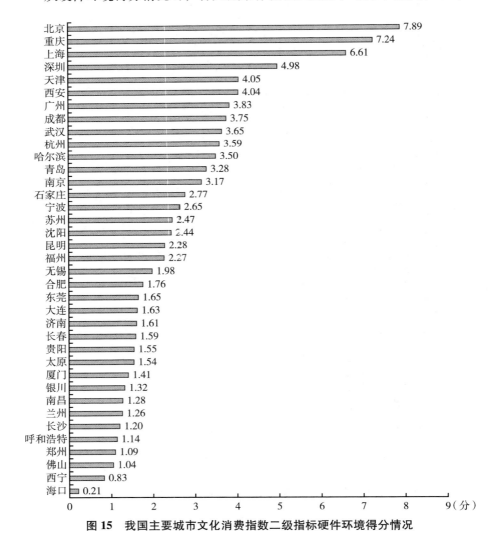

图15 我国主要城市文化消费指数二级指标硬件环境得分情况

大城市在硬件环境方面占据一定的领先优势，深圳、天津、西安、广州等城市紧随其后（见图15）。从群众艺术馆、文化馆和公共图书馆数量来看，城市与城市之间差异相对较小，各城市都在15座左右；从博物馆、纪念馆及美术馆数量来看，城市与城市之间差异相对较大，上海、北京、苏州、青岛、西安等城市资源较多，都在100座以上；从公共图书馆藏书量来看，上海、北京、深圳、广州藏书量较为丰富，均达到3000万册以上。

（2）软件环境

软件环境方面，杭州、南京、厦门、青岛、上海位居样本城市前列（见图16）。根据中国消费者协会《2020年100个城市消费者满意度测评报告》，本文以消费者满意度反映文化消费的软件环境。从消费者满意度来看，得分最高为86.67分（杭州市），最低为69.48分（贵阳市），测评得分排名前列城市依次为：杭州市（86.67分）、南京市（86.08分）、厦门市（84.20分）、青岛市（84.17分）、上海市（83.65分）、苏州市（83.35分）、无锡市（82.86分）；① 从地域分布来看，主要为长三角城市。

四 促进城市文化消费的对策及建议

（一）激发文化消费需求，挖掘居民文化消费潜力

1. 深化收入分配体制改革，提升居民文化消费能力。改革收入分配政策，通过提高居民收入水平和改善收入结构，提高绝大多数劳动者的可支配收入，从而提高文化消费支出在可支配收入中的占比。

2. 进一步完善社会保障制度。积极实行"民生工程"，提高中低收入人群可支配收入，从而提升民众的文化消费水平。同时，政府或相关部门要进一步减少群众的医疗、养老、住房、教育等必要性支出，建立

---

① 本文的分数是无量纲化之前的分数，是原始数据分析。图16中的数据是无量纲化后加权数据。

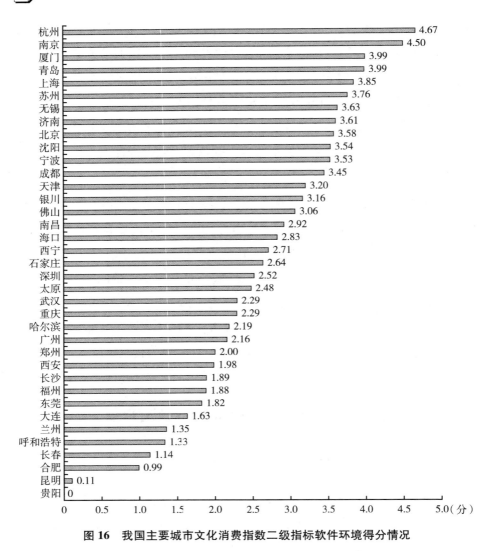

图 16　我国主要城市文化消费指数二级指标软件环境得分情况

健全社会保障机制。实行"文化消费补贴工程""财政购买公共文化产品项目"和"市民文化消费工程"等政策方案,对所有家庭的基本文化消费进行适当的补贴资助。落实"文化低保"政策,确保弱势群体文化消费。

3. 进行社会主义核心价值体系建设,全面提高市民道德素质,丰富人民精神文化生活，积极引导群众文化消费，通过舆论传播合理的文化消费观念，增强文化消费者的审美能力，使更多人重视精神领域的追求，激发市民文化消费意愿。积极引导大众在文化活动参与过程中实现自我提升与自我完善，逐步提高居民文化消费品位。

（二）增加文化消费供给，满足居民美好生活需要

1. 进一步发掘优秀传统文化资源，激励创作生产更多与市场需求相适应、满足现代消费需求的优秀文化创意产品。持续促进特色文化产业发展壮大，鼓励发掘具有地域特色和民族风情的文化产品和服务，完善健全文化产品和服务供给结构等。

2. 加大文化产业人才扶持政策供给，完善文化精品创作激励机制。通过设立专项文化产业创新发展奖励基金等方法，激励文化科技创新人才、文化创意创作人才、文化经营管理人才和团队不断创新，为市场提供优质的文化产品及服务。积极指引、鼓励企业培育更多的"工匠"，制造产出更多文化精品，满足群众不断增长的文化需求。

3. 培育文化市场多元主体，促进政府、市场、民间组织多元化文化供给，增加优质新型文化创新性产品和生活服务的有效供给，满足不同群体不断升级以及多样化的文化消费需求。

4. 大力培养文化创作品牌，提高文化企业创新实力。从文化产品及服务增品种、提品质、创品牌等多方面推动居民文化消费升级，实现以文化供给数量和品种的扩大与增加来促进居民文化消费层次升级，以高品质、好品牌文化供给推动文化消费结构优化和群众满意度提升的目标。

（三）优化文化消费结构，推动居民文化消费升级

1. 以文化需求为侧重点完善健全文化产品供给结构，以显性消费需求扩展群众文化消费市场，在稳固传统文化消费市场的同时，促进服务性文化产业跨越式发展，加紧推动文化创意、新闻传媒、文化休闲娱乐、教育培训、网络服务等行业发展，增强优质文化产品的供给能力。

2. 培育新兴文化业态。把握住科技进步的关键机会，积极培育新型文化业态。鼓励利用5G、超高清、增强现实、虚拟现实、人工智能等高新技术，进一步发展数字文化产业，支持发展壮大网络音乐、网络游戏、网络演艺、网络文艺等新兴文化消费模式，挖掘新一代沉浸式体验型文化消费内容。通过不断推进业态交融，不断丰富文化消费新热点、新模式，促进居民文化消费升级。激励高层次的知识型、发展型、智能型文化消费发展。

3. 要加快文化产业转型升级。促进"文化+"战略的实施，把文化创意加入各行各业，更新文创产品、文化体验，拓宽文化消费空间，积极发展"文化+"旅游、康体、养老等文化产品。加强文化产业集聚区建设，积极帮扶小微文化企业发展。着力促进"文化+"模式发展和壮大，推动文化产业与信息、教育、体育和旅游等关联性较强产业之间合作发展。

（四）降低文化消费成本，促进居民消费能力提升

1. 支持文化消费服务平台建设，创建文化消费智能综合服务平台，构建网络信息服务平台，打造集政策查询、消费信息资讯、消费指南、商品采购、积分置换、产品与服务定制、消费补贴发放、文化消费数据采集等多种功能于一体的文化消费平台，为居民提供一站式服务。

2. 完善文化惠民政策。在微观方面，政府需要充分利用资金杠杆调控文化消费市场，通过资金倒逼等方式调节。在宏观层面，充分利用财政、税收等政策合理调节、引导文化产品的生产及价格趋于大众化，采取差别定价、票价补贴等多种方式，减少城镇居民文化消费的成本，推动文化产品趋向于大众化消费。

3. 积极发展文化金融。强化与银行、保险、租赁、典当、担保、基金等机构合作，创建文化与资本对接、与科技融合的综合性服务平台。不断拓展本地文化企业的融资途径，有效降低企业的融资成本。

4. 降低文化供给企业成本，提高企业生产效率。从文化投融资、产品研发、成果转化、量化生产、市场营销的全产业链环节，切实有效地降低文化供给企业的成本，提高企业生产效率。

（五）改善文化消费环境，保障文化消费质量

1. 进一步完善公共文化服务体系建设，加大对公共文化产品和文化服务的支持力度

政府要加强文化基础设施建设，尤其要加强以博物馆、文化馆、图书馆、艺术馆、演艺中心、文化广场和城市文化综合体为主体的城市文化基础设施建设，打造富有地方特色和体验感的文化场景。

2. 改善本地文化消费环境，扩大消费需求对文化的引领效应

政府要不断优化文化消费环境，制定并严格实施文化生产和服务标准，建立健全文化市场信用监管机制，营造安全可信的消费环境。指引全民参与公共文化服务，积极激励有条件的城市以购物节、旅游节、影视节、动漫节、读书季、时装周等活动为载体，运用市场手段提高各类文化活动的质量和水平，更好地带动城乡居民文化消费，激发市民创造力和消费能力。

3. 开拓文化消费新空间

加快商圈的升级改造，建设文化时尚中心、消费体验中心等新型消费载体，充分发掘居民消费潜力。引进"图书馆+文创""图书馆+书店""图书馆+休闲吧"等新型模式，引进创客空间、艺术展览、教育培训等创新性项目，把文化消费场所融入居民生活区，连片布局，建设特色鲜明、产品及服务价格合理、混业经营、亲民便民的中小型综合文化消费场所。

4. 发展夜间经济，打造夜间文化消费新业态

根据本地资源实际情况，运用先进技术，开发特色景点，打造独特的夜游景观和品牌，丰富夜间文化生活打造深夜书房，举办话剧、音乐剧、文化集市等文化活动，营造富有地方感和体验性的文化场景。

参考文献

金元浦：《文化消费评测指数体系的设计及其说明》，《文化产业导刊》2020 年第

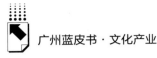

1 期。

陈希琳：《文化消费　扩大内需新引擎——文化消费是消费更是传承》，《经济》2015 年第 4 期。

陈刚、莫佳雯：《广州与我国主要城市文化产业创新发展比较分析》，载于《广州文化产业发展报告（2020）》，社会科学文献出版社，2020。

何昀、谢迟、毛中根：《文化消费质量：内涵刻画、描述性评价与现状测度》，《财经理论与实践》2016 年第 5 期。

杨晓光：《关于文化消费的理论探讨》，《山东社会科学》2006 年第 3 期。

范周、齐骥：《中国城市文化消费报告》，社会科学文献出版社，2010。

李惠芬、付启元：《城市文化消费比较研究》，《南京社会科学》2013 年第 4 期。

昝胜锋：《区域中心城市文化消费比较研究》，《文化产业研究》2016 年第 1 期。

王亚南、祁述裕、刘婷等：《中国城镇文化消费需求景气评价报告》，社会科学文献出版社，2012。

张颖：《提升我国居民文化消费水平的政策建议》，《经济研究导刊》2013 年第 20 期。

王晨：《以供给侧改革切实促进文化消费》，江苏智库网，http：//www. jsthinktank. com／。

B.11
我国九大国家中心城市文化产品
供给能力比较分析

杨代友　陈　荣　刘雅颖*

摘　要： 高品质文化产品生产和供给是实现文化产业高质量发展的重要支撑。九大国家中心城市是全国城镇体系的核心城市，客观分析其文化产品供给能力对于提升国内城市文化产品供给水平、实现文化产业高质量发展具有重要指导意义。本研究以九大国家中心城市为研究对象，从文化设施、文化投入、文化产出和文化交流四个维度构建城市文化产品供给能力评价指标体系，比较评价了九大国家中心城市文化产品供给能力水平。研究发现，九大国家中心城市文化产品供给能力总体指数得分呈现显著的分梯队现象，并且各城市文化产品供给能力发展各有优势与不足。在此基础上，本文客观分析影响城市文化产品供给能力的重要因素，并提出提升广州文化产品供给能力的对策建议。

关键词： 文化产品　供给能力　文化产业

习近平总书记强调："要推动文化产业高质量发展，以高质量文化供给增强人们的文化获得感、幸福感。"高品质文化产品生产和供给是实现文化产业高质量发展的重要支撑，是保证城市文化产业和人们文化生活高质量发

---

* 杨代友，广州市社会科学院现代产业研究所所长，研究员、博士，研究方向为产业经济、城市经济；陈荣，广州市社会科学院文化产业研究中心助理研究员，研究方向为产业经济、文化经济；刘雅颖，广州市社会科学院现代产业研究所研究助理，研究方向为产业经济、文化经济。

展的前提，是实现国民经济转型升级和提质增效的基石。繁荣发展文化产业，不断增加优质文化产品和服务的有效供给，以高质量文化供给满足人民群众的美好生活需要，对于显著提升人民群众文化需求的获得感和幸福感、推进社会主义文化强国建设具有重要战略意义。

自 2007 年《全国城镇体系规划（2006—2020 年）》首次提出"国家中心城市"以来，北京、天津、上海、广州、重庆、成都、武汉、郑州、西安九个城市先后被确定为国家中心城市。九大国家中心城市是全国城镇体系中的核心城市，代表我国城市发展的最高水平，对推动区域经济发展具有突出的辐射带动作用。它们在文化产业方面具备突出优势和潜力，自身文化产业发展势头良好，已然是全国或某一区域的文化中心，其文化产业高质量发展能够辐射带动、创新引领国内其他城市发展。北京和天津对环渤海地区，上海和广州对长三角、珠三角为主的东南部沿海地区，成都和重庆对西部、长江上游区域，武汉和郑州对"中部崛起"区域，西安对西北部区域的文化及相关产业具有较强的正面带动作用。在新发展阶段，文化产业发展迎来了新的机遇和挑战，九大国家中心城市作为国内最具有代表性的城市，对其文化产品供给能力进行综合分析评价，不仅有利于深刻把握文化产业发展态势、提升国家中心城市建设水平，对于提升国内城市文化产品供给能力水平、实现文化产业高质量发展具有重要指导意义，还有助于推动文化产业在服务国家重大战略、培育新的经济增长点、促进文化强国建设中发挥更大作用。

鉴于此，本研究尝试构建城市文化产品供给能力评价指标体系，比较评价九大国家中心城市文化产品供给能力的优势与不足，客观分析影响城市文化产品供给能力的重要因素，并提出提高广州城市文化产品供给能力的有效途径。

一 相关研究回顾

（一）国外研究

国外对于公共文化产品供给的研究可以追溯至公共产品的研究。美国经济学家 Samuelson 认为政府是提供公共产品与服务的最佳主体，因为公共产品具有效用的不可分割性、消费的非竞争性以及受益的非排他性。他在 1954 年提出：
"每个人对纯粹的公共产品的消费不会导致他人对该种产品消费的减少①"。

20 世纪 70 年代，公共选择学派兴起。代表人物 Buchanan② 提出"政府失灵论"并反驳了"政府是提供公共产品与服务的最佳主体"这一观点，并主张根据提供的公共产品或服务的类型，在私人企业、非营利机构或政府机构等社会组织中选择适当的主体负责提供公共产品。Osborne 和 Gaebler 进一步提出"企业家政府"模式，将"顾客关系"的概念引入公共管理实践中，以公民需求和市场为导向提供公共产品③。20 世纪 80 年代，英国政府开始采用私营融资（Private Finance Initiative，PFI）模式提供公共产品与服务，随后逐渐向政府与社会资本合作（Public-Private-Partnership，PPP）模式发展。E. S. 萨瓦斯④认为 PPP 模式能够使政府、社会和企业三者合作并延伸各自的职责，提升公共产品或服务供给的效果。

（二）国内研究

国内学者关于公共文化产品供给的研究多从我国实际国情出发，研究重点集中，极具中国特色。一是关于地区农村公共文化产品供给的调查与分析。王东等⑤基于对豫西农村的田野调查，认为当前政府的公共文化产品供给方式未能满足村民的文化需求，形成供需错位；张天学等⑥总结了我国农村公共文化产品供给的制度变迁，认为我国农村公共文化产品供给存在政府

---

① Samuelson P. A., The Pure Theory of Public Expenditure ［J］. *Review of Economics and Statistics*, 1954, 36（4）：387-389.

② 詹姆斯·M. 布坎南、戈登·塔洛克：《同意的计算：立宪民主的逻辑基础》，陈光金译，中国社会科学出版社，2000。

③ Osborne D., Gaebler T., *Reinventing Government：How the Entrepreneurial Spirit is Transforming Government* ［M］. Massachusetts：Reading Mass. Adison Wesley Public Comp, 1992：97-99.

④ 萨瓦斯：《民营化与公私部门的伙伴关系：推动政府和社会资本合作》，周志忍等译，中国人民大学出版社，2015。

⑤ 王东、许亚静：《供需错位：社会关系视角下农村公共文化产品供给问题研究——基于豫西 J 村的田野观察》，《图书馆》2019 年第 12 期。

⑥ 张天学、阚培佩：《我国现行农村公共文化产品供给的制度困境与对策》，《理论月刊》2011 年第 5 期。

错位和职能缺位的问题。二是关于公共文化服务体系的构建，重点探讨政府在其中的角色与职能。如眭党臣等①认为政府是构建公共文化服务体系、提高公共文化产品供给能力的核心主体，应通过完善财政政策来加强公共文化服务体系建设；王璐璐等②从文化产品的公共产品属性出发，提出政府对于不同种类的公共文化产品应采取引导、宏观调控等不同的管理手段。三是对于公共文化产品供给的不同模式的研究。关桂霞③以青海藏区为例，探讨了由政府、市场、民间组织等不同主体主导的公共文化产品和服务供给多元化模式；李少惠等④则分析服务型政府背景下非政府组织参与西部农村公共文化产品供给的优势、现状及困境，并认为非政府组织与政府的互动合作模式能够同时避免市场失灵与政府失灵。四是通过深入剖析公共文化产品提出提供公共文化产品的优化路径。鲍金⑤认为现代文化生产可产出文化商品与公共文化产品两类，两者共同促进文化的发展与繁荣；罗立仪⑥通过论述文化产品有效供给的效率维、效果维、效益维等多维特征，提出在政府层面、产业层面以及企业层面提高文化产品有效供给的举措。五是关于具体的公共文化产品供给的内容与形式创新。如柯平等⑦以公共图书馆作为研究对象，分析文化产品供应者与其他供应者、生产者的关系，得出图书馆是居民获取公共

---

① 眭党臣、李盼、师贞茹：《完善公共文化服务体系的财政政策研究》，《上海管理科学》2012 年第 34 期。

② 王璐璐、曾元祥、许洁：《论文化产品的公共产品属性——兼谈文化产品生产中的政府职能》，《出版科学》2014 年第 22 期。

③ 关桂霞：《青海藏区公共文化产品和服务供给多元化模式探讨》，《青海社会科学》2018 年第 1 期。

④ 李少惠、穆朝晖：《非政府组织参与西部农村公共文化产品供给的路径分析》，《四川师范大学学报》（社会科学版）2010 年第 37 期。

⑤ 鲍金：《文化的商品与公共产品特性——兼与王晓升教授商榷》，《哲学动态》2008 年第 9 期。

⑥ 罗立仪：《论文化产品有效供给的内涵、特征及改善措施》，《莆田学院学报》2016 年第 23 期。

⑦ 柯平、詹越：《基于群落生态原理的公共文化服务体系中公共图书馆定位研究》，《图书馆论坛》2008 年第 28 期。

文化产品的重要途径的结论；董耀鹏[①]认为，与书法、美术、舞蹈等活动相比，当前基层文化馆较少开展曲艺活动，未能有效提供曲艺类公共文化产品。

综上所述，国内外对于公共文化产品供给的研究各有特色：国外研究较为关注公共文化产品供给的多元主体及方式；国内学者则立足于我国当前公共文化产品供给的现实问题，如各地农村公共文化产品供需错位、政府文化管理职能履行不足、公共文化产品供给多元模式探索等，致力于得出解决方案，以提高我国公共文化产品供给的质量与效率。现有研究中，较少直接探讨城市的文化产品供给能力。国家中心城市作为国家层面的规划，在增强我国国际竞争力和文化软实力上发挥着龙头带动作用，能够更好地引领和促进各大城市群、区域高质量发展。因此，客观分析九大国家中心城市的公共文化产品供给能力，探究各城市公共文化产品供给的效果及其产生的影响，对推动国家中心城市高质量发展具有重要意义。

二　城市文化产品供给能力的评价方法和测算过程

（一）文化产品供给能力的评价模型

有关城市文化产品供给能力评价指标体系建设方面的理论综述，包括文化产品供给能力的内涵、文化产品供给的特征及指标选择等内容，笔者在另一篇文章《粤港澳大湾区城市文化产品供给能力比较研究》[②] 中已经进行较为详细的总结和介绍，本研究就不再赘述。

在样本城市选择方面，本研究选择了目前已经被确定为国家中心城市的九大城市，即北京、天津、上海、广州、重庆、成都、武汉、郑州、西安。

在评价指标体系建设方面，本研究基本沿用了《粤港澳大湾区城市文

---

① 董耀鹏：《切实加大基层曲艺类公共文化产品和服务的有效供给》，《中国政协》2019 年第 5 期。

② 陈荣、杨代友：《粤港澳大湾区城市文化产品供给能力比较研究》，《华南理工大学学报》（社会科学版）2020 年第 5 期。

化产品供给能力比较研究》中的指标体系，从文化设施、文化投入、文化产出和文化交流四个方正建立包括 4 个一级指标、17 个二级指标的城市文化产品供给能力评价指标体系，比较分析各国家中心城市文化产品供给能力。需要说明的是，考虑各城市统计口径问题以及数据的可获得性等，对部分指标做了更新替换。具体包括：（1）文化设施供给指标中，"公共文化市场经营机构数"替换为"文化、体育和娱乐业企业法人单位数"，最终用文化馆数量，公共图书馆数量，博物馆（含美术馆）数量以及文化、体育和娱乐业企业法人单位数 4 个二级指标来反映各城市文化基础设施的发展情况。（2）文化投入供给指标中，"规上文化企业资产总额"替换为"规上文化企业营业收入"，最终用文化、体育和娱乐业固定资产投资额，文化体育传媒财政支出，规上文化企业营业收入以及文化、体育和娱乐业从业人员数共 4 个二级指标来衡量各城市文化投入供给能力。（3）文化产出供给中，"广播电视业总收入"替换为"电影票房总收入"，最终选用文化产业增加值，文化产业增加值占 GDP 比重，文化产业增加值增长率，电影票房总收入，旅游业总收入等 5 个二级指标来衡量各城市文化产出供给能力。（4）文化交流供给中，"城市留宿旅客数量"替换为"接待国内外游客人数"，最终选用商品出口总额，对外直接投资额，接待国内外游客人数，国际友好城市数量等 4 个二级指标来衡量各城市文化交流供给能力（见表1）。

表 1　国家中心城市文化产品供给能力评价指标体系及权重

一级指标	二级指标	二级指标权重	一级指标权重
文化设施供给	文化馆数量	0.305	0.214
	公共图书馆数量	0.205	
	博物馆(含美术馆)数量	0.123	
	文化、体育和娱乐业企业法人单位数	0.367	
文化投入供给	文化、体育和娱乐业固定资产投资额	0.187	0.205
	文化体育传媒财政支出	0.297	
	规上文化企业营业收入	0.277	
	文化、体育和娱乐业从业人员数	0.239	

一级指标	二级指标	二级指标权重	一级指标权重
文化产出供给	文化产业增加值	0.336	0.320
	文化产业增加值占 GDP 比重	0.043	
	文化产业增加值增长率	0.069	
	电影票房总收入	0.277	
	旅游业总收入	0.274	
文化交流供给	商品出口总额	0.285	0.261
	对外直接投资额	0.458	
	接待国内外游客人数	0.139	
	国际友好城市数量	0.118	

（二）数据说明

本研究文化产品供给能力评价指标体系中采用的数据绝大多数直接来自各城市的 2020 年统计年鉴、2019 年统计公报、各城市所在省份的 2020 年统计年鉴、《中国基本单位统计年鉴 2020》、《中国城市统计年鉴 2020》、《中国文化及相关产业统计年鉴 2020》、2020 年猫眼专业版票房统计、《文化和旅游发展统计分析报告 2020》、中国国际友好城市联合会、各城市外事办网站以及各城市相关政府部门网站。对于少部分缺失的数据，本研究采取去相关城市政府部门如商务局、统计局、文旅局等网站留言咨询的方式获取。

（三）评价方法

1. 指标无量纲化处理

考虑到各个指标含义及计量单位差异会影响评价结果的准确性，本研究首先对原始数据进行无量纲化处理，以消除不同指标间的量纲差异。本研究按照越大越优型指标进行无量纲化处理，具体计算公式如下：

$$x_{ij} = \frac{X_{ij} - X_{j\min}}{X_{j\max} - X_{j\min}}$$

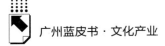

其中，x_{ij}为指标原始数据X_{ij}经过无量纲化处理后的值；$X_{j\,\max}$、$X_{j\,\min}$分别是第j个指标的最大值、最小值。经过无量纲化处理后，$0 \leqslant x_{ij} \leqslant 1$。

2. 确定权重

基于准确性、客观性考虑，本研究运用熵权法对无量纲化处理后的指标进行权重赋值。根据熵权法思想原理和计算过程，使用 R 软件编写程序算法来计算各维度下一、二级指标的熵值法权重。

3. 计算得分

在综合比较已有评价方法的基础上，本研究采用综合评价法计算各城市文化产品供给能力得分情况。根据二级指标的权重和无量纲值，计算i城市文化设施、文化投入、文化产出和文化交流等 4 个一级指标的值。

$$r_i = \sum_{i=1}^{n} w_i \times x_i$$

其中，w_i表示第i个二级指标的权重。

再根据一级指标的权重值，利用综合评价法进一步测算各个城市文化产品供给能力的发展水平。

$$I = \sum_{i=1}^{n} w_j \times r_j$$

其中，I表示文化产品供给能力指数，数值越大则表示该城市文化产品供给能力越强，w_j表示第j个一级指标的权重，r_j表示第j个一级指标的得分。

三　国家中心城市文化产品供给能力比较分析

根据以上评价过程，得到各国家中心城市文化产品供给指标体系下的二级指标得分。通过比较，可以看出各国家中心城市在文化设施供给、文化投入供给、文化产出供给和文化交流供给等方面呈现显著的差异性特征。

（一）分项供给能力比较分析

从文化设施供给维度得分情况看，广州得分为 0.117，在九大国家中心城市中排名第八，与前七个城市差距较为明显。重庆在文化设施供给能力中的表现最为突出，得分 0.712，远高于其他城市，比第二名的北京高 0.126，同时约是广州的 6 倍。上海得分 0.336，位列第三。成都、天津文化设施供给指数得分整体相差不大，处于 0.20~0.25，位于平均水平。武汉、西安、广州、郑州得分较低，均不足 0.2，与排名前列的重庆、北京、上海差距较大（见图 1）。

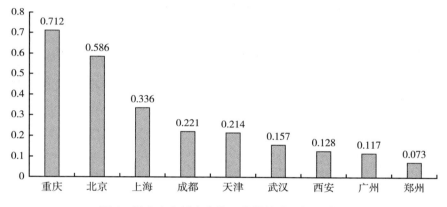

图 1　国家中心城市文化设施供给能力得分情况

在文化投入供给维度上，北京和上海位居文化投入供给指数前列。其中，北京得分最高，为 0.951，约是第二名上海（0.477）的两倍。重庆、成都、广州的文化投入供给能力得分分别排在第三、四、五位，得分分别为 0.265、0.257、0.235，其他城市文化投入供给能力得分偏低，均小于 0.2 分。其中，天津得分最低，仅为 0.065（见图 2）。

在文化产出供给维度上，广州得分 0.512，在九大国家中心城市中排名第三。北京文化产出供给能力指数得分最高，为 0.969，反映出北京在文化产出能力方面的绝对优势。上海紧跟其后，其文化产出供给能力得分 0.782，表现较为突出。重庆、成都、武汉和西安文化产出供给能力得分分

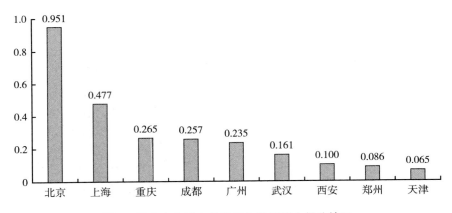

图 2　国家中心城市文化投入供给能力得分情况

别排在第 4、5、6、7 名。天津和郑州文化产出供给指数排名靠后，均小于
0.2。其中，郑州文化产出供给能力得分仅为 0.049，排名最后，约是排名
第一的北京的 1/20（见图 3）。

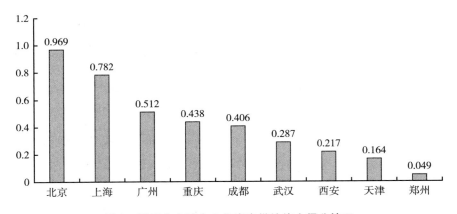

图 3　国家中心城市文化产出供给能力得分情况

在文化交流供给维度上，广州得分 0.195，排名第四，与重庆、天津、成都
处于同一发展水平。上海在文化交流供给能力中表现十分突出，得分为 0.932，
远高于其他城市，约是第二名北京（0.511）的两倍，约是最后一名郑州（0.066）
的十四倍。武汉和西安文化交流能力较弱，得分排在第七、八位（见图 4）。

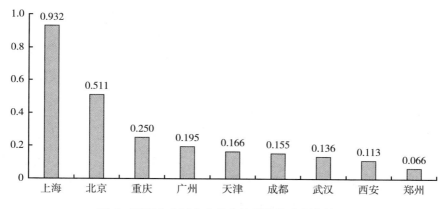

图 4　国家中心城市文化交流供给能力得分情况

（二）综合供给能力比较分析

通过比较各国家中心城市文化产品供给能力综合得分，可以看出（见图 5），九大国家中心城市文化产品供给能力整体分化明显，区域发展不平衡，大体可分为三个梯队。

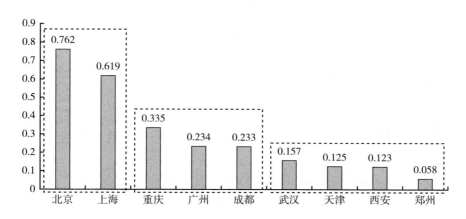

图 5　国家中心城市文化产品供给能力综合评价得分

北京、上海两个城市文化产品供给能力综合得分在 0.60 以上，大幅度领先于其他国家中心城市，处于国家中心城市文化产品供给能力发展的第一梯队。从文化产品供给能力综合评价具体得分来看，北京得分为 0.762，上海得分 0.619，远高于其他国家中心城市。北京和上海文化产业配套设施较为完善，文化投入供给优势十分显著，文化交流较为活跃，经过多年发展，其文化产业已经具备相当规模。

重庆、广州和成都三个城市文化产品供给能力综合得分在 0.2~0.4，其文化产品供给能力处于第二梯队。重庆文化设施供给能力较为突出。从 2019 年文化产业增加值占国内生产总值比重来看，广州（6.28%）、成都（5.16%）均已超过 5%，其文化产业基本达到地区经济支柱产业的一般标准，但是与第一名北京（9.4%）差距仍然较为明显；特别是重庆，其 2019 年文化产业增加值占比仅为 4.1%，在九大国家中心城市中排名倒数第三。

武汉、天津、西安和郑州文化产品供给能力指数排名整体靠后，得分均小于 0.2，处于国家中心城市第三梯队。处于第三梯队的四个城市在文化设施、文化投入、文化产出和文化交流等方面供给能力均远远落后于北京和上海。以 2019 年规上文化企业营业收入为例，武汉（2063.11 亿元）、天津（1944.68 亿元）、西安（580.34 亿元）和郑州（471.44 亿元）的数值分别仅为北京的 15.87%、14.96%、4.47% 和 3.63%，这反映出文化产品供给能力第三梯队城市与第一梯队城市相差很大。

（三）各城市文化产品供给能力短板分析

通过比较各国家中心城市文化产品供给能力综合评价得分以及在文化设施供给、文化投入供给、文化产出供给和文化交流供给四个维度的得分情况，可以看出，当前相关城市文化产业发展各有优势与不足。

1. 第一梯队的北京和上海的城市文化产品供给能力仍需强化

北京、上海作为国内最重要的两座文化中心城市，理应成为全国文化产业高质量发展的龙头和示范，发挥其在文化强国建设中的窗口作用。2019 年，北京和上海两市文化产业增加值占国内生产总值的比重分别为 9.4% 和 6.06%，整体文化产品供给能力位居国家中心城市前列。但从国际经验来看，美国、英国、韩国等文化产业先进国家或地区的文化产业增加值占国内生产总值的比重早已超过了 15%。而且相较于北京的全国文化中心、国际交往中心与上海的社会主义国际文化大都市定位而言，北京和上海的文化产品供给能力还有待进一步提升。具体来说，对标新时代全国文化中心建设，北京的文化投入供给、文化产出供给全国领先，但文化交流能力有待进一步挖掘。2019 年，北京商品出口总值 5167.8 亿元，对外直接投资 15.47 亿元，分别仅为上海的 38%、59%。再加上受新冠肺炎疫情的不确定性影响，北京文化产业"走出去"面临着不小压力。作为国际贸易中心，上海的文化交流供给能力最为突出，但文化设施供给能力还不够强，这与上海国际文化大都市的定位不匹配。例如，2019 年，上海文化、体育和娱乐业企业法人单位数为 11257 个，排在北京（47638 个）、广州（18545 个）、重庆（14914个）之后。从这一点看，上海基层文化设施布局还不够，公共文化服务质量和水平还不够高。

2. 第二梯队的重庆、成都和广州的城市文化产品供给能力提升空间较大

重庆、成都和广州具有足够的文化资源，拥有较为完善的文化产业体系，其文化产业发展程度在国家中心城市中均处于中游水平，上升空间和发展潜力还很大。第一，重庆文化及相关产业发展水平不高。从文化产出供给水平来看，2019 年，重庆文化产业增加值为 967 亿元，仅为第一名北京的 1/3 左右；文化产业增加值占地区生产总值比重为 4.1%，也明显低于北京、上海、广州、成都、武汉、西安等市。2019 年重庆共接待国内外游客 65708.03 万人次，实现旅游业总收入 5739.07 亿元，在国家中心城市中排名靠前；但电影票房总收入仅为 17.62 亿元，在国家中心城市中排名第五，不足第二名上海的1/2。第二，成都的城市文化产出供给能力和文化交流供给能力都不够强。从文化产出供给能力维度细分指标来看，2019 年，成都实现文化产业增加值877.11 亿元，与第一梯队城市还有不小距离。从文化交流供给能力维度细分指标来看，全市对外直接投资额为 3 亿美元①，在国家中心城市中排名倒数第二；2019 年，成都全市接待国内外游客 28023.43 万人次，不足重庆的1/2。

---

① 数据来源：《成都年鉴 2020》。

第三，广州的城市文化设施供给能力和文化投入供给能力劣势较为明显。从文化设施供给维度的具体指标情况来看，2019年广州文化馆数量、公共图书馆数量和博物馆（含美术馆）数量在九大国家中心城市中均不占优势，总体排名倒数或者最后。2019年，广州拥有的文化、体育和娱乐业企业法人单位数为18545个，在国家中心城市中排名第二，但仍然不足排名第一的北京数量（47638个）的四成。在文化投入供给方面，2019年，广州完成文化体育传媒财政支出526666万元，文化、体育和娱乐业从业人员40011人，分别仅为北京的19%、22%，可以看出广州文化投入供给明显不足。

3. 第三梯队的武汉、天津、西安和郑州的城市文化产品供给能力整体比较弱

这四个城市拥有很好的产业基础，对文化产业发展较为重视，文化产业发展潜力巨大，但当前城市文化产品供给能力整体十分落后。从文化产品供给能力的细分指标来看，武汉、天津、西安和郑州的文化设施供给、文化投入供给、文化产出供给和文化交流供给能力较第一梯队城市而言落后。在文化设施供给方面，这四个城市的文化、体育和娱乐业企业法人单位数远远落后于其他国家中心城市。在文化投入供给方面，缺乏文化生产资本与专业人才。这四个城市在文化体育传媒财政支出、规上文化企业营业收入、文化体育和娱乐业从业人员数指标上均不占优势，在九大国家中心城市中排名靠后。以文化财政投入为例，2019年这四市的文化体育传媒财政支出均不足北京的1/5。在文化产出供给方面，这四个城市文化产业增加值排名靠后，文化产业总量偏小，甚至郑州出现文化产业增加值增长率为负值的情况。这四个城市文化及相关产业如电影业、旅游业收入规模也不大，不足以支撑其文化产品供给能力的提升。在文化交流供给方面，这四个城市与国内外文化市场的友好互动交流不多，在商品出口总额、对外直接投资额上都处于较低水平。在国际友好城市数量上，除了西安拥有34个，其他三个城市的国际友好城市数量排名靠后。这也反映了第三梯队的四个城市文化交流能力相对较弱。

四 结论和政策启示

（一）结论

推进国家中心城市文化产业高质量发展，不断增加优质文化产品和服务的有效供给，对于提升国内城市文化产品供给能力水平、实现文化产业高质量发展具有重要指导意义。本文通过构建城市文化产品供给能力评价指标体系，从文化设施供给、文化投入供给、文化产出供给和文化交流供给维度，量化了各国家中心城市文化产品供给能力。

九大国家中心城市文化产品供给能力总体指数得分大致可以分为三个梯队。北京和上海的文化产品供给能力指数总体得分在 0.6 以上，具备较为显著的领先优势，处于第一梯队。重庆、广州和成都三个城市文化产品供给能力得分在 0.2~0.4，其文化产品供给能力存在一定的优化空间，处于第二梯队。武汉、天津、西安和郑州的总体得分均不足 0.2，其城市文化产品供给能力整体比较滞后，处于第三梯队。

各国家中心城市文化产品供给能力均存在短板和不足，各城市在文化设施、文化投入、文化产出和文化交流等方面的表现存在显著差异，均存在改进和提升空间。

（二）提升广州文化产品供给能力的对策建议

1. 补齐公共文化设施短板，实施文化精品项目战略

增加公共文化设施数量，提高文化设施供给覆盖率。共建共享公共文化数字平台，建设便民利民的数字化资源渠道，提升公共文化设施数字化资源的使用率。同时，可结合 5G、大数据等数字化基础设施推动公共文化设施在管理、运营及服务上进行智能化、数字化转型。

鼓励公共文化供给主体进行文化精品项目建设，积极活化利用具有广州特色的文化资源，包括广州历史、文物、非物质文化遗产等，重点推进文

学、戏剧、影视、音乐、舞蹈、美术、曲艺等领域的精品创作工程及文化惠民工程，支持文化供给主体立足广州、立足岭南，创作具有广州特色的作品，结合广州文化与时代精神打造文化品牌，提供满足群众精神文化需求的高质量文化项目。

2. 正确把握群众文化需求，提高文化投入供给强度

要确定群众对于公共文化服务与产品及其提供方式与手段的喜好，对群众分地区、年龄段、性别、职业、教育背景等进行市场调研分析，确定不同群体的精神文化需求，调整文化投入供给的结构与方向，从而为不同群体提供精细化的文化服务与产品。

可根据排名靠前的国家中心城市的文化投入供给水平，确定广州文化投入强度与规模，进一步增加财政投入。同时，根据经济发展水平和人口规模，测算确定广州实现保障公众基本文化权益的人均支出标准，明确各级政府机关支出责任。要积极发挥政府文化投入资金的引领作用，探索公共文化服务常态化采购机制，从而带动民间资本进入公共文化服务体系建设，支持社会组织、文化企业等不同主体为群众提供丰富多彩的文化服务与产品，提升文化服务与产品供给市场的活力。

3. 推动新业态发展，引导文化企业转型升级

鼓励本地数字文化企业在数字游戏、动漫动画、网络视听新媒体、虚拟现实（VR）内容制作和数字出版等领域创新发展，成为行业核心力量。推动政产学研协同创新平台建设，整合行业与社会的优势资源，支持高校与科研机构聚焦行业与企业的技术需求与发展方向，加快科技成果落地转化。

鼓励各景区积极整合广州红色文化、岭南文化、海丝文化、创新文化等优势资源，打造优秀文化产品和文化品牌。拓展文化旅游的经营服务范围，积极探索"研学游""康养旅游"等文旅新业态。持续关注"文化+"跨领域融合，寻找文化产业创新发展、转型升级的战略方向，推动广州文化产业出新出彩。

4. 提升企业规模效应，完善文化人才培养和引进机制

支持文化产业园区的建设与发展，利用园区的平台作用，吸引更多相关中小企业集聚，加快文化产业集聚发展。大力培育一批对产业链有带动和支撑作用的文化龙头企业，鼓励有竞争力和影响力的文化企业采用多种方式，引入、重组、改造其上下游配套企业，提升企业规模效应。

完善文化人才培养与引进机制。加大文化人才培养力度，鼓励引导高等院校根据目前的文化产业发展状况针对性地发展重点专业和学科建设，支持行业协会、职业培训机构等社会组织为文化产业在职人员提供创新发展培训。健全文化人才激励机制，营造文化人才职业发展的良好生态环境。

5. 促进对外文化贸易交流，提升对外文化交流水平

立足粤港澳大湾区，积极推动粤港澳大湾区内文化企业的交流互动合作，扩大区域范围的影响力与竞争力，鼓励广州文化企业走出国门，扩大文化服务与产品出口，参与国际文化市场竞争。充分发挥广州作为粤港澳大湾区文化中心的作用，加强与国际城市的友好互动与联通，通过与国际友好城市的结交和合作，拓展国际"朋友圈"，积极构建全球伙伴关系网络，探索可持续发展的多边交流平台与文化合作机制，提升对外文化交流水平。

积极开展城市形象传播工程。打造、升级一批类似于广州文化产业交易会、广州设计周等国际性较强、区域性强的特色品牌活动，有机融合广州历史文化底蕴与国际化元素，助力广州城市文化形象传播，加大广州城市文化推广和城市推介力度。

案 例 篇

Cases Chapter

B.12

有好戏：大湾区互联网文化新业态的代表

何君　苏颖欣*

摘　要：　影视是宣传思想工作的重要阵地，是深受人民群众喜爱的文艺形式，也是国家文化软实力的重要标志。发展和繁荣电影事业，推广中国影视文化、传播新时代精神文明，对于推进社会主义文化强国、增强文化自信具有重要且深刻的意义。网络自媒体、短视频等文化新业态兴起，成为新时代文化传播的重要媒介。有好戏网络科技有限公司作为互联网文化新业态的代表，用科技赋能文创，为文化发展注入强劲动力。有好戏网络科技有限公司一直致力于推广与传播具有新时代精神文明、中国传统文化和本土特色的电影，为推进社会主义文化强国建设贡献力量。

关键词：　影视文化传播　文化创新　短视频　数字文化

---

* 何君，广州市政协委员，广东省电影家协会主席团成员，广州市电影家协会副会长，广州有好戏网络科技有限公司创始人、董事长兼 CEO，研究方向为数字文化；苏颖欣，广州有好戏网络科技有限公司监事兼总裁助理，研究方向为数字文化。

一　企业概况

广州有好戏网络科技有限公司（以下简称"有好戏"）于 2015 年创立，是互联网文化新业态的代表公司。公司目前拥有国内排名前列的泛文娱自媒体产品矩阵，分布于自有 App 小程序、微信、微博、抖音、快手、B 站、今日头条等各大新型互联网信息服务平台，以图文、短视频、直播等方式为用户提供丰富的泛文娱领域内容，丰富人民群众的精神文化生活、传播社会正能量。目前其产品矩阵账号全网拥有超过 5 亿用户，其中微信矩阵拥有超过 700 万用户，微博矩阵拥有超过 2100 万用户，抖音矩阵拥有超过 3.1 亿用户，快手矩阵拥有超过 1.2 亿用户。旗下 MCN 短视频经纪机构"有好戏"现为抖音及快手短视频平台最大的影视 MCN 短视频经纪机构。公司深入拓展影视产业及互联网+的业务，朝着整合营销、行业服务、内容电商、知识付费、社群运营、MCN 短视频经纪等多个业务方向打造泛文娱产品业务闭环，用科技赋能文创，为文化发展注入强劲动力。

有好戏深知伴随着用户与行业的信任而来的是重大的责任，团队一直秉持弘扬社会主义核心价值观、传播社会正能量的立场，不断产出更多优质正能量内容。团队的影迷服务组织"毒舌影迷会"成为 2018 中国（广州）国际纪录片节金红棉影展官方影迷会、极地光影电影节成都站合作影迷会等。同时被中国（广州）国际纪录片节评为 2019 中国纪录片十大推动者之一。公司创始人兼 CEO 何君当选广州市电影家协会首届主席团成员并任协会发展中心主任，在广东省商务厅组织下，作为广东省企业代表之一，参加了 2018 年中国发展高层论坛以及夏季达沃斯论坛。

有好戏代表广州市的企业参加 2017 年第六届中国创新创业大赛，接连获得广州赛区互联网与移动互联网行业成长组第三名、广东赛区一等奖、国赛三等奖，也是晋级国赛互联网及移动互联网行业成长组、广州市的唯一获奖企业。

有好戏为 2021 年广东省五一劳动奖章获颁企业，被评为 2019 年、2020

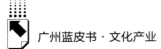

年及 2021 年广州未来"独角兽"创新企业,入选 2021 广州市"专精特新"民营企业扶优计划培育企业、2021 广州市文化产业创新发展优秀案例、2021 广州文化企业 30 强、2020 广州最具成长性文化企业 20 佳、广州市越秀区创业领军团队及越秀区重点企业,公司的目标是努力为用户打造中国文化新业态的头部泛文娱企业。丰富人民群众的精神文化生活,为人民群众提供更多、更好的文化内容及服务。

二 发展历程

(一)2015~2016年:初创阶段

2015 年 10 月有好戏在广州注册成立。公司于成立之初就致力于传播和推广影视文化,2016 年 9 月公司的影视文化账号"毒舌电影"在微信、微博等互联网信息服务平台获得近 1000 万用户的关注。公司于同年获得由涌铧资本领投的 pre-A 轮融资及涌铧资本、合鲸资本、凌越资本、东部资本参与的 A 轮融资,估值 3 亿元人民币。

(二)2017~2019年:稳步发展阶段

2017 年 1 月,有好戏研发的 App"毒舌影视"在苹果、安卓各大应用市场上线,目前下载量超 510 万,长居艾瑞数据电影类别 App 前十五。公司融资后致力于业务多元化发展,先后打造了影视文化账号"肉叔电影"、女性娱乐账号"柳飘飘了吗"、美妆穿搭账号"王炸炸要炸了"、文化行业观察账号"毒眸"等一系列泛文娱产品账号;同时探索开发出整合营销、行业服务、内容电商、社群运营、知识付费等多种业务模式,为打造泛文娱产品业务闭环迈出了一大步。

同时公司也积极为中国的独立电影人、新生代导演、编剧、制片人等提供更多的支持,包括与金鸡、百花、北京、海南等电影节及广州国际纪录片节进行深度合作,如与 FIRST 电影节联合主办"请回答,青年制片人"论坛活动;2018~2020 年连续三年在北京举办文娱行业峰会"Sir 电影文娱大会",

并邀请包括黄建新、许鞍华、宁浩、徐峥、陈思成、文牧野、张昭、蒋德富、赵方、李捷、李宁、王易冰等一众资深业内人士参与探讨行业发展趋势。

（三）2020年至今：开拓创新阶段

2020年新冠肺炎疫情对企业来说既是"危"，也是"机"。"危"在于原有业务与影视产业关联度较高，疫情对影视产业影响较大，公司有关影视业务等收入受到较大影响。"机"在于互联网用户对内容的消费时长发生变化，从图文平台逐渐迁移到短视频平台。利用自身创作优质影视泛文娱内容的优势，有好戏迅速在各大短视频打造优质短视频账号，其中"毒舌电影"账号现为抖音前十大账号之一①，粉丝超6300万，仅次于"人民日报""央视新闻"等四个账号。同时有好戏迅速拓展MCN网红经纪业务板块并进驻各大短视频平台，现为抖音、快手、西瓜视频等短视频平台的影视垂直类第一大MCN短视频经纪机构，旗下签约达人超300位，涵盖用户超5亿。

2020年6月有好戏获得广东粤财、三七互娱数千万元的B轮融资，估值约8亿元人民币。有了市场及用户的认可，公司将继续勇往直前，打造互联网文化新业态标杆公司，做好新时代影视文化传播者、大湾区影视文化推广者。

三　产品介绍及案例

（一）泛文娱自媒体内容矩阵

目前有好戏拥有国内头部的泛文娱自媒体内容矩阵，内容矩阵产品覆盖影视、娱乐、时尚、短视频、文旅、会员组织等领域，主要账号包括"毒舌电影""Sir电影""柳飘飘了吗""王炸炸要炸了""肉叔电影""硬核肉

---

① 数据来源：飞瓜数据排行榜。

叔""毒眸""灰袍真探""硬糖物语""毒舌编辑部""好戏人生DramaLife""毒舌买家俱乐部""Sir 电影私塾""游戏披萨"等，每日以图文、短视频、直播等方式向全球中文用户推荐影视作品、影视文化分析以及时尚穿搭、酷玩活动等，旨在丰富人民群众的精神文化生活、传播社会正能量。目前有好戏内容矩阵已覆盖微信、微博、抖音、快手、B 站、今日头条等各大新型互联网信息服务平台，全网已拥有超过 5 亿用户。有好戏正在不断拓展内容矩阵的数量和领域，并探索将更多的产品提供给用户。

（二）影视垂直社区 App、小程序及数据分析平台

有好戏一直致力于为用户推荐优质影片，并开始逐步拓展影视产业的业务。"毒舌影视" App 解决了用户看好片、哪里看好片和交流分享的刚需，为用户一站式解决个性化的观影需求，打造"荐片-选片-指引看片-评价-交流"的观影体验生态。与此同时，有好戏团队还推出了"毒舌 pro""年度观影记录""影迷大作战""柳飘飘 club"等多个小程序，为用户提供更多差异化服务，其中"毒舌 pro"小程序获得微信官方主动推荐，小程序"年度观影记录"占据 QUEST MOBILE 2018 年度微信小程序用户规模增速 TOP20 榜第一位。

此外有好戏还搭建了"有好戏宇宙"信息服务平台，为公司内部提供数据服务及工具，基于用户的画像以及业务需求特点和多部门联动的复合需求，进行有效数据的实时采集、整理、存储、查询以及展示，以数据为依托，建立高效的数据指标体系，用先进的事件模型抽象用户操作行为，提供多维度、多指标、多层次的交叉分析能力，全面支撑团队的日常数据分析需求，打通企业数据流与业务流，实现数字化业务闭环发展，用指标权衡数据，用数据驱动增长，助力自营及辅助品牌实现营销发展新目标。

有好戏在研发和知识产权方面一直持续投入，目前团队已拥有超过 95 项软件著作权、1 项高新技术产品、16 个类别 301 项注册商标，美术作品 17 项 120 件、文字作品 11 项 185878 字、类电作品 2 项 2 件，有好戏于 2017 年 12 月成为国家高新技术企业。

（三）影迷文化交流社群：毒舌观影团

毒舌观影团是现在国内最具人气的影迷组织之一，经过精细化运营，目前影迷社群覆盖全国 100 多个城市，建立了 300 多个城市影迷交流群，社群成员超过 10 万，由影视知名博主和资深影迷组成的影迷会长及鉴毒师成员超过 5000。毒舌观影团通过举办观影团活动，串联全国数十个城市上百家影院，为广大用户推荐更优质的观影场所，同时也为国产优质小众艺术电影的上映提供更多的渠道。毒舌观影团 2019 年组织观影超过 600 场，带领超过 10 万影迷到场观影，并与中国（广州）国际纪录片节、极地光影电影节、法国电影展等多个影展进行官方合作，同时荣获中国（广州）国际纪录片节授予的"2019 中国纪录片十大推动者"称号。

2020 年疫情期间，毒舌观影团首创线上云观影模式。全年组织十余场云观影活动，场均 8.7 万+影迷在线观影，最高峰时有 25.6 万影迷在线。疫情期间，毒舌观影团在优酷、爱奇艺、西瓜视频等平台联合发起万人宅家云观影活动，观看《勇往直前》等正能量电影，鼓励广大用户以积极的心态度过疫情宅家的时间。在年轻人活跃的哔哩哔哩视频平台，有好戏与央视网及哔哩哔哩团队合作"主创团队与你一同看《人生第一次》"项目，以用户喜闻乐见的方式与主创团队弹幕互动连线，引导年轻用户深入了解纪录片背后创作的故事；有好戏同时积极联合知名创作者，上线公益短片《人间三十日》《美丽的丽》，并获央视网视频、央视网青年、中国电影报道、微博电影、澎湃新闻等多家媒体转发；在当下较为活跃的短视频平台抖音，公司积极发布多个正能量视频，对正能量电影或短片进行介绍，并多次登上抖音今日最热视频榜，在疫情期间获得了超过 7300 万点赞、超过 10 亿次播放量。

在疫情过后全国影院恢复营业的第一天，毒舌观影团组织了"回到电影，全国 20 城联映观影活动"，带领影迷用户走进电影院支持线下院线并受到了 CGTN 中国国际电视台的采访，向世界展示疫情后中国影院复工复产工作的有序进行场景。

在 2021 年，有好戏与更多影展通过线上线下等多种方式进行官方合作，向大众推出"好片付费活动""导演交流会"等新型活动，希望通过聚集众多优质观影群体，为之搭建电影从业者与观影大众沟通的桥梁，在推广影视文化的同时，促进电影从业者与观众的面对面交流。与此同时，公司也创新了观影的形式，在观影以外增添文旅、社交、新消费等更多元素，紧跟时下用户偏好变化趋势，通过新颖的形式向更多用户宣传符合社会主义精神文明建设的优秀影片。目前已由衍生账号"好戏人生 DramaLife"主办开展"露营观影+创意市集""天台观影派对""户外观影派对"等多种形式的新型观影活动，通过新型观影方式带动周边文旅消费，与品牌方共同进行线上线下联动，满足用户社交需求以及增强新消费品牌（特别是新国货品牌）线下与用户的互动体验。

（四）垂直内容电商及知识付费服务

电商市场随着我国经济的发展也在不断地发展壮大，对于新一代的互联网用户来说，购买优质电商产品逐渐成为一种消费习惯。有好戏在 2018 年推出了优选商品和电影衍生品电商服务，依托大数据进行用户画像并分析其消费需求，为用户提供内容电商、知识付费、社群营销等新型消费服务，并开拓出如电影日历、电影 T 恤、卫衣、手账本等文创产品及影视从业者教育、电影赏析、生活美学、影视考研等知识付费课程，为用户提供多样化服务，最终实现新型信息消费发展。目前，有好戏内容电商及知识付费服务已累计用户超过 550 万，每月成交数持续增长，产生多个百万级爆款。截至 2021 年，有好戏电商业务合作供应商已超过 250 家，日常在售产品 800 余款。2021 年有好戏旗下商城流水超过 2000 万元，累计售出 12 万件商品；其中，其研发的原始文创产品《对她说 2022 电影日历》上线仅 1 个多月就已售出超过 8 万册，总流水破 1000 万元。当前直播电商火热，有好戏团队也在努力探索尝试直播电商业务，创新多种推广形式，为用户提供更多更好的优选商品，争取品牌用户数、订单成交数再创新高。

（五）MCN 短视频经纪机构服务

中国 MCN（网红经纪）机构宛如雨后春笋般，不断繁衍、生长。MCN

通过互联网媒介，已发展成为网络达人的"经纪公司"，负责为网络达人（内容创作者）进行幕后培训、人设包装、运营指导，为其做好宣传及推广，一方面内容创作者可以更加专注内容创作，另一方面能够高效实现产品变现，双方合作互利共赢。有好戏依托自身拥有的全网现象级账号，利用自身在内容、运营、渠道方面的优势，实现艺人经纪、电商直播、娱乐直播、短视频内容营销、知识付费、内容电商等多元融合，进而转化形成新型多元的网络达人经纪机构运营模式。目前有好戏MCN短视频经纪机构长居快手、抖音、西瓜视频，在影视类MCN短视频机构榜单上居第一，荣获平台颁布奖项30多项，现拥有超过5亿用户，定位具有强孵化能力的创新型网红经纪公司，业务范围涵盖艺人经纪、直播带货、短视频内容营销等，签约网络达人多人，包括影视解说、时尚潮流、美妆穿搭、音乐绘画等领域。MCN团队由于突出的短视频创作能力，也作为首届直播节（中国·广州）宣传片制作推广单位参与制作宣传片和推广。MCN团队利用自身在内容、运营、包装、渠道等方面优势，乘着广州打造"直播电商之都"之东风，为旗下IP账号打造"社交流量+电商流量"的商业变现模式。

（六）项目案例

发挥行业优势、立足企业特色，做新时代精神文明的传播者和红色文化活动的组织者。

有好戏旗下的自媒体产品深受用户喜爱，团队成员也深知伴随着用户与行业的信任而来的是巨大的责任，团队一直秉持着弘扬社会主义核心价值观、传播社会正能量的立场，不断产出更多优质正能量内容：

《9.6，国剧一大空白终于补上》弘扬中华历史文化，歌颂祖国大好河山；

《好莱坞拍它100次，不如中国导演拍1次》推广本土文艺作品；

《别让勇敢成为他们的唯一》纪念中国牺牲的消防战士；

《张艺谋为什么不给〈流浪地球〉点赞》粉碎互联网谣言；

《妈妈，别喂我吃〈聪明药〉》曝光网络上的各种骗局；

《今年华语电影唯一百亿阵容来了》带用户感受新中国成立70周年的

图 1 有好戏™业务板块示意

资料来源：本文作者制作。

多个感动瞬间，并获"广东省共青团"公众号转载；

《"饭圈专用词"层出不穷，"吃瓜"变得越来越难了?》向用户科普当下的饭圈文化，并获"共青团中央"公众号转载；

《别心疼，她真的不需要》聚焦残奥会，打破大众对残疾人运动员的固有印象，传播残奥运动员自强不息的精神，并获"央视网"公众号转载。

疫情期间，有好戏积极带领员工继续做好文化宣传的工作，在微信等多个自媒体平台发表多篇阅读量过百万的文章，呼吁用户保持积极向上的心态、抵制谣言；

2021 年建党百年之际，白公司党支部发起，全体员工参与，将 2021 年上映的红色电影传达的党史精神及榜样人物整理成文艺宣传内容，并以图文、短视频的形式呈现在公司各大平台的新媒体账号上，其中《浴血无名川》系列短视频播放量超 8000 万、《扫黑·决战》系列短视频播放量超6200 万、《1921》系列短视频播放量超 4000 万、《革命者》系列短视频播放量超过 4500 万、《幸存者 1937》系列短视频播放量超 1850 万等，引导广大用户通过优质影视文化宣传内容了解并学习党史。

有好戏立足大湾区，对中国传统文化和具有本土特色的电影一直不遗余力地支持并向用户传播，为用户搭建接触好电影的渠道和媒介。比如记录国学大师叶嘉莹传奇人生的《掬水月在手》、国产动画电影《新神榜：哪吒重生》及经典动画片《天书奇谭 4K 纪念版》、讲述抗疫事迹的《中国医生》、第 33 届中国电影金鸡奖最佳儿童片《点点星光》、首部 4K 全景声粤剧电影《白蛇传·情》、讲述"香港的女儿"传奇一生的《梅艳芳》、讲述小镇少年成长蜕变经历与大湾区传统醒狮文化的超燃国漫《雄狮少年》等电影，好评如潮，引导观众走进电影院感受作品的艺术之美。这些内容在创造百万级、千万级、亿级的阅读量和播放量的同时，被广大用户称赞"三观超正"、积极传播社会主义核心价值观，也获得了各平台的认可，多次获得微博、新榜、UC、网易等多个平台的荣誉。

四　未来展望

（一）行业展望

1. 中国网络视听用户和文化消费需求持续增长

根据中国网络视听节目服务协会发布的《2021 中国网络视听发展研究报告》，中国网络视听用户规模连年增长，截至 2020 年 12 月已达 9.44 亿，其中泛网络视听领域市场规模超 6000 亿。[①] 无论从用户数还是市场规模，都能看到用户对于文化领域消费的需求，未来文化产业将以猛烈增势发展。

2. 中国电影市场复苏回暖，将成为全球最重要的电影市场

根据国家电影局发布的数据，2021 年北美电影市场总票房 45 亿美元，中国内地电影市场总票房 472.58 亿元人民币，折合 70.106 亿美元。面对新

---

① 《2021 中国网络视听发展研究报告》，https://www.sohu.com/a/470596893_100065199。

冠肺炎疫情的严重冲击，中国在全球电影市场中率先复苏并持续回暖，复苏速度超越北美市场，2020年起中国已成为全球第一大电影票房国家，连续两年成为全球票房最高的电影市场。① 同时伴随着人民群众日益增长的文化消费需求，中国将成为全球最重要的电影市场。而凭借类型化叙事、强大的视觉奇观以及强烈冲突的故事主题，主旋律电影在中国电影市场中的地位将越来越重要。口碑已成为电影营销中的"硬指标"。未来，随着影视公司运营主体的不断成熟，投资规模不断扩大，再加上知名编剧导演等创作人员的不断涌入，主旋律影片在类型上的探索将更进一步深入，也将受到广泛大众的喜爱。

3. 中国电影发展环境良好，政策助力加持

《"十四五"中国电影发展规划》提出，中国电影已转向高质量发展阶段，体制优势显著，创作潜力巨大，产业基础坚实，人才资源丰富，市场动能充沛，继续发展具备多方面有利条件。要在新的历史起点上推动中国电影高质量发展，建设电影强国，要进一步提升国产影片创作质量，健全电影产业体系，增强电影科技实力，提高电影公共服务水平，扩大电影国际影响力，助力电影强国建设。②

政策强调要发展壮大市场主体，有效增强市场主体活力，努力营造良好的市场发展环境，才能让市场主体充分发挥作用，才能充分激发企业进取精神和创新活力。相信随着国家政策助力加持，未来民营影视企业将继续做大做强，也会有更多民企参与到影片宣传推广工作中来，影视文化传播力量将更加强大。

（二）企业展望

1. 打造大湾区互联网文化新业态标杆公司

与国外相比，在人均GDP同等水平下，我国文化消费规模也仅为发达

---

① 灯塔研究院联合微博电影发布《2020中国电影市场年度盘点报告》，https://baijiahao.baidu.com/s？id=1687656851333859368&wfr=spider&for=pc。
② 国家电影局：《"十四五"中国电影发展规划》，http://cul.china.com.cn/2022-03/15/content_41905422.htm。

国家的 1/3 左右，我国文化产业在数量、质量方面均有较大的提升空间。随着"互联网+"为引领的新消费模式的出现，我国文化消费水平显著提高，消费渠道越来越多样，文化产品种类也不断丰富，其中文化休闲、影视娱乐等内容消费十分旺盛。为了持续深化泛文娱文化内容消费业态，有好戏将加快培育影视文创领域的创作者，增强文化内容产业消费动力。有好戏将继续扩大产品矩阵在影视类领域的优势并拓展至泛文娱领域，以影视娱乐领域内容创作专业能力和持续性打造爆款能力，不断培育孵化泛文娱文创领域的创作者，不断推出更多、更好展现新时代精神文明的产品，以满足消费品质化、品牌化的需求。同时有好戏团队将依托广州发展 4K 超高清产业优势和 5G 强市的目标以及大湾区影视产业发展优势，在短视频创作与 4K 超高清、5G 相结合以及创作模式上做出更多创新尝试。预计至 2024 年，有好戏团队将孵化出 15 个以上的在国内具有影响力的泛文娱短视频内容账号，全网将覆盖 6 亿以上用户，打造大湾区互联网文化新业态标杆公司。

2. 做好新时代影视文化传播者、大湾区影视文化推广者

有好戏将在努力提高自身在影视娱乐领域内容创作能力的同时，积极参与到国内优秀影视文化的传播工作中。发挥行业优势，做好红色文化的传播者；利用企业特色，做好红色文化活动的组织者。在提升品牌文化传播力、影响力的同时，利用短视频、自媒体渠道讲好大湾区故事、讲好新时代中国电影故事。

有好戏也将继续积极宣传优质红色及本土电影，推广更多、更好的歌颂爱国精神及新时代精神的文明电影，让更多用户感受优秀电影的魅力，弘扬并传承优秀影视文化作品。

面向未来，有好戏将继续不忘初心，坚定文化自信，锚定 2035 年建成文化强国的目标，坚定不移走高质量发展道路，做好优秀中国电影文化传播者的工作，结合大湾区电影产业的优势，为大湾区电影产业腾飞贡献力量，助力电影强国建设。

B.13
三七互娱：推动中华优秀传统文化
"数字化出海"的传播实践

李逸飞 杨军 程琳*

摘　要： 三七互娱是全球 TOP20 上市游戏企业、国内 A 股优秀的综合型文娱上市企业。作为国内较早出海的一批游戏厂商之一，三七互娱通过因地制宜的策略打法、科研技术保障以及利用"中国传统文化+IP 联动"赋能，取得了最高月流水超过 6 亿元、业务覆盖全球 200 多个国家和地区的亮眼成绩。未来，三七互娱将进一步发挥海外市场的先发优势，依靠强大的游戏研发能力以及本土化营销能力，不断扩大海外业务规模，为推动中国文娱产业发展、增强文化自信做出新贡献。

关键词： 中华优秀传统文化　出海　数字赋能　自研技术

一　企业基本情况

三七互娱，全球 TOP20 上市游戏企业、国家文化出口重点企业、广东省文明单位，凭借优异业绩被纳入中证沪深 300 指数、明晟 MSCI 指数、高盛"新漂亮 50"名单，是国内 A 股优秀的综合型文娱上市企业。三七互娱总部设在广州，并在北京、上海、安徽、福建、湖北、海南、江苏、四川、

---

* 李逸飞，三七互娱集团董事长，长江商学院 DBA 在读，研究方向为数字经济、战略管理；杨军，三七互娱集团高级副总裁，暨南大学管理学硕士，研究方向为移动互联网、资本整合；程琳，三七互娱集团副总裁，中山大学岭南学院 EMBA，研究方向为企业管理、数字传播。

香港以及欧美、日韩及东南亚等多个地区设有子公司或办事处等分支机构。公司业务涵盖游戏、素质教育等板块，此外，三七互娱还积极布局文化健康、社交、新消费等新兴领域，先后投资了高端瑜伽品牌 Wake、LINLEE、唔哩星球、奇妙派对、互助停车、挪瓦咖啡、哆猫猫等。

为认真贯彻落实习近平总书记提出的"要坚定文化自信，推动社会主义文化繁荣兴盛"的重要指示，三七互娱始终践行传统文化与自主研发相结合，推动优秀传统文化出海，研发并发行《叫我大掌柜》《三国》《秦美人》等具有中国优秀传统文化特色的游戏产品。同时，积极布局影视、音乐、艺人经纪、动漫、泛文娱媒体、VR/AR、文化健康、社交、新消费等文化创意领域，参与投资或出品《无问西东》《少年的你》《鹤唳华亭》《清平乐》等历史及社会焦点题材的正能量影视作品，全部影视作品累计票房超过 22 亿元，更积极参与投资《三体》《灵笼》等具有中国本土特色的动漫作品。上述作品在国内外文化市场颇受欢迎，题材积极、传播率高，深受大众喜爱及认可，使国人对本土文化更加自信，起到典型示范作用。

目前，三七互娱总部位于广州人工智能与数字经济试验区金融城片区，2020 年投入 10.73 亿元拍下广州人工智能与数字经济试验区琶洲核心片区 AH040124 地块，将于 2024 年前累计投入 23.58 亿元建成广东省、广州市重点建设项目——三七互娱数字产业科技中心。

二 企业发展历程

（一）"十年磨一剑"打造中国游戏产业

2011 年，三七互娱正式成立，组建专业化团队——37 网游，全面进军网络游戏产业。经过十年的发展，37 网游拥有平台注册用户超过 7 亿，累计运营产品超过 600 款。业务涵盖 PC、移动游戏等领域，产品覆盖了重度 ARPG、休闲、SLG 等主流游戏类型，并在泛二次元、RTS、SIM 等游戏众多细分市场领域，形成了专业化布局拓展，代表产品有《荣耀大天使》《王城英雄》《武圣屠龙》等，三七互娱是"中国十大游戏运营平台"中"中国最佳人气游戏平台"。

2012 年，三七互娱制定全球化运营战略，成立 37GAMES，以专业化团队正式进军海外市场，全面进军网络游戏产业。37GAMES 于 2017 年成功推出了《大天使之剑 H5》全球公测版。截至目前，37GAMES 最高月流水已经超过 5 亿元，覆盖全球 200 多个国家和地区，到 2022 年 2 月，在中国出海的游戏厂商中排名第四，成功发行 "Puzzles & Survival"① 《叫我大掌柜》《MU：跨时代》"SNKオールスター" "대박장원공" 《鬼语迷城》《永恒纪元》等多款自研及代理产品。其中，《叫我大掌柜》游戏因为以古代商业市场为背景推出，长期保持与国内多个知名非遗文创 IP 联动合作，对推广我国优秀传统文化，起到积极作用。多年来，37GAMES 作为三七互娱集团"出海"主体，曾荣获 TWITTER "最具海外影响力品牌奖" "2019 年独立出海联合体扬帆奖" "天府奖——2017 年度最佳出海游戏公司" "第五届金茶奖最佳出海游戏企业"等多项殊荣。

2013 年，为推进"研运一体"战略，三七互娱引进大批人才，成立了游戏研发团队——三七游戏。在次世代 3D 引擎、AI、大数据分析平台等前沿技术加持下，三七游戏在 MMORPG（大型多人在线角色扮演游戏）、SRPG（策略角色扮演游戏）、SLG（策略类游戏）、SIM（生活模拟游戏）等多个细分市场领域形成专业化布局，成功研发《斗罗大陆：魂师对决》《云端问仙》《荣耀大天使》等令人瞩目的精品游戏，自研游戏流水超 500 亿元，是业内创新型游戏研发标杆。值得一提的是，2014 年三七游戏推出的首款自研产品《大天使之剑》，上线 60 天总流水就超过 3.2 亿元，一举打破国内游戏业多项纪录。

三七互娱于同年成立 37 手游，全面进军移动游戏业务，累计运营近 2000 款游戏，月活跃用户人数超过 3000 万，以"产品+流量+用户"精细化运营思路，于 2016 年推出的第一款自研手游《永恒纪元》，上线 30 天流水

---

① "Puzzles & Survival" 中文名称为《末日喧嚣》。

破亿。随后又成功发行《斗罗大陆：武魂觉醒》《云端问仙》《绝世仙王》《精灵盛典：黎明》《云上城之歌》《拳魂觉醒》《鬼语迷城》等不同品类的游戏产品，取得了令人瞩目的成绩，2019 年成功与阅文游戏等多家业界知名合作方联合成立 IP 联盟。

2015 年，三七互娱完成整体上市，并制定"多元化"投资布局战略，全面拓展文化创意产业，构建以精品 IP 为核心的文创生态产业链。

2016～2019 年，三七互娱各个业务品牌全面发展，整体综合实力跃居中国互联网企业第 18 位，陆续入选高盛"新漂亮 50"样本股榜单、全球 52 强 App 发行商榜单。2017 年三七互娱投入 8.97 亿元在国际金融城片区购置物业建设华南总部，通过不断升级"研运一体"战略，自研游戏流水超 500 亿，是业内创新型游戏研发标杆。自 2019 年起，在国内市场上，三七互娱在移动游戏发行市场上以超过 10% 的占有率居腾讯和网易之后，位列全国第三。在海外市场上，作为全球十大国际发行平台之一，三七互娱海外业务月流水超过 6 亿元，覆盖全球超过 200 个国家和地区，未来将进一步发挥海外市场的先发优势，依靠强大的游戏研发能力以及本土化营销能力，不断扩大海外业务规模，为推动中国文娱产业发展、增强文化自信做出新贡献。

（二）加快科技及文化产业布局步伐

2020 年，三七互娱进入下一个十年发展阶段，通过全新升级企业文化，注入可持续发展基因，朝着卓越文娱企业进发，全面加快科技及文化产业布局的步伐。为率先抢占 5G 云游戏新赛道，筹建云游戏平台，三七互娱全资收购少儿编程教育平台妙小程，强化素质教育领域布局。

2021 年，为了加快推动元宇宙从概念走向现实，三七互娱在元宇宙新业态的布局上持续加码，不断完善 VR/AR 领域的整体布局，深入元宇宙业态与技术融合的整体规划，创新构建核心优势，探索全新娱乐方式。从 2015 年开始投资 VR 游戏-Archiact，早期以元器件为主，2020 年开始逐渐向外延伸，陆续投资了 Wave Optics、快盘云游戏、光舟、晶湛、Digilens、Raxium、宸境科技、INMO 影目等全球领先的光学、显示、半导体材料、芯片、数字孪生、AR 硬件公司。

近年来，三七互娱还通过发起成立广东省游心公益基金会，积极关注中西部边远地区高中教育，开展"游心伙伴"奖助学、少数民族女生入学保障、"自由阅读"等品牌公益项目，直接受益师生超过 70000 人，并于 2021 年发布《关于对科技创新、乡村振兴、乡村帮扶、产学研培养、功能游戏开发、员工发展计划等六大方向投入的框架方案公告》，计划在 2025 年之前，投入 5 亿元人民币，助力社会价值共创，继续从六大方向，不断以实际行动强化企业责任担当，携手社会各界创造共享价值，助力社会共同富裕。

三 以传播传统文化为目标，创新"出海"战略部署

（一）数字赋能中国优秀传统文化

文化是一个国家、一个民族的灵魂。文化兴则国运兴，文化强则民族强。十九大报告提出，要坚定文化自信，推动社会主义文化繁荣兴盛。讲好中国故事，展现真实、立体、全面的中国，提高国家文化软实力。在中国文化"走出去"的时代背景下，许多游戏厂商逐渐将目光投向海外。

据中国音数协游戏工委与中国游戏产业研究院联合发布的《2021 年中国游戏产业报告》，2019~2021 年中国游戏用户增长缓慢，同比增长率均低于 4%，2021 年同比微增 0.22%（见图 1），国内游戏人口红利趋于饱和。而国内游戏厂商的整体出海收入增速高于国内市场的收入增速，并自 2018 年至 2021 年游戏市场销售收入持续高于国内。2021 年中国自主研发游戏海外市场实际销售收入达 180.13 亿美元，同比增速 16.59%[①]，高于自主研发游戏国内市场收入增速。伽马数据发布的《2021 年全球移动游戏市场中国

---

① 中国音数协游戏工委与中国游戏产业研究院：《2021 年中国游戏产业报告》，2021 年 12 月 16 日。

企业竞争力报告》还显示，2019～2021 年美国、日本以及韩国市场流水 TOP100 移动游戏中各品类游戏呈现分布更均衡的趋势①，国内出海的移动游戏厂商逐渐开拓了更多品类的市场，同时中国游戏在海外市场的占有率也在不断提升，从 2019 年的 19% 提升至 2020 年的 22%。②

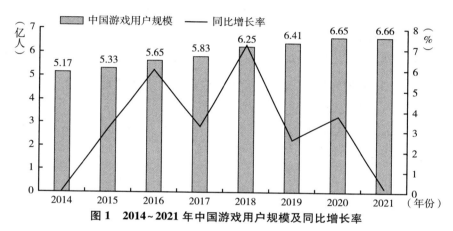

图 1　2014～2021 年中国游戏用户规模及同比增长率

资料来源：伽马数据，华创证券。

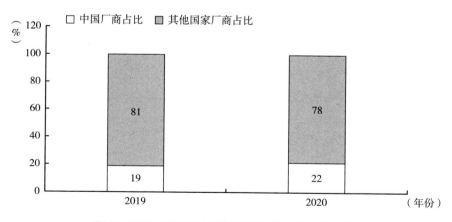

图 2　2019～2020 年中国游戏在海外市场的占有率

资料来源：Newzoo，《全球移动市场报告》，华创证券。

① 伽马数据，《2021 年全球移动游戏市场中国企业竞争力报告》。
② Newzoo，《全球移动市场报告》。

推动精品游戏出海，实现中华优秀传统文化输出，俨然成为游戏行业发展的一个重要趋势。作为国内最早出海的游戏厂商之一，三七互娱多年来持续为海外用户提供优质健康的文化创意产品，积极为中华优秀传统文化扬帆出海贡献自己的力量。

从2018年至2020年，三七互娱的海外业务营收持续增长，2020年较2018年增幅高达131%（见图3）。2021年上半年其海外业务营收为20.45亿元，同比上升111.3%，在总营收中所占比重达27.12%，实现了大幅增长。三七互娱在中国游戏厂商"出海"营收排名中稳居前5[①]；并在日本、美国等重点地区持续发挥重要作用，荣登2021年日本市场上中国热门游戏App厂商免费榜第2名以及2021年美国市场上中国热门游戏App厂商免费榜第7名[②]。

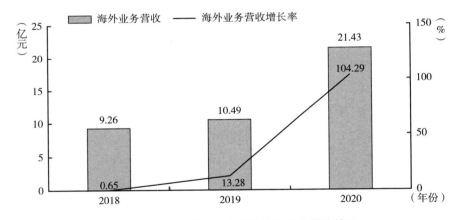

图3　2018~2020年三七互娱海外业务营收情况

资料来源：三七互娱网络科技集团股份有限公司，《2018年年度报告》《2019年年度报告》《2020年年度报告》。

目前，三七互娱业务已覆盖200多个国家和地区，全球发行手机游戏超过100款，游戏类型涉及ARPG（动作角色扮演类游戏）、MMOPRG（大型

---

① data. ai CN，2022年2月IOS App Store和Google Play中国游戏厂商出海收入排行榜。
② 酷量科技：《2021中国移动游戏出海年度报告》。

多人在线角色扮演游戏）、卡牌 RPG（角色扮演游戏）、SLG（策略类游戏）、STG（射击游戏）、MOBA（多人在线战术竞技游戏）等，语言覆盖英语、日语、韩语、泰语等 14 种，成功获得了"全国文化企业 30 强"提名、"广州文化企业 30 强"等荣誉，旗下两款手游《大天使之剑 H5》和《斗罗大陆》的海外推广项目亦成功入选文化和旅游部"一带一路"文化产业和旅游产业国际合作重点项目。

| **data.ai 中国游戏厂商 * 出海收入 ** 排行榜** iOS App Store 和 Google Play, 2022 年 2 月 |

排名	公司	排名变化	排名	公司	排名变化
1	米哈游	-	16	智明星通	4 ▲
2	FunPlus	-	17	龙腾简合	2 ▲
3	腾讯	-	18	4399	1 ▼
4	三七互娱	1 ▲	19	乐元素	3 ▼
5	莉莉丝	1 ▼	20	Tap4Fun	2 ▲
6	网易	-	21	爱奇艺	-
7	博乐游戏	-	22	游族网络	1 ▲
8	IGG	-	23	灵犀互娱	5 ▼
9	龙创悦动	2 ▲	24	星合互娱	-
10	友塔游戏	-	25	有爱互娱	-
11	壳木游戏	2 ▼	26	心动网络	1 ▲
12	沐瞳科技	1 ▲	27	掌趣科技	2 ▲
13	Topwar Studio	1 ▲	28	字节跳动	3 ▲
14	点点互动	1 ▲	29	天游网络	3 ▼
15	悠星网络	3 ▼	30	创酷互动	2 ▲

图 4　data.ai 2022 年 2 月中国游戏厂商出海收入排行榜

资料来源：data.ai CN，2022 年 2 月 IOS App Store 和 Google Play 中国游戏厂商出海收入排行榜。

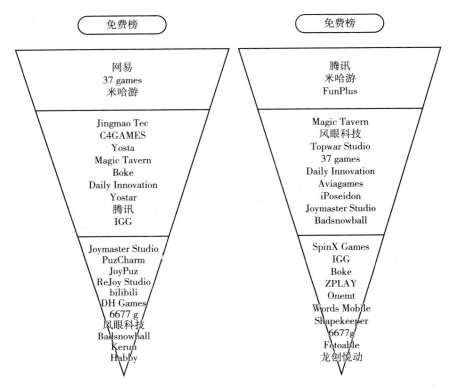

图5　2021年日本、美国市场上中国热门游戏App厂商（左为日本市场、右为美国市场）

资料来源：《2021中国移动游戏出海年度报告》，https：//lmtw.com/mzw/content/detail/id/212321/keyword_id/-1。

（二）过硬自研技术保障"出海"战略顺利开展

早在2012年，创始人团队就分析了当时海外市场的数据，确立了"出海"战略，从中国台港澳地区开始出海探索，逐步打开当地市场。而在中国台港澳地区积累的经验，为后续进军韩国、泰国等亚洲国家打下了坚实的基础。2014年三七互娱顺利进入英语、法语、阿拉伯语游戏发行及运营市场，同时还开拓了日语、德语、葡语、西班牙语、波兰语、俄罗斯语等市场版图，逐步形成了涵盖亚太和欧美的双向出海格局。2018年，三七互娱喊出了"多元"的口号，通过多年实践所积累的经验，总结出了"精细化运营"的海外发行策略，形成卓有成效的出海模式。目前，三七互娱稳步推进"精品化、多元化、全球化"发展战略，更加注重游戏研发的精品化、多元化和运营数字化、智能化，着力打造市场认可，兼具技术和艺术性的高水准产品，以弘扬中国优秀传统文化为核心目标、文化出海为主要手段，推动文化产业"出圈""出海"。

为保证"出海"战略部署的顺利开展，三七互娱为应对更复杂的市场环境，不断推进自研技术发展。公司自主研发的 AI 大数据算力研运中台"宙斯"，可实现从研发、部署到运营全流程的自动化和标准化，为各部门系统间的互联互通扫清了障碍；在研发端，通过自研的"雅典娜""波塞冬""阿瑞斯"三大数据研运系统，为精品游戏的研发提供了大数据的支撑，大幅提升了游戏研发和版本迭代的效率；加上在数值策划上的传统优势以及在自研引擎、美术技术等领域创新应用，集团产品自主化和精品化得到了有力的保障；在发行端，在以自研"量子-天机"系统为代表的 AI 大数据投放系统的技术支撑下，为新产品设计、老产品迭代提供精准数值参考。多元产品的发行效率得到大幅提升，精品游戏生命周期长的特点也被进一步放大。这也令三七互娱产品在保持 MMO 传统优势外，在卡牌、SLG、模拟经营等创新细分赛道取得了阶段性突破。

在实现稳定的全球网络方面，为了减少网络延迟，三七互娱通过亚马逊云科技全球分布的云基础设施、数据同步解决方案和应用加速服务，完成"全球同服"的游戏后台架构部署。游戏完全构建在统一的"大世界"中，由唯一的中心节点进行资源的统一管理，通过分布在全球的游戏服务器，实现稳定低延时的全球网络数据同步，并通过边缘节点进一步实现玩家的就近接入，使玩家可以通过所在地域加速点就近访问游戏服务，实现游戏的低延迟性，让全球各地的玩家都能获得几乎一致的顺畅体验。

未来，三七互娱将发挥海外市场的先发优势，持续往全球化、多元化、精品化方向发展，加快全球化战略布局的推进，为推动中国文化创意产业发展、增强文化软实力做出贡献。

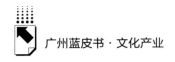

四　产业特色案例

（一）因地制宜推动产品在海外"生根发芽"

国外游戏市场和国内游戏市场并不相同，除文化背景外，不同国家和地区的玩家在品类偏好上也有较大差异。基于此，三七互娱制定了"因地制宜"的战略，并定下了"产品多元化"以及"运营精细化"这两大方向。在发行推广端，需要针对具体市场做定制化运营和推广，进而让游戏更好地留住当地玩家。

以"Puzzles & Survival"产品为例，在欧美地区，鉴于欧美地区用户的特点，三七互娱放大了游戏题材对他们的吸引力，在推广素材中融入更多具有视觉冲击并且是欧美玩家喜爱的元素，这些元素的添加让用户更直观地感受到游戏的刺激性和紧迫感，进而提升他们下载游戏的意愿。同时邀请了当地的 KOL 联动推广，通过博主的解说进一步展现游戏内容，吸引更多欧美玩家。

在日本地区，在推广游戏时三七互娱会在内容和素材上注重差异化。比如在游戏中添加具有日式风格的元素，如樱花、温泉、武士等元素，设计主城模型时大量采用和风建筑，将日本地区游戏中的 AI 形象塑造为日本女性形象等，使日本用户拥有强烈的文化认同感、归属感，进而提高游戏在日本的话题度。

在韩国地区，则邀请韩国当红女星做代言，做品效合一的推广。同样一款产品，通过因地制宜的推广方式推出三种不同地区的素材，均能达到不错的成效。

（二）"优秀中华传统文化+IP 联动"赋能

海外市场对产品本身品质有更高的要求，营销方面也需要性价比更高、突出亮点的创意内容，这就需要游戏公司具备一定的精品制作和营销能力，

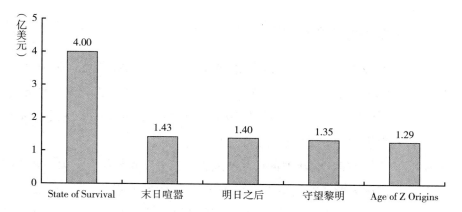

图 6　2021 年上半年末世生存手游全球收入 TOP5

资料来源：Sensor Tower。

并与研发商深度绑定，从研发早期便开始介入，从游戏题材、游戏玩法、本地化翻译等方面给予研发端帮助与建议，共同打造真正面向全球市场的产品。

《叫我大掌柜》是三七互娱长期运营的一个标杆案例。为了更好地表现中华优秀传统文化，三七互娱在游戏中加入海上丝绸之路、赶集、龙舟、皮影戏这些极富中国历史以及传统文化的元素，让日、韩、东南亚甚至欧美地区的玩家都能够了解中国古代历史和传统文化。

在游戏的推广素材上也作了一些新的尝试，加入京剧、西湖等中国元素，加深外国游戏玩家对于中国风的印象，激起他们从游戏中体验、感受甚至是探索中国文化的兴趣。不少游戏玩家在应用商店和社交网站上留言表示，通过这款游戏，加深了对中华优秀传统文化的了解。这款产品已经上线一年多，海外收益还在持续增长。

三七互娱在该产品的营销与更新上也进行了诸多努力。在 IP 联动方面，《叫我大掌柜》跟葫芦娃联动后，对可以喷火的火娃赋予了铁匠的身份，将水娃设计成澡堂老板。结合这些新身份的编码，项目组还加入一些创新项目的玩法和内容，从而让用户和市场觉得这个产品更具创意性。向海外传播中华优秀传统文化，使大量国外游戏玩家产生探索欲和好奇心，促使他们去了解中华优秀传统文化，同时也能带动游戏市场整体增长。

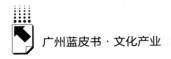

（三）数字赋能实践成果

三七互娱 2021 年上半年海外市场营业收入超 20 亿元，同比增长 111.30%，占公司总营收的 27.12%，较 2020 年上半年的 12.13% 大幅增长。在 data. aiCN 公布的 2022 年 1 月的中国厂商出海收入排行榜中，三七互娱稳居 Top 5 阵营。[①]

在中华优秀传统文化出海的产品实践中，三七互娱早年以三国为题材的《龙将》、以战国为题材的《秦美人》等页游和近年来《江山美人》《叫我大掌柜》等模拟经营类手游，都取得了较好的市场表现。其中，《江山美人》通过三年多的长线运营，最高月流水突破千万美元；而《叫我大掌柜》自 2021 年 1 月在韩国地区上线，也在韩国 iOS 免费榜上保持了近一个月的前十的排名，在畅销榜上稳定在前 20 名。

三七互娱的 Puzzles & Survival 这款产品则自 2020 年 8 月上线后，最高单月流水超 2 亿元人民币，累计流水已超 10 亿元人民币。三七互娱通过将欧美市场最流行的三消玩法和传统的 SLG 玩法进行完美的融合，成功抓住了市场空白点，进入欧美多个地区的 App Store 和 Google Play 游戏畅销榜 Top30[②]；在日本市场 Puzzles & Survival 不仅曾拿下下载双榜第一，而且均进入双平台游戏畅销榜 Top 30，生存类手游收入进入全球第 2 名[③]。

五　企业未来规划

（一）传播中华优秀传统文化

三七互娱将继续以"中华传统文化数字赋能"文明实践新模式为抓手，以弘扬传播中华优秀传统文化为目的，发挥互联网传播优势，提高非遗传承

---

① data. ai CN，中国游戏厂商出海收入排行榜 IOS App Store 和 Google Play，2022 年 1 月。

② Sensor Tower，2022 年 1 月中国手游收入 TOP30 海外 App Store+Google play。

③ 资料来源：Sensor Tower。

数字化、智能化、网络化水平，增强文物展陈的互动性、体验性。以弘扬中华优秀传统文化为目标、以精品游戏为载体、以跨界合作为手段，通过提炼中华优秀传统文化中能与时代发展高度契合的内容，并借助游戏、线下活动，以线上线下相融合的形式弘扬中华优秀传统文化，既让游戏玩家能够了解中华优秀传统文化，也让更多的泛在用户感受到游戏作为中华优秀传统文化传播媒介的感染力。以大众喜闻乐见的游戏方式呈现，在大力弘扬中华优秀传统文化、红色文化的同时引导员工增强文化自信。

（二）融合模式深挖

三七互娱公司积极推动数字赋能中华优秀文化传播，开展文化资源分类与标识、数字化采集与管理、多媒体内容知识化加工处理、智能创作、VR/AR/MR 虚拟制作等文化生产技术研发。开展文化产品多渠道发布、多网络分发、多终端呈现等文化传播技术研发。

三七互娱公司一方面希望凭借自身的影响力以及互联网，通过游戏植入、相关产品制作、衍生品开发等深受年轻群体喜欢的方式，拉近中华优秀传统文化与市民大众之间的距离；另一方面，也将持续与各级非遗保护中心、博物馆等文化单位开展合作，令更多中华优秀传统文化重现昔日光彩。

（三）以科技推动文化传播为使命

三七互娱将科技力量作为内容布局的核心，发挥企业科技专长与优势，积极助力中华优秀传统文化与科技融合，推动中华优秀传统文化数字化出海。同时，作为未来数字技术的重要一环，元宇宙概念的发展一直被社会关注。2022 年两会期间，多位人大代表、政协委员就提交了元宇宙相关议案提案，并建议加强监管与鼓励创新二者并行，三七互娱也将在元宇宙领域持续加码，持续关注 GPU、XR 芯片、MR 设备等相关领域，并不断学习和关注自动驾驶、AI、云计算、IDC 等科技领域。随着元宇宙行业技术的发展，通过在科技领域的布局并与自身的业务内容相结合，大力推进元宇宙相关技术研究及产品应用，从而创造出更多更好的全球化数字产品，促进元宇宙场

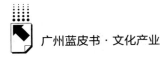

景的数字化、智能化，通过科技手段进行赋能，推动更多中华优秀传统文化出圈出海，服务更多的社会群众，开发更多群众喜闻乐见、积极向上的文化产品。

未来，三七互娱将继续秉持"创新、进取、分享、尊重"的价值观，在文化推广、创新发展、技术进步的道路上稳步前行，继续积极响应国家对文化产业"走出去"的战略指导方针，从游戏企业的角度着力推动中华优秀传统文化走向世界，打造与推介更多具有中国特色的产品和服务，展示中国游戏企业的研发实力，向世界更多的地区彰显中国智慧、讲好中国故事。

借 鉴 篇
Mutual Exchange Chapter

B.14
城市规模与文化产业发展关系
及对广州的启示

潘丽群 邓凤怡*

摘 要： 城市化加速推进城市文化产业的发展了吗？本文运用中国
2003~2019年包含广州在内的35个大中城市的面板数据，就
城市规模对文化产业的影响进行实证检验，结果表明，城市
规模显著地促进了文化产业发展。通过更换被解释变量和解
释变量进行稳健性检验，结果依然稳健。进一步从城市等级、
经济发展水平、地理位置、文化背景的角度分析城市规模对
文化产业影响的异质性，结果表明，包含广州在内的17个一
线城市的城市人口规模增加1%，将带动文化产业增加值增长
0.50%，高于二、三、四线城市（0.25%）；相比经济水平较
低地区，以广州为代表的经济发展水平更高的城市规模对文

---

* 潘丽群，广州大学经济与统计学院副教授，博士，研究方向为城市经济、应用微观等；邓凤
怡，广州大学经济与统计学院本科生，研究方向为微观经济学。

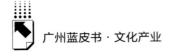
化产业的促进作用更大；西部地区城市规模对文化产业的影响最大，东部次之，中部最小；以广州为代表的稻作文化区城市规模对文化产业的影响大于以北京为代表的粟作文化区，游牧文化区影响不显著；以广州为代表的海洋—都市文化区城市规模对文化产业的影响最大，雪域—山地文化区次之，黄河—长江文化区影响最小，草原—绿洲文化区影响不显著。最后基于广州市的城市规模优势，从扩大文化消费需求、培育和引进文化产业高端人才、数字技术赋能文化产业等方面提出促进广州文化产业发展的建议。

关键词： 城市规模　文化产业　异质性

一　引言

2021 年末我国城镇常住人口达到 91425 万人，常住人口城镇化率为 64.72%，比 2020 年末提高 0.83 个百分点。从社会发展的经验来看，城市化加速推进期也是文化产业高速发展期。党的十九大报告指出，要"推动文化事业和文化产业发展。满足人民过上美好生活的新期待，必须提供丰富的精神食粮"。2015 年全国文化及相关产业增加值为 2.7 万亿元，2020 年增长到接近 4.5 万亿元，年均增速约为 13%，占同期国内生产总值比重由 3.95% 上升到 4.43%。文化产业正逐步成为国民经济的支柱性产业，成为经济发展的新动力和新形态。

文化产业作为环境污染小、资源消耗少的绿色产业和可持续发展产业，经济拉动性和溢出效应显著，对推动中国经济转型与产业结构升级具有重大作用。基于城市化与文化产业同方向发展的趋势，人们越来越关注城市化是否对文化产业造成影响，城市规模是否促进文化产业的发展。若存在促进作用，程度有多大，影响的传导机制是什么，在不同城市之间的差异如何；如果不存在影响，原因是什么？因此，本研究立足于中国快速城市化和文化产业繁荣发展的背景，探究城市规模与文化产业发展的关系，并比较区域间的差异；探讨其影响机制和存在差异的原因，并以此为我国文化产业发展规划提供借鉴，促进文化产业可持续发展。

基于此，本文运用中国 2003~2019 年 35 个大中城市的面板数据，首先分析城市规模对文化产业的影响机制，接着对城市规模对文化产业的影响进行实证检验，进一步根据城市等级、经济发展程度、地理位置、文化差异等条件进行分组回归，分析影响的异质性，最终得到本文的结论。

本文接下来的安排如下：第二部分是文献综述，总结了国内外关于城市规模与文化产业关系的研究；第三部分为城市规模对文化产业影响的理论机制分析；第四部分是数据来源与描述；第五部分是指标选取与模型设定和检验；第六部分城市规模对文化产业影响的实证分析；第七部分城市规模对文化产业影响的异质性；最后一部分是结论及对广州的启示。

二 文献综述

随着城市化进程不断加快，经济与文化日益深入融合发展。国外城市化进程历时更长，文化产业更为完善，相关研究相对丰富。在我国，改革开放以前的城市化相当缓慢，但在改革开放后发展迅速。同时，我国的文化产业起步较晚，处在"朝阳产业"阶段，是最具发展潜力的产业之一，被称为21 世纪的"黄金产业"。关于城市化与文化产业的研究主要概括为以下几个方面。

（一）城市化对文化产业的影响

范周[1]指出，城市空间是文化产业的主要载体，由于城市拥有人才、文

---

[1] 范周：《关于我国城镇化与文化发展的思考》，《现代传播（中国传媒大学学报）》2013 年第 8 期。

化、科技和创意资本等内生要素，中国的文化产业主要聚集于城市区域。
Scott① 认为，基于大都市内生集聚效应，尤其是人际关系、历史条件和政策
制度等内生因素，大都市（伦敦、纽约、巴黎等）文化产业的城市化空间
分布呈现出非均衡态势。在 Kwan② 看来，城市化空间是产业实现的载体，
有效契合文化产业发展导向便利（承载主体和结构空间），而且城市化便利
的居民空间和社会网络亦能提供重要的发展优势。再者，部分学者加入
"创新"要素，试图从新的视角探讨城市化对文化产业的影响。李翠玲③将
新型城镇化的推进视为文化再造的过程。进一步，孙剑锋等学者④认为这种
再造不止是文化产业空间的再造，更是弘扬文化产业的发展新观念——如何
促进文化产业与城镇、居民生活、艺术之间的深度融合，进而实现深度城市
化。Florida⑤ 从创意城市视角，认为创意、人才和技术等要素易于吸纳辖区
外的创意阶层，进而激活文化产业因子。

（二）逆城市化对文化产业的影响

与上述研究结论相反，Wilson et al.⑥ 通过实证检验发现，小城市的文
化产业生产者拥有的自然条件和人力资源低成本等优势，反而会进一步

① A. J. Scott, Flexible Production Systems and Regional Development: the Rise of New Industrial Spaces in North America and Western Europe*, *International Journal of Urban and Regional Research*, 1988: 2.
② Kwan Wai Ko, Kin Wai Patrick Mok: Flexible Production Systems and Regional Development: the Rise of New Industrial Spaces in North America and Western Europe, *Clustering of Cultural Industries in Chinese Cities*, 2014: 2.
③ 李翠玲：《城镇化进程中的民俗复兴与地方再造——以广东小榄镇"菊花会"为例》，《广西民族大学学报》（哲学社会科学版）2016 年第 2 期。
④ 孙剑锋、李世泰、纪晓萌、秦伟山、王富喜：《山东省文化资源与旅游产业协调发展评价与优化》，《经济地理》2019 年第 8 期。
⑤ Florida R.: The Rise of the Creative Class, And How it's Transforming Work, Leisure, Community and Everyday Life, *New York*: Basic Books, 2002.
⑥ Ruth Wilson, Claire Wallace, John H. Farrington, A Virtual Geography of the Scottish Islands, *Scottish Geographical Journal*, 2015: 3-4.

导致城市文化产业"逆城市化"现象。魏伟等①从文化整合功能视角,认为逆城市化是将城市文化反向向农村区域传播与扩散的一系列过程,最终结果是加速农民对新思想与城市文化的接受和学习,从而缩小城乡二元差距。

(三)城市化与文化产业的相互影响

除了城市化对文化产业的正向或负向影响研究外,也有部分学者认为在城市化促进文化产业的同时,文化产业也相应促进城市化,如薛东前等②认为城市化为文化产业提供坚实的物质基础,文化产业规模的有序扩展和其质量提升也会影响城市化发展的规模与形态。姚科艳和刘传俊③研究发现文化产业对城市化质量的正向促进作用存在"滞后效应",即短期内对城市化质量的提升作用并不显著,但从长期来看,对城市化质量的影响存在正向促进效应。城市化质量对文化事业投入影响不显著,但对文化产业从业人数存在正、负两方面影响,影响效应呈现波动趋势。花建④认为文化传承和创新有助于凸显城市文化实力,城市科技创新推动文化价值重塑,进而加快推动城市化进程。

通过对上述国内外文献梳理发现,城市化对文化产业的影响方向具有不确定性,且相关研究以定性分析为主,很少从定量分析角度给予实证。因此,本文建构城市规模对文化产业影响的计量模型实证分析其影响强度,并基于模型对全国 35 个大中城市展开分析,从而提高分析的精确度和广泛度。

---

① 魏伟、刘畅、张帅权、王兵:《城市文化空间塑造的国际经验与启示——以伦敦、纽约、巴黎、东京为例》,《国际城市规划》2020 年第 3 期。

② 薛东前、万斯斯、马蓓蓓、陈荣玉:《基于城市功能格局的西安市文化产业空间集聚研究》,《地理科学》2019 年第 5 期。

③ 姚科艳、刘传俊:《城市化质量与文化产业发展互动效应测度研究》,《学术研究》2021 年第 9 期。

④ 花建:《文化产业集聚发展对新型城市化的贡献》,《上海财经大学学报》2012 年第 2 期。

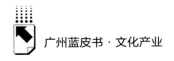

三　城市规模对文化产业影响的理论机制分析

本研究将城市规模对文化产业影响的传导机制归纳为文化产业需求和供给两方面。

（一）需求机制

一方面，城市规模扩大促进文化消费的数量增加。城市规模扩大，城市人口增加，带来了强大的文化消费需求，将带动文化产业的繁荣；另一方面，城市的发展对文化消费的质量提出了更高的要求。随着城市发展，居民收入水平提高，人们追求更高的生活质量，城镇居民消费向发展和享受型转变，人们对文化消费趋向于多层次、多样化。人们对高质量的文化需求有利于扩大文化消费需求，释放居民文化消费潜力，进而促进文化产业发展。

（二）供给机制

随着城市化进程深入推进，城市空间地域开发逐步完善、城市空间结构趋于合理化，各种经济发展要素向城镇聚集。首先，相对于农村劳动力，城市劳动力更倾向于投入文化产业劳动市场，城市给文化产业的发展提供了基本劳动力来源；同时，随着社会发展，文化产业领域产生很多新兴行业，如网络、影视、动漫、数字媒体等，为了制作出符合市场需求的文化产品，生产者和经营者需要掌握一定的专业知识和技术。而城市恰恰提供文化产业发展所需的高质量人才，更好满足文化产业发展的需求。其次，城市的各种基础设施建设更为完善，市场机制在经济发展中的作用更为明显，资源配置效率高，给文化产业发展提供了便利的条件。最后，任何一个产业的长足发展都离不开技术和资本，而城市正好是技术和资本的富集区，技术和资本为文化产业发展提供了基础保障和有力支撑，有利于重塑产业链，最终推动文化产业结构转型升级。

综合以上理论分析，本文提出假设：城市规模能够促进文化产业发展。

四　数据来源与描述

（一）数据来源

本文选取我国 35 个大中城市（北京、天津、石家庄、太原、呼和浩特、沈阳、大连、长春、哈尔滨、上海、南京、杭州、宁波、合肥、福州、厦门、南昌、青岛、济南、郑州、武汉、长沙、广州、深圳、南宁、海口、重庆、成都、贵阳、昆明、西安、兰州、西宁、银川、乌鲁木齐）作为研究样本，时间区间为 2003～2019 年。本文所使用的数据来自《中国城市统计年鉴》。《中国城市统计年鉴》是国家统计局城市社会经济调查司主办的、全面反映中国城市经济和社会发展情况的资料性年刊，其内容涵盖了全国地级和县级以上城市统计资料，包括人口、劳动力、综合经济、文化、人民生活等方面内容，其中包含本文所需要的变量数据：市辖区年末总人口数、文化体育和娱乐业从业人员数、城镇居民人均教育文化娱乐消费支出、文化体育与传媒预算支出、人均地区生产总值、普通高等学校在校学生数、年末实有城市道路面积、居民生活用水量、公共图书馆图书总藏量。本文稳健性检验中涉及的灯光数据来源于由美国哈佛大学定量社会科学研究中心和哈佛大学图书馆合作创立的社会科学数据库 Harvard Dataverse。需要说明的是，由于部分城市个别年份数据缺失，缺失数据采用指数平滑法补充。

（二）数据描述性统计

表 1 列示了 2003～2019 年 35 个城市的文化、体育和娱乐业从业人员数。可以看出，广州在 35 个城市中位列第三，仅次于北京和上海。北京的文化产业从业人员数远高于其他城市，位列第一；其次是上海，也表现出文化产业的丰富性。而排名靠后的城市，文化产业从业人员仅有千人，与前几名城市的从业规模差距甚大。

表1　2003~2019 年 35 个城市的文化、体育和娱乐业从业人员数

单位：万人

城市	2003 年	2019 年	均值
北　京	11.77	18.61	16.15
上　海	4.76	7.51	5.36
广　州	2.58	4	3.48
武　汉	2.37	2.41	2.27
天　津	2.06	2.15	1.95
长　沙	1.87	2.3	1.93
沈　阳	1.8	1.45	1.5
西　安	1.69	2.37	1.85
长　春	1.59	1.48	1.53
成　都	1.52		1.94
郑　州	1.5	1.67	1.97
哈尔滨	1.47	1.05	1.49
济　南	1.25	1.4	1.45
石家庄	1.24	1.39	1.16
杭　州	1.23	2.38	1.88
重　庆	1.17	2.43	1.98
深　圳	1.16	3.13	2.03
南　京	1.16	2.92	1.92
昆　明	1.16	1.3	1.06
太　原	1.05	1.44	1.4
福　州	0.98	1.33	1.16
乌鲁木齐	0.97	1	1.06
合　肥	0.89	1.05	0.99
大　连	0.86	0.96	0.89
呼和浩特	0.85	0.87	0.95
南　昌	0.82	1.04	1.09
南　宁	0.72	1.3	1.11
贵　阳	0.69	0.87	0.81
青　岛	0.66	1.12	0.85
厦　门	0.58	0.88	0.7
海　口	0.57	0.8	0.75
兰　州	0.56	1.01	0.92
宁　波	0.44	0.65	0.57
银　川	0.42	0.49	0.54
西　宁	0.24	0.28	0.36

　　表2展示了35个城市以市辖区年末总人口来衡量的城市规模情况。从中可以看出，广州从2003年的588.26万人增长到2019年的954万人，增长了62%。对比全国文化产业最为丰富的北京市（增长29%）和上海市（增长15%），广州市的城市规模增长速度远超北京市和上海市。

表2　2003~2019年35个城市的城市规模

单位：万人

城市	2003年	2019年	均值
广　州	588.26	954	721.61
北　京	1079.22	1397	1226.67
上　海	1278.23	1469	1359.84
深　圳	150.93	551	295.31
天　津	758.78	1108	873.82
石家庄	211.09	427	299.68
太　原	250.27	300	279.92
呼和浩特	109.7	141	122.59
沈　阳	488.4	613	531.36
大　连	274.78	405	319.38
长　春	310.01	445	375.22
哈尔滨	315.19	553	477.86
南　京	489.76	710	588.24
杭　州	393.19	657	480.76
宁　波	206.91	301	234.89
合　肥	155.87	291	223.09
福　州	166.24	290	204.39
厦　门	141.76	261	190.81
南　昌	196.37	314	244.33
青　岛	246.77	529	332.57
济　南	334.8	695	397.91
郑　州	239.85	397	374.27
武　汉	781.19	906	627.15
长　沙	196.26	364	274.45
南　宁	145.77	398	281.99
海　口	139.19	183	161.76
重　庆	1010.12	2479	1762.84
成　都	452.57	876	601.28
贵　阳	199.57	267	226.80
昆　明	224.22	325	265.51

续表

城市	2003 年	2019 年	均值
西　安	510.26	821	607.80
兰　州	194.91	212	210.64
西　宁	99.54	101	103.75
银　川	71.82	125	98.00
乌鲁木齐	173.3	222	225.63

表 3 汇总了我国 2003～2019 年 35 个大中城市各变量的描述性统计。样本数为 595 个，文化、体育和娱乐业从业人员数最大值为 190281 人，最小值为 2300 人；市辖区年末总人口数最大值为 2479 万人，最小值为 71.82 万人；城镇居民人均教育文化娱乐消费支出最大值为 7361.09 元，最小值为 569 元；文化、体育与传媒预算支出最大值为 2793200 万元，最小值为 2879.155 万元；人均地区生产总值最大值为 467749 元，最小值为 9667 元；普通高等学校在校学生数最大值为 1167329 人，最小值为 10280 人；年末实有城市道路面积最大值为 22160 万平方米，最小值为 490 万平方米。可见，中国城市间的文化产业、城市规模等存在较大差异，反映了从城市层面考察城市规模对文化产业发展影响的必要性。

表 3 变量描述性统计

变量名称	样本容量	平均值	标准差	最小值	最大值
文化、体育和娱乐业从业人员数（人）	595	19273.94	26550.95	2300	190281
市辖区年末总人口数（万人）	595	445.97	378.66	71.82	2479
城镇居民人均教育文化娱乐消费支出（元）	595	2288.44	1185.89	569	7361.09
文化、体育与传媒预算支出（万元）	595	163462.40	296921.40	2879.155	2793200
人均地区生产总值（元）	595	74454.66	42290.70	9667	467749
普通高等学校在校学生数（人）	595	368796.40	225988.20	10280	1167329
年末实有城市道路面积（万平方米）	595	5337.09	3946.77	490	22160

图 1 为城市规模与文化产业散点图。可见，两者之间演变趋势相同，呈现正相关关系。这和我们此前的推测很相似，城市规模越大，文化产业发展越快。尽管散点图给我们认识变量之间的相互关系提供了一个直观的印象，但是变量之间的数量关系是否在统计上显著，必须通过接下来的回归分析得到。

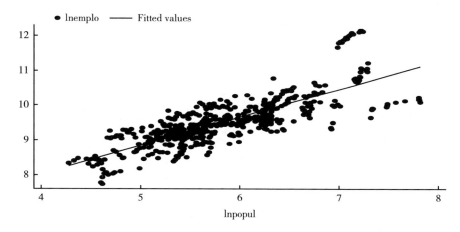

图 1   城市规模与文化产业散点图

五   指标选取与模型设定和检验

（一）指标选取

结合我国文化产业发展现状和现有研究以及数据的可获取性，本文选取文化、体育和娱乐业从业人员数作为反映文化产业发展状况的指标。城市规模作为影响文化产业发展的关键变量，用市辖区年末总人口数表示（见表4）。

1. 被解释变量：文化产业

文化产业是一种特殊的文化形态和特殊的经济形态，世界各国从不同角度看文化产业得出不同理解。在我国，文化部制定下发的《关于支持和促进文化产业发展的若干意见》,将文化产业界定为:"从事文化产品生产和提供文化服务的经营性行业。文化产业是与文化事业相对应的概念,两者都是社会主义文化建设的重要组成部分。文化产业是社会生产力发展的必然产物,是随着中国社会主义市场经济的逐步完善和现代生产方式的不断进步而发展起来的新兴产业。"而我国国家统计局对"文化及相关产业"的界定:为社会公众提供文化娱乐产品和服务的活动,以及与这些活动有关联的活动的集合。本文选取文化、体育和娱乐业从业人员数作为反映文化产业发展水平的指标。

表4 指标选取

变量名称	指标选取
文化产业	文化、体育和娱乐业从业人员数
城市规模	市辖区年末总人口数
文化消费需求	城镇居民人均教育文化娱乐消费支出
文化财政支出	文化、体育与传媒预算支出
经济发展水平	人均地区生产总值
人力资本水平	普通高等学校在校学生数
基础设施建设	年末实有城市道路面积

2. 解释变量:城市规模

伴随工业化和城市化进程加速,城市数量和规模都有明显增长。快速城市化现象引发了学者对城市规模标准及城市发展的思考。本文城市规模的划分标准以城区常住人口为统计口径,用市辖区年末总人口数表示城市规模。

3. 控制变量

本文将以下五项可能对文化产业造成影响的变量作为控制变量。

(1) 文化消费需求

文化产业所提供的产品和服务只有符合人民群众的消费意愿和需求,才能将文化资源转化为生产力。文化市场需求的增长,文化消费结构的转型升级,将进一步带动文化产业生产效率提高,使文化产业成为经济增长的新动能。我国现阶段城乡文化消费差异较大，文化消费需求主要体现在城镇居民对教育文化娱乐消费的支出，所以本文用城镇居民人均教育文化娱乐消费支出表示文化消费需求，以此衡量城市文化消费水平。

（2）文化财政支出

文化相关方面的财政支出为文化产业的发展提供了重要保障，用各城市文化、体育与传媒预算支出表示文化财政支出，衡量地方政府对文化产业发展的重视程度及扶持力度。

（3）经济发展水平

文化产业在一定的经济基础上产生，是经济社会发展到一定程度的产物，经济发展为文化产业发展提供了广阔的消费市场和坚实的物质基础。本文采用人均地区生产总值来衡量经济发展水平。

（4）人力资本水平

人力资本是文化产业得以发展的关键要素和根本所在。文化劳动力的数量和质量直接关系文化产品和服务的市场供给，影响文化产业发展进程。文化产业与新兴科技日益深度融合，需要引进和培养更多具有专业知识和技能的高素质文化产业劳动者，将现代科技与文化要素结合，激发文化生产力，促进文化产业可持续发展。本文选取普通高等学校在校学生数作为衡量人力资本水平的指标。

（5）基础设施建设

基础设施是任何一个产业赖以生存和发展的基础。同样，完善的基础设施是文化产业繁荣发展的载体与重要前提。本文中，基础设施建设指标用年末实有城市道路面积表示。

（二）模型设定和检验

1.构建面板数据模型

本研究以城市规模作为模型解释变量中的重点关注变量，以文化产业作为被解释变量，把文化消费需求、文化财政支出、经济发展水平、人力资本水平、基础设施建设等可能对文化产业造成影响的变量作为控制变量，构建

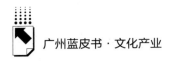

面板数据模型。基于以上变量的设定，本文的具体模型为：

$$lnemplo_{it} = \beta_0 + \beta_1 \times lnpopul_{it} + \beta_2 \times Z_{it} + \eta_i + \varepsilon_{it}$$

其中 $lnemplo_{it}$、$lnpopul_{it}$ 分别代表文化、体育和娱乐业从业人员数对数值、年末总人口数对数值。Z 表示控制变量，包括文化消费需求、文化财政支出、经济发展水平、人力资本水平和基础设施建设。η_i 为不同的城市个体特征，ε_{it} 为随机扰动项。

2. 豪斯曼（Hausman）检验与模型选择

如表 5 所示，模型通过了系数显著性的联合检验，模型整体设定良好；模型个体效应显著，回归时需要考虑个体效应。通过豪斯曼检验分析模型中个体影响与解释变量间的相关性，以确定选择固定效应模型还是随机效应模型。通过运用 Stata 软件可以得出随机效应模型和固定效应模型回归结果，对模型进行豪斯曼检验，Hausman 检验值<0.1，因而最终选择固定效应模型。

表 5 模型选择

类别	（1） lnemplo	（2） lnemplo	（3） lnemplo	（4） lnemplo
市辖区人口 （lnpopul）	0.630 *** （16.827）	0.653 *** （18.586）	0.434 *** （8.416）	0.504 *** （10.304）
文化消费 （lnconsu）			−0.055 （−1.618）	−0.068 ** （−1.993）
文化财政支出 （lncul_fi）			0.032 （1.587）	0.037 * （1.810）
人均地区生产总值 （lnecono）			0.173 *** （4.754）	0.143 *** （3.924）
高校学生数 （lnedu）			0.019 （0.753）	0.032 （−1.245）
城市道路面积 （lninfra）			−0.114 *** （−3.280）	−0.095 *** （−2.734）
常数项 N	5.851 *** （26.764）	5.714 *** （26.446）	5.837 *** （17.741）	5.497 *** （16.923）

续表

类别	（1） lnemplo	（2） lnemplo	（3） lnemplo	（4） lnemplo
模型设定	595	595	595	595
R^2	FE	RE	FE	RE
系数联合检验 F/Wald	0.336 283.152	345.42	0.417 66.092	446.53
个体效应	显著	显著	显著	显著
Hausman	固定效应模型		固定效应模型	

说明：①括号里的是 t 值；② *** 表示在 1% 的水平上显著，** 表示在 5% 的水平上显著，* 表示在 10% 的水平上显著。③"FE""RE"分别表示固定效应模型和随机效应模型。④随机效应模型使用的是 GLS 估计方法，其拟合优度R^2无常规上的意义，所以相应模型中没有报告R^2。⑤Hausman表示进行 Hausman 检验后模型选择的结果。

六 城市规模对文化产业影响的实证分析

（一）基准回归

本研究使用固定效应模型进行回归，全样本回归的实证（基准）结果如表 6 所示。

根据模型设定，回归系数β_1表示城市规模对文化产业的影响程度。城市规模的系数通过了 1% 的显著性检验，且系数值为正值，即城市规模对文化产业存在显著的正向影响，这说明城市规模有利于促进文化产业的发展。另外，不管加入几个控制变量，模型的关键解释变量市辖区人口都显著为正，说明市辖区人口这一变量对模型的设定不敏感，这表明，城市规模确实有助于促进文化产业发展。对比各项回归系数，可以看出，城市规模始终是影响文化产业的最重要的解释变量，市辖区人口数增加 1% 时，文化产业从业人数增加 0.43%，可见城市规模对文化产业的促进作用明显。董亚娟①的

---

① 董亚娟：《区域文化产业效率的影响因素研究——基于随机前沿模型的分析》，《商业经济与管理》2012 年第 7 期。

研究结果显示，城市化率每提升 1 个百分点，则文化产出提高 0.36%。二者结果存在细微差异的原因可能有：两者实证中运用的指标数据略有不同，本研究中文化产业发展用文化、体育和娱乐业从业人员数衡量，而后者使用文化产业增加值衡量；数据采样地区存在差异，本研究采用城市层面的数据，而后者采用省份数据。但总体结论是一致的，即城市规模促进文化产业发展。此外，经济发展水平也对文化产业有正向影响，人均地区生产总值提高 1%，文化产业增加值提高 0.17%。

表 6 基准回归结果

类别	(1) lnemplo	(2) lnemplo	(3) lnemplo	(4) lnemplo	(5) lnemplo	(6) lnemplo
市辖区人口 （lnpopul）	0.630 *** (16.827)	0.495 *** (10.185)	0.395 *** (7.739)	0.397 *** (7.874)	0.395 *** (7.796)	0.434 *** (8.416)
文化消费 （lnconsu）		0.086 *** (4.243)	-0.029 (-0.972)	-0.086 *** (-2.658)	-0.088 *** (-2.701)	-0.055 (-1.618)
文化财政支出 （lncul_fi）			0.084 *** (5.287)	0.031 (1.498)	0.029 (1.434)	0.032 (1.587)
人均地区生产总值 （lnecono）				0.144 *** (4.092)	0.142 *** (4.006)	0.173 *** (4.754)
高校学生数 （lnedu）					0.013 (0.499)	0.019 (0.753)
城市道路面积 （lninfra）						-0.114 *** (-3.280)
常数项	5.851 *** (26.764)	5.979 *** (27.494)	6.498 *** (27.773)	5.931 *** (22.035)	5.834 *** (17.579)	5.837 *** (17.741)
N	595	595	595	595	595	595
R^2	0.336	0.357	0.388	0.406	0.406	0.417
F	283.152	154.882	117.562	94.849	75.826	66.092

说明：括号内为 t 值；***、**、* 分别表示在 1%、5%、10% 的水平上显著。

（二）稳健性检验

1. 更换解释变量——城市灯光数据

某地区的灯光总量（总强度）或平均灯光强度（灯光密度）可以反映该

地区的经济集聚特征。一般而言，城市集聚程度越高，城市夜间灯光强度也更大。采用夜间灯光数据作为城市规模的度量指标，以检验实证结论的稳健性。结果发现，随着控制变量的增加，灯光的系数显著性水平逐渐下降，但最终仍通过10%的显著性水平检验。灯光数据的回归系数为正数，小于基准回归系数，但城市规模对文化产业的显著促进作用与基准回归结果一致。从其他控制变量对文化产业的影响系数来看，也与基准回归结果基本一致（见表7）。

表7　稳健性检验：灯光数据为解释变量

类别	（1） lnemplo	（2） lnemplo	（3） lnemplo	（4） lnemplo	（5） lnemplo	（6） lnemplo
灯光 （lnlight）	0. 186 *** （13. 127）	0. 103 *** （4. 620）	0. 048 ** （2. 133）	0. 031 （1. 353）	0. 035 （1. 520）	0. 044 * （1. 847）
文化消费 （lnconsu）		0. 126 *** （4. 767）	−0. 022 （−0. 685）	−0. 065 * （−1. 883）	−0. 074 ** （−2. 093）	−0. 058 （−1. 599）
文化财政支出 （lncul_fi）			0. 117 *** （7. 156）	0. 073 *** （3. 538）	0. 069 *** （3. 295）	0. 072 *** （3. 421）
人均地区生产总值 （lnecono）				0. 131 *** （3. 453）	0. 124 *** （3. 238）	0. 137 *** （3. 504）
高校学生数 （lnedu）					0. 036 （1. 314）	0. 041 （1. 513）
城市道路面积 （lninfra）						−0. 060 （−1. 637）
常数项	7. 459 *** （47. 271）	7. 424 *** （47. 900）	7. 846 *** （49. 110）	7. 413 *** （36. 686）	7. 106 *** （23. 047）	7. 146 *** （23. 139）
N	595	595	595	595	595	595
R^2	0. 236	0. 266	0. 327	0. 341	0. 344	0. 347
F	172. 306	100. 861	90. 360	72. 081	58. 085	48. 997

说明：括号内为 t 值；*** 、** 、* 分别表示在1%、5%、10%的水平上显著。

2. 更换解释变量——城市居民生活用水量

以下稳健性检验模型使用城市居民生活用水量为解释变量进行回归，发现生活用水的系数在5%的水平上显著为正，再次证实了城市规模对文化产业的正向促进作用（见表8）。该稳健性检验模型关键解释变量和控制变量系数结果与基准回归结果基本一致。

表8　稳健性检验：城市居民生活用水量为解释变量

类别	（1） lnemplo	（2） lnemplo	（3） lnemplo	（4） lnemplo	（5） lnemplo	（6） lnemplo
生活用水 （lnwater）	0.308 *** （9.989）	0.136 *** （3.865）	0.078 ** （2.251）	0.070 ** （2.035）	0.071 ** （2.055）	0.082 ** （2.322）
文化消费 （lnconsu）		0.188 *** （8.512）	-0.015 （-0.425）	-0.061 （-1.624）	-0.067 * （-1.766）	-0.053 （-1.343）
文化财政支出 （lncul_fi）			0.127 *** （7.252）	0.080 *** （3.532）	0.076 *** （3.332）	0.080 *** （3.462）
人均地区生产总值 （lnecono）				0.124 *** （3.196）	0.119 *** （3.043）	0.132 *** （3.283）
高校学生数 （lnedu）					0.032 （1.150）	0.037 （1.298）
城市道路面积 （lninfra）						-0.054 （-1.391）
常数项	6.524 *** （21.718）	6.777 *** （23.937）	7.464 *** （26.090）	7.043 *** （22.527）	6.775 *** （17.383）	6.772 *** （17.392）
N	553	553	553	553	553	553
R^2	0.162	0.265	0.333	0.346	0.348	0.350
F	99.771	93.008	85.737	68.007	54.705	45.993

说明：括号内为 t 值；*** 、** 、* 分别表示在1%、5%、10%的水平上显著。

3. 更换被解释变量——公共图书馆图书总藏量

表9汇报了以公共图书馆图书总藏量为被解释变量的回归结果，发现和基准回归结果一样，无论加入几个控制变量，模型的重要解释变量市辖区人口系数值都高度显著为正，说明城市规模有助于促进文化产业发展。该模型关键解释变量市辖区人口的回归系数大于基准模型的回归系数，这可能是变量选择差异造成的误差：在该稳健检验模型中，我们以公共图书馆图书总藏量表示文化产业，缩小文化产业所涵盖的内容范围；而在基准回归模型中，文化产业由文化、体育和娱乐业从业人员数表示，相对真实地反映文化产业发展状况。

表9　稳健性检验：公共图书馆图书总藏量为被解释变量

类别	（1） lnemplo	（2） lnemplo	（3） lnemplo	（4） lnemplo	（5） lnemplo	（6） lnemplo
市辖区人口 （lnpopul）	1.263 *** （12.265）	0.977 *** （7.226）	0.937 *** （6.469）	0.939 *** （6.503）	0.919 *** （6.345）	0.815 *** （5.492）
文化消费 （lnconsu）		0.181 *** （3.230）	0.134 （1.621）	0.053 （0.583）	0.032 （0.351）	−0.049 （−0.513）
文化财政支出 （lncul_fi）			0.034 （0.766）	−0.043 （−0.747）	−0.054 （−0.916）	−0.060 （−1.041）
人均地区生产总值 （lnecono）				0.207 ** （2.075）	0.189 * （1.883）	0.111 （1.075）
高校学生数 （lnedu）					0.114 （1.528）	0.098 （1.314）
城市道路面积 （lninfra）						0.285 *** （2.884）
常数项	1.200 ** （1.998）	1.493 ** （2.478）	1.698 ** （2.575）	0.885 （1.156）	0.035 （0.037）	0.039 （0.041）
N	582	582	582	582	582	582
R^2	0.216	0.231	0.232	0.238	0.241	0.252
F	150.428	81.731	54.642	42.306	34.395	30.436

说明：括号内为t值；*** 、** 、* 分别表示在1%、5%、10%的水平上显著。

七　城市规模对文化产业影响的异质性

上述实证结果显示城市规模总体上促进文化产业发展，为进一步分析经济发展水平、社会文化等差异较大的区域中这种影响程度的差异，本文从城市等级、经济发展程度、地理位置、文化等角度来展开异质性分析。

（一）城市等级差异

近年来第一财经旗下的新一线城市研究所根据品牌商业数据、互联网公司用户行为数据和数据机构的城市大数据发布的《城市商业数据排行榜》

受到人们的广泛关注。该榜单构建一、二级指数算法框架，以城市枢纽性、城市人口活跃度、商业资源集聚度、生活方式多样性和未来可塑性五大指标对中国 337 个地级以上城市进行打分排名。

基于我国城市之间发展差异较大的现实状况，本研究根据 2019 年城市商业数据排行榜中给出的城市等级划分，将样本城市分为一线/新一线城市和二、三、四线城市两组，分别进行回归。根据《城市商业数据排行榜》标准，具体一线/新一线城市是北京、上海、广州、深圳、成都、杭州、重庆、武汉、西安、天津、南京、长沙、郑州、青岛、沈阳、宁波、昆明，其他城市被划分为二、三、四线城市。实证结果显示：一线/新一线城市中城市规模对文化产业的促进作用要高于二、三、四线城市。首先，一线城市商业资源集聚度高，城市基础设施更为完善，物流通达便利；其次，一线城市居民更热衷于追求多样性的生活方式，文化娱乐生活丰富，消费活跃度高，文化消费潜力大；再次，一线城市创新氛围浓厚，对人才吸引力大，城市可塑造性强。基于这些条件，一线城市能够在更大程度上为文化产业的发展提供旺盛的需求市场和完备的生产要素，促进文化产业的发展。而二、三、四线城市的硬实力和软实力显然都比不上一线城市，对文化产业的促进作用远低于具备良好条件的一线城市（见表10）。

表 10　城市等级差异

类别	（1） 一线/新一线城市	（2） 二、三、四线城市
市辖区人口 （lnpopul）	0.498 *** (7.135)	0.250 *** (2.982)
文化消费 （lnconsu）	−0.029 (−0.608)	−0.069 (−1.408)
文化财政支出 （lncul_fi）	0.050 (1.536)	0.018 (0.682)
人均地区生产总值 （lnecono）	0.144 *** (2.755)	0.160 *** (3.091)
高校学生数 （lnedu）	0.002 (0.043)	0.054 (1.463)

类别	（1） 一线/新一线城市	（2） 二、三、四线城市
城市道路面积 （lninfra）	−0.103 ** （−2.208）	−0.061 （−1.113）
常数项	5.688 *** （12.458）	6.197 *** （13.049）
N	289	306
R^2	0.524	0.292
F	48.819	19.349

说明：括号内为 t 值；***、**、* 分别表示在 1%、5%、10% 的水平上显著。

（二）经济发展程度差异

经济是文化发展的基础和前提，对文化的发展起着支撑和保障作用。一方面，经济发展程度较高的城市，资本实力雄厚，能对文化产业发展提供强大的资本支持；另一方面，居民的收入水平是文化消费需求形成和增长的关键因素，收入水平相对较高的居民，对文化产品的需求更旺盛，对文化服务质量的要求更高，从而有利于促进文化市场的蓬勃发展。因此，本文将样本数据按照经济发展水平将 35 个城市分为两组，以 2019 年地区生产总值为标准，地区生产总值排名前 50% 为高 GDP 组，地区生产总值排名后 50% 为低 GDP 组。其中，高 GDP 组城市包括上海、北京、深圳、广州、重庆、武汉、杭州、天津、南京、成都、青岛、西安、济南、郑州、宁波、长沙、合肥；低 GDP 组城市包括厦门、沈阳、福州、大连、长春、昆明、南昌、哈尔滨、太原、南宁、石家庄、乌鲁木齐、贵阳、兰州、呼和浩特、海口、银川、西宁。

表 11 的回归结果表明，对于经济发展水平高的城市而言，城市规模确实更能促进文化产业发展；经济水平较低的城市对文化产业的促进作用较弱。

表 11　经济发展水平差异

类别	(1) 高 GDP 城市	(2) 低 GDP 城市
市辖区人口 （lnpopul）	0.417 *** (6.055)	0.362 *** (4.125)
文化消费 （lnconsu）	0.005 (0.098)	-0.091 ** (-1.974)
文化财政支出 （lncul_fi）	0.060 * (1.850)	0.011 (0.407)
人均地区生产总值 （lnecono）	0.124 ** (2.297)	0.186 *** (3.695)
高校学生数 （lnedu）	-0.020 (-0.372)	0.046 (1.598)
城市道路面积 （lninfra）	-0.092 * (-1.845)	-0.082 (-1.619)
常数项	6.220 *** (10.944)	5.802 *** (12.644)
N	289	306
R^2	0.521	0.290
F	48.204	19.167

说明：括号内为 t 值；*** 、** 、* 分别表示在 1%、5%、10%的水平上显著。

（三）地理位置差异

本文将全部样本按照地理位置划分为东、中、西部地区进行分组回归，目的在于分析在不同地理区位的城市规模对文化产业的影响是否存在差异。其中，东部城市包括石家庄、北京、天津、济南、青岛、南京、上海、杭州、宁波、福州、厦门、广州、深圳、海口、沈阳、大连、长春、哈尔滨；中部城市包括：太原、郑州、合肥、武汉、南昌、长沙；西部城市包括：西安、成都、昆明、贵阳、南宁、兰州、西宁、银川、乌鲁木齐、呼和浩特、重庆。表 12 是三个地区的回归结果：西部地区城市规模对文化产业的影响最明显，回归系数为 0.496，高于全国水平；东部次之；中部最低。比较合理的解释是西部地区城市化水平较低，城市规模相对较小，城市发展潜力大，且西部文化产业地域特色突出，文化产业开发利用程度偏低，文化市场潜力有待挖掘，城市规模对文化产业的影响效应更大。东部地区虽然城市化水平已经比较高，发展潜力小于西部，但东部地区城市发展经验更足，城市空间结构不断优化，设施齐全，对文化产业集聚有着强大吸引力，且能够对文化产业向高端产业链发展提供强大的资金支持，因而，城市规模对文化产业的促进效果也较为明显。而相对于东西部，中部地区既不具备西部的城市发展潜力，也比不上东部地区的城市实力，因此，中部地区城市规模对文化产业的影响是最小的。

表 12　地理位置差异

类别	（1） 全国	（2） 东部	（3） 中部	（4） 西部
市辖区人口 （lnpopul）	0.434 ***	0.415 ***	0.323 ***	0.496 ***
	（8.416）	（5.979）	（3.121）	（4.032）
文化消费 （lnconsu）	−0.055	−0.116 **	0.101	−0.037
	（−1.618）	（−2.447）	（1.133）	（−0.592）
文化财政支出 （lncul_fi）	0.032	0.083 ***	−0.008	−0.010
	（1.587）	（3.056）	（−0.141）	（−0.249）
人均地区生产总值 （lnecono）	0.173 ***	0.165 ***	0.036	0.257 ***
	（4.754）	（3.507）	（0.381）	（3.586）
高校学生数 （lnedu）	0.019	−0.047	0.272 **	0.010
	（0.753）	（−0.773）	（2.071）	（0.317）
城市道路面积 （lninfra）	−0.114 ***	−0.066	−0.247 **	−0.147 *
	（−3.280）	（−1.560）	（−2.151）	（−1.890）
常数项	5.837 ***	6.420 ***	5.190 ***	5.106 ***
	（17.741）	（11.335）	（3.744）	（8.807）
N	595	306	102	187
R^2	0.417	0.496	0.360	0.409
F	66.092	46.324	8.429	19.631

说明：括号内为 t 值；*** 、** 、* 分别表示在 1%、5%、10% 的水平上显著。

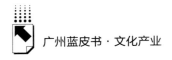

（四）文化异质性

1. 稻作、粟作、游牧文化差异

中国幅员辽阔，不同的地理环境和物质条件产生了人们不同的生活生产方式与思想观念，从而中国地域之间文化差异非常明显。本文按照耕作方式文化差异，将样本分为稻作文化、粟作文化、游牧文化三部分进行回归，探究不同文化背景下，城市规模对文化产业的影响。稻作文化区：上海、南京、杭州、宁波、合肥、福州、厦门、南昌、武汉、长沙、广州、深圳、南宁、海口、重庆、成都、贵阳、昆明；粟作文化区：北京、天津、石家庄、太原、沈阳、大连、长春、哈尔滨、青岛、济南、郑州、西安；游牧文化区：呼和浩特、兰州、西宁、银川、乌鲁木齐。

回归结果表明，稻作文化区城市规模对文化产业的促进作用远大于粟作文化区，而在游牧文化区中其作用并不显著（见表13）。根据"水稻理论"的核心观点：耕作类型不同可能会产生文化差异，稻田需要大量用水，修建与维护灌溉系统需要大量劳动力合作完成，水稻文化塑造了人们的相互依赖性，培养了人们的整体思维和集体主义思想；小麦易于栽培，不需要大量人工灌溉，所需劳动力较少，人们可以独立完成，长此以往，塑造了人的独立性，导致人们更倾向于分析思维和个体主义。另外，受耕作方式和文化氛围的影响，稻作文化更细腻，粟作文化更粗犷。稻作文化具有合作开放包容的特点，因此经济文化中心向稻作文化区偏移，加速人口流动，使稻作文化区城镇化运动加剧，为文化产业的发展孕育良好的条件，进而促进文化产业的发展。

表 13　稻作、粟作、游牧文化差异

类别	（1）稻作文化	（2）粟作文化	（3）游牧文化
市辖区人口（lnpopul）	0.623***（8.243）	0.263***（3.247）	0.029（0.152）
文化消费（lnconsu）	-0.042（-0.868）	-0.018（-0.271）	-0.011（-0.147）

类别	（1） 稻作文化	（2） 粟作文化	（3） 游牧文化
文化财政支出 （lncul_fi）	0.015 （0.522）	0.041 （1.025）	0.046 （1.094）
人均地区生产总值 （lnecono）	0.149 *** （2.918）	0.157 ** （2.226）	0.160 * （1.705）
高校学生数 （lnedu）	0.008 （0.298）	−0.035 （−0.289）	0.058 （0.422）
城市道路面积 （lninfra）	−0.074 * （−1.666）	−0.169 ** （−2.307）	−0.072 （−0.728）
常数项	4.900 *** （11.530）	7.968 *** （7.758）	6.467 *** （5.781）
N	306	204	85
R^2	0.530	0.231	0.450
F	52.898	9.326	10.080

说明：括号内为 t 值；*** 、 ** 、 * 分别表示在 1%、5%、10% 的水平上显著。

2. 地域文化差异

赵向阳等①根据施瓦兹文化价值观将中国区域文化分成黄河—长江文化、雪域—山地文化、草原—绿洲文化和海洋—都市文化四种类型。本文参照其分类对样本城市进行分组回归，黄河—长江文化区包括西安、太原、兰州、郑州、石家庄、济南、青岛、长沙、武汉、杭州、宁波、南京、南昌、合肥；雪域—山地文化区包括成都、重庆、昆明、贵阳、南宁；草原—绿洲文化区包括哈尔滨、长春、沈阳、大连、呼和浩特、乌鲁木齐、银川、西宁；海洋—都市文化区包括福州、厦门、广州、深圳、海口、北京、天津、上海。回归结果显示：海洋—都市文化区城市规模对文化产业的促进作用最明显，回归系数高达 0.718；雪域—山地文化区次之；黄河—长江文化区最低；草原—绿洲文化区作用不显著（见表 14）。

---

① 赵向阳、李海、孙川：《中国区域文化地图："大一统"抑或"多元化"?》，《管理世界》2015 年第 2 期。

海洋文化崇尚自由，竞争意识和创新意识强烈，富有开放性、兼容性、开拓性、原创性。所以，处在海洋—都市文化区中的城市文化氛围更加融洽，文化创新更加活跃积极，文化产品更为丰富，这有利于激发文化消费新活力，进而促进文化产业的发展。此外，大都市经济繁荣，资金充足，城市设施建设完备，为文化产业繁荣发展提供基础保障。雪域—山地文化区有其独特的城市风光和自然特色，对开发特色文化产品和发展文化旅游等有着先天优势，其城市规模对文化产业发展也有较为明显的作用。而在黄河—长江文化区，城市发展动力不足，创新意识不强，传统文化产品在文化生产中占比较高，难以激发文化消费热情，城市规模对文化产业的影响较小。

表14 地域文化差异

类别	(1)黄河—长江文化区	(2)雪域—山地文化区	(3)草原—绿洲文化区	(4)海洋—都市文化区
市辖区人口 (lnpopul)	0.289*** (3.593)	0.535*** (3.075)	-0.113 (-0.783)	0.718*** (7.388)
文化消费 (lnconsu)	0.161** (2.289)	-0.182* (-1.970)	0.045 (0.742)	-0.007 (-0.105)
文化财政支出 (lncul_fi)	0.016 (0.363)	0.006 (0.090)	0.050 (1.515)	0.011 (0.314)
人均地区生产总值 (lnecono)	0.035 (0.448)	0.323*** (2.767)	0.167** (2.261)	0.103* (1.891)
高校学生数 (lnedu)	0.109 (1.222)	0.012 (0.359)	0.213* (1.686)	-0.043 (-0.578)
城市道路面积 (lninfra)	-0.145* (-1.874)	-0.121 (-1.191)	-0.321*** (-3.749)	-0.007 (-0.131)
常数项	5.837*** (6.353)	4.905*** (6.778)	6.989*** (7.399)	4.993*** (7.757)
N	238	85	136	136
R²	0.358	0.576	0.354	0.648
F	20.251	16.773	11.137	37.410

说明：括号内为t值；***、**、*分别表示在1%、5%、10%水平上显著。

八　结论及对广州的启示

（一）结论

本文基于 2003～2019 年以广州为代表的 35 个大中城市的面板数据，采用固定效应模型实证分析了城市规模对文化产业发展的影响，并通过更换被解释变量和解释变量进行稳健性检验，再从城市等级、经济发展程度、地理位置、文化等角度探讨其影响的异质性，结论如下。

（1）城市规模能够促进文化产业发展，城市规模每增长 1%，文化产业从业人数提高 0.43%。随着我国城市化水平提高，一方面经济发展要素向城市集聚，城市中文化产业发展的环境条件更为有利，专业人才更充足，市场机制更完善，技术水平更先进；另一方面人们在基本物质条件得到满足之后，对文化产品和服务的需求日益增加，有利于文化产业规模壮大和创新发展。而且，通过更换被解释变量和解释变量进行稳健性检验，结果依然稳健。

（2）以广州为代表的 17 个一线城市城市规模对文化产业的促进作用要高于二三四线城市。经济发展水平高的城市，居民文化消费意愿和能力更高，并且能够为文化产业发展提供强大资本支持，所以在经济发展水平高的地区，城市规模更能促进文化产业发展。西部地区城市化水平较低，发展潜力大，且具有特殊的地域文化，城市规模对文化产业的影响最明显；东部地区具备良好的经济条件，城市规模对文化产业的促进作用也较大；中部地区缺少如西部地区那样的发展潜力，资本实力也不如东部，因而中部城市规模对文化产业的影响最小。相对于粟作文化区，以广州为代表的稻作文化区具有开放包容等特征，有利于促进城镇化，为文化产业发展创造优良条件。以广州为代表的海洋—都市文化区具有勇于开拓创新的精神和良好的经济条件，有利于文化产业创新发展，对文化产业的促进作用大于其他文化区。

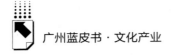

（二）对广州的启示

2003~2019年，广州市辖区年末人口平均增速超过3%，总体呈现稳步增长态势。在35个大中城市中，广州城市规模位于前五，城市规模较大。基于本文的分析结论以及广州城市规模发展状况，我们可以得到如下启示。

（1）发挥城市规模优势，扩大文化消费需求。文化消费需求既包括低层次的物质产品消费需求，也包括更高等级的精神娱乐享受需求。理清不同层次的文化消费需求，在满足人们基础文化需求的前提下，为文化产业注入创新活力，不断提高文化产品和服务的质量，加速文化产业和其他新兴媒介融合发展，挖掘新的增长点。通过发掘有效文化需求，引导文化需求向多样化、多层次、高品质转变，激发文化市场潜力，从而促进文化产业发展。

（2）基于城市规模优势，完善人才市场制度体系，培育和引进文化产业高端人才。广州城市化进程较快，教育体系相对发达，高等院校和专门培训机构众多。利用发达的教育培训体系，为文化产业各领域高效培育具有专业知识和技能的人才，有利于文化产业向高端发展。同时，完善文化人才引进制度，制定合理的文化人才引进优惠政策，吸引全国各地以及国际文化人才流入，为文化产业结构升级调整提供人才保障。

（3）从多方面同时着手，为文化产业发展提供充足的资金保障。政府部门在持续加大对文化产业财政扶持的同时，也要进行文化产业相关领域投融资体制改革，建立便捷完善的文化产业投融资市场体系，出台相关保障政策，引导民间资本流入文化产业市场，为文化产业扩大生产、进入新兴领域等提供充足资金。

（4）借助城市规模大带来的技术优势，实现数字技术赋能文化产业。首先，加快文化产业数字基础设施建设，需要推进5G等新基建建设。重点是云游戏、人工智能等新技术与文化产业进行深度结合，探索5G、云计算、大数据等数字基础设施与文化产业的商业应用场景。其次，要加快影视等传统文化产业数字化，加大文化制造领域新材料、新设备的研发应用。广州在交互、体验设备方面，包括在新一代投影设备、智能眼镜设备方面具有较大优势，借助数字技术使人们获得更加深刻的沉浸体验，不再是虚拟符号的简单接受。应大力发展 4K/8K 影视、数字出版，办好广州文交会等展会，加快现代文化市场体系建设。

（5）借助广州市的规模集聚产业优势，推动文化产业与其他产业融合发展。2021 年 6 月 7 日，文化和旅游部发布的《"十四五"文化产业发展规划》提出，推动文化产业和其他产业融合发展。文化产业与包括旅游业在内的众多产业存在交叉融合关系，广州市天然具有产业多样性的优势，意味着广州市产业融合的多样性和丰富性，在融合中促进文化产业发展壮大，同时也通过文化产业赋能其他产业。其中，在文旅融合发展方面，广州应注重发掘城市文化资源，突出城市文化特色，抓好标志性景区景点、大湾区文化遗产游等建设，建设世界级旅游目的地，从而实现广州市文化产业发展空间的扩大。

B.15
电影产业的全球化趋势及对广州的启示

邹小华　王芹娟*

摘　要： 在经济全球化的带动下，电影产业的全球化发展趋势也在不断加强。传统上以好莱坞为主导的全球电影市场日渐呈现多元化发展的趋势，其中就包括了中国电影产业的全球化。本文在对电影产业全球化发展的背景进行分析的基础上，对电影生产和消费的全球化发展特征和趋势进行了分析，并着重分析了中国电影产业的全球化水平和国际影响力。通过研究发现：21世纪以来，全球电影的生产和消费总体呈加速上升趋势，以亚洲和拉美为代表的新兴市场电影产业的增速最为明显，其中亚太地区的电影消费市场增速尤为显著；相比之下，传统占据主导地位的北美和欧洲，其电影产量和电影票房的增速以及全球占比都在下降，这也反映了电影产业的全球化发展趋势。近年来，中国电影产业发展迅猛，票房已跃居全球首位，虽然全球化水平仍然有限，但通过中外合拍、本土影视企业和资本走出去等多种方式，正在不断提升电影产业的全球化水平。在此背景下，笔者认为广州未来应加强数字化等新技术与电影产业的融合，注重提升电影产业的规模集聚水平和国际影响力、电影产业链的发展水平和全球竞争力、电影的国际化水平和国际显示度，以及加强电影产业发展的政策支持等，通过进一步提升电影产业的全球化水平和综合实力，助力文化强市建设。

---

* 邹小华，广州市社会科学院区域发展研究所与广州城市战略研究院科研人员，博士后，研究方向为全球化、产业发展与产业空间布局；王芹娟，广州市社会科学院广州城市战略研究院科研助理，研究方向为城市发展战略。

关键词： 电影产业　全球化　国际合作

长期以来，作为产业标杆，美国好莱坞在全球电影生产中占据绝对统治地位，并引领全球电影产业的融合发展。在全球新兴电影市场特别是中国等亚洲电影市场的带动下，全球电影产业近年来保持着稳定增长的基本态势。当前，虽然美国电影仍然在全球处于优势地位，但是许多国家本土电影产业的发展也开始显示出强大活力。比如在拉美地区，阿根廷通过对本土电影创意人才的培养，并在政策上给予大力支持等，同时充分利用现代化信息技术，通过实施国际合拍片的策略以及利用网络化平台，推动电影产业的全球化水平和国际影响力不断提升。

在资本全球化、文化跨国传播等一系列因素的影响下，全球电影的生产也发生了重要转型，即由传统的大型企业内部垂直分工转向全球范围内专业性小制作公司间的协作，这也使得电影生产由传统的区域集群，逐渐转向全球合作网络，以合拍片为代表的全球电影生产合作越来越普遍。赫耶尔和沃特森研究了中国、法国、德国和巴西这四个好莱坞以外的电影市场，在电影生产过程中的内部及其之间的合作网络，发现这些市场主要通过其核心城市与洛杉矶、纽约、伦敦、东京、巴黎等全球核心影视制作城市和全球文化中心城市的联系，连接到全球电影制作网络中来。在此背景下，全球电影贸易也日益繁荣。可见，全球化协作成为当代电影产业的一个重要发展趋势。

而中国电影产业的全球化，则从改革开放以来，经历了从"引进来"到"走出去"的发展历程，且这一"走出去"的特征由早期的艺术"走出去"逐渐转变为商业"走出去"。近年来，在全球电影产业基本保持大约4%的增长速度的大背景下，全球第一电影市场北美地区基本饱和，而中国则以30%左右的平均增长速度领跑全球市场。因此，美国好莱坞等成熟电影产业圈愈加重视中国等新兴电影市场所爆发出的巨大市场潜力，而中国、印度、韩国等新兴电影产业国家也因国内市场的蓬勃而变得更有底气，纷纷将目光投向了海外市场。当前，这种双向流动的趋势正在影响着全球电影产业格局。

随着综合国力的增强，在经济高质量发展的形势下，借助互联网及新技术的发展，中国影视产业的国际传播力和全球影响力得到了大大提升，这就要求以电影产业为代表的文化创意产业注重产业国际化的可行性和必要性。相比国内其他城市，广州的电影产业发展水平位居前列。面向"十四五"，广州将重点推动"文化强市"建设，推动文化产业高质量发展就是其中的重要一环。进一步推动电影产业发展，提升电影业的全球化水平，对于广州文化产业高质量发展和文化强市建设都有着重要的价值。

一　电影产业的全球化

传统意义上，电影生产通常由大型电影公司单独完成，这些电影公司拥有内部完整的垂直分工体系，因此在全球电影市场中占据了绝对的主导地位。随着全球化的演进，电影的生产开始向中小型、独立的电影公司之间的协作分工为特征的扁平化生产模式转型。尽管以大型电影生产商集聚为特征的美国好莱坞仍然在全球电影市场中占据绝对的主导地位，但全球其他国家和地区的电影生产集聚也初具规模，如德国的慕尼黑、中国的香港、加拿大的温哥华、澳大利亚的悉尼等。全球电影出口的规模和复杂性也日益提升，涉及的电影生产商的空间布局也日益多样化。在此背景下，电影产业链的各个要素，包括资本、影视人才、技术、产品以及市场等全球化程度也不断提升。全球电影产业链是指各种电影资源根据其比较优势在全球范围内的分工、流动和整合所构成的产业链形态，涉及全球电影产业链上下游环节的关系及其价值、全球电影产业多维的结构关系及其动态变化，以及电影资源在整个产业链上流动与整合关系等[1]。全球电影产业链的发展使得电影的生产不断突破国家-地域的限制，一些原本本土电影产业实力相对较弱、处于全

---

[1]　吴海清、张建珍：《全球电影产业链结构及其对中国电影产业的影响》，《电影艺术》2011年第4期。

球电影产业边缘的国家和地区逐渐融入全球电影生产中，也一定程度上推动了全球电影生产与电影消费市场空间格局的重构。

（一）新技术新模式的出现推动电影产业链的国际化

随着以现代通信技术为代表的新技术的发展，电影展映的窗口在传统的影院、电视机等基础上得到了极大丰富，电影产业的价值链也得到了延长，如增强电影产业与旅游业、高新技术产业等之间的前后向关联等，电影业所带来的衍生经济效益也极大增强。这也带来了电影产业纵向专业化分工的强化、产品和服务的差异化越来越突出、电影生产与传播的成本也越来越高、电影制作在整个产业链中影响力下降、电影产品多层次多方面的价值开发在产业链中地位越来越重要等结果[1]。随着电影产业链的延长和关联性产业的增加，越来越多的国家对电影及相关产业战略意义的重视程度不断强化，这也推动了电影产业链纵向国际分工的发展。

近年来，基于数字技术的流媒体平台的兴起，进一步推动了区域性电影市场的全球化进程。一方面，流媒体平台能够将区域市场的影视作品快速、便捷地输送给全球用户，能够大幅提升地方影视作品在全球的传播水平；另一方面，流媒体平台也深刻影响了电影的生产方式与产品形态，这不仅体现了一种区域性文化在全球化与在地化双向互动之间的生长调适，也为世界各地电影产业通过流媒体平台进行全球文化的生产与传播带来了新的启示。

（二）电影消费的国际化带动电影生产的全球化

随着新兴经济体经济实力的壮大及对文化消费需求的增强，这些国家的电影消费市场在全球电影市场中的重要性显著提升，由此带来全球电影市场结构的变化，推动了全球电影产业链的重构。一方面，传统上主要专注北美市场的好莱坞电影公司，随着海外票房在其总票房中的占

---

[1] 吴海清、张建珍：《全球电影产业链结构及其对中国电影产业的影响》，《电影艺术》2011年第4期。

比不断提升，其在电影制作过程中更多地增加全球元素，如影片的投资、制作、发行等过程中涉及的主体更加多元化和国际化，影片中增加全球地方元素以迎合国际观众的观感等。另一方面，新兴市场为繁荣本土电影产业、提升自身产业的国际竞争力，也会通过本土影视公司的境外拓展，以及国际影片投资、联合制作等多种方式，主动对接全球市场和主流电影生产商。

（三）中国本土电影业的市场化与全球化转型

21 世纪以来，中国本土电影产业逐渐对外开放，以好莱坞、香港为代表的全球影视业的进入，在给内地本土电影业带来巨大压力的同时，也极大促进了本土电影产业的市场化转型和发展，并逐渐与全球电影市场接轨。2000 年后陆续拍摄的《卧虎藏龙》《英雄》《夜宴》等好莱坞式的大片在国内外取得成功，就是很好的说明。近年来，随着中国本土电影产业的发展以及综合国力的增强，中国电影业的全球化也从走向全球向影响全球转变①。与此同时，中国电影的全球化仍然面临着在保留自身文化特色的基础上提升文化国际认同度的问题。

二 全球电影生产特征演变

（一）全球电影生产在波动中加快增长

从图 1 中可以看出，2000 年以来，全球电影生产总体呈现上升的态势。其中，2000~2014 年，全球电影发行数量增长较为平稳，2000 年全球发行的电影数量为 545 部，2014 年较 2000 年增长了 998 部，增长率为 183.12%，年均增长 12.21%。从 2015 年起，全球电影发行量暴增，2015 年较 2014 年

---

① 尹鸿、陶盎然：《从走向世界到影响世界——改革开放以来中国电影的国际传播》，《南方文坛》2021 年第 5 期。

增长了95.79%，并且，2015年后，全球电影发行数量都保持在高位并持续增长，2019年达到4702部，较2000年增长了762.75%。2020年和2021年，由于受到全球疫情影响，电影发行数量较2019年下降20.67%和21.66%，但仍然达到3730部和3693部。

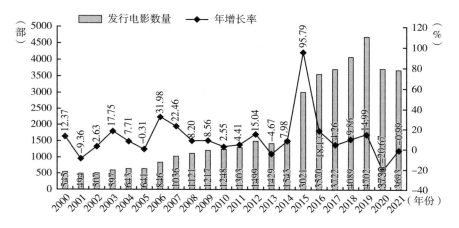

图1　2000~2021年全球发行的电影数量变化

资料来源：根据The Numbers（https：//www.the-numbers.com/）公布数据整理，截至2022年4月13日。

（二）全球电影生产的空间分布变化

从全球电影生产的洲别分布来看，亚洲的电影产量在各大洲中占据首位，2005年的产量占比达40.98%；欧洲次之，2005年的产量占比为24.61%；非洲以16.87%的比重排在2005年全球产量的第三位；而以好莱坞为主导的北美洲地区2005年仅以14.66%的占比排在第四位；南美洲和大洋洲的占比均未超过3%，排在最后两位。

从电影产量的变化幅度来看，2005~2015年，亚洲地区的电影产量增速最快，全球占比由40.98%增长到50.16%，占据了全球电影产量的半壁江山。欧洲地区的产量占比也在增加，全球占比由2005年的24.61%增长到2015年的28.59%。北美洲地区的产量则在相对萎缩，全球占比由2005年的 14.66% 减少到 2015 年的 11.39%。非洲地区的产量波动较大，2005 年以及 2007~2011 年的产量占比均超过了 14%，而 2006 年仅为 3.44%，到 2015 年占比也只有 3.05%。南美洲的产量占比虽然较小，但保持了持续增长的态势，由 2005 年的 2.37% 增长到 2015 年的 6.06%。大洋洲地区的比重则始终维持在 1% 以下（见图 2）。可见，原先以欧美为主的西方国家在全球电影生产中的主导地位逐渐被撼动，以亚洲为主的新兴经济体的电影事业逐渐壮大，这也进一步强化了电影生产的全球化和多元化特征。

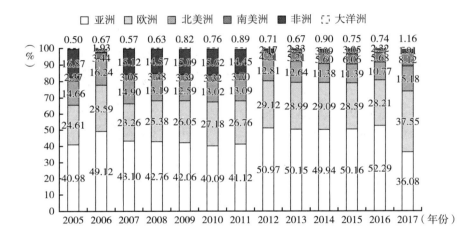

图 2　2005~2017 年全球电影产量洲别构成比例变化

资料来源：联合国教科文组织，http://data.uis.unesco.org/。

三　全球电影消费市场发展趋势及空间格局变化

（一）全球电影市场变化

从图 3 可以看出，2005 年以来，全球电影票房呈现持续、稳定增长的态势。2005~2019 年，全球电影票房由 231 亿美元增长到 422 亿美元，增长了 82.68%，年均增长 5.51%。从各年份的增幅变化来看，增幅波动较大，

2005~2006 年的增幅达到 10.4%，而 2015~2016 年的增幅仅为 0.5%，并且增速总体来看呈减缓的趋势。

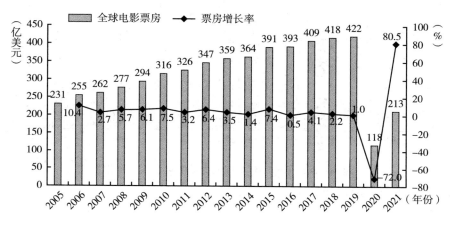

图 3　2005~2021 年全球电影票房和增长率变化

资料来源：MPA 各年度主题报告。

（二）全球电影市场空间分布变化

从 2011~2021 年全球电影市场的地区分布变化来看，2011~2013 年，北美和欧洲市场在全球电影市场中占据主导地位，其中，2012 年，北美市场在全球电影票房市场中排在首位，且各年份票房保持了较为稳定的状态，表明北美地区的电影票房市场已经发展较为成熟，饱和度也较高（见图4）。欧洲、中东和非洲地区的票房市场 2011~2013 年也呈现增长的态势，但增速逐渐减缓，并且 2013 年后开始呈下滑趋势。相比之下，亚太和拉美地区的票房市场增长势头较快，特别是亚太地区，票房市场规模由 2011 年的 90亿美元增长到 2019 年的 178 亿美元，增幅达到 97.78%，并于 2013 年超过北美、欧洲、中东和非洲地区，成为全球票房最高的地区。

从各地区票房规模占比来看，北美和欧洲地区均呈现明显的下降趋势，其中北美地区的占比由 2011 年的 31.3% 下降到 2019 年的 27.0%，欧洲、中东和非洲地区的占比也由 2011 年的 33.1% 下降到 2019 年的

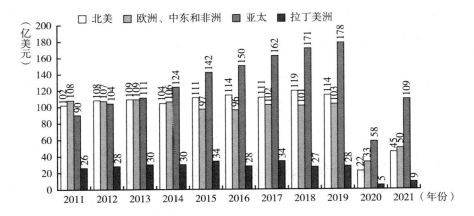

图4　2011~2021年全球电影票房地区构成变化

资料来源：MPA 2015、2017、2021年度报告。

24.3%。与其相比，亚太地区的占比快速上升，由2011年的27.6%上升到2019年的42.1%（见图5）。而2020~2021年受疫情影响，亚太地区票房占比不仅不降还急剧上升，2020年、2021年的占比分别上升至49.2%和51.2%。

图5　2011~2021年全球电影票房各地区占比变化

资料来源：MPA-2015、2017、2021年度报告。

近年来，随着新兴电影市场的崛起，全球电影市场格局逐渐发生了改变。当前，尽管北美地区的美国和加拿大仍然占据全球最大的电影市场份额，但其他国家电影产业的发展也越来越显示出强大活力，主要表现为以中国、印度、俄罗斯等国家为代表的新兴市场快速崛起，而原老牌成熟市场大多处于稳定、缓慢增长甚至停滞下滑的境地（见图6）。特别是受疫情影响，北美票房占比2020~2021年明显下降。

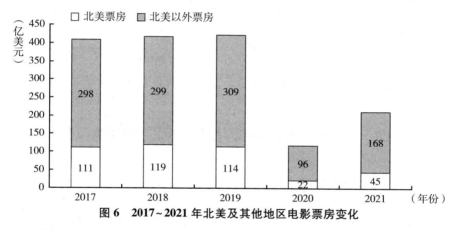

图6　2017~2021年北美及其他地区电影票房变化

资料来源：美国电影协会（MPA-2021-THEME-Report-FINAL）。

从全球电影票房规模的国别分布来看，2011年，北美地区以外全球票房前十位国家中，日本排在首位；2012~2017年中国的票房规模都位列第一，并且快速增长，由2011年的20亿美元增长到2017年的79亿美元，2017年比排在第二位的日本高出了59亿美元（见表1）。

表1　2015~2021年北美地区以外全球票房前十位国家

单位：亿美元

国　　家	2015年	2016年	2017年	2018年	2019年	2020年	2021年
中　　国	68	66	79	90	93	30	73
日　　本	18	20	20	20	24	13	15
英　　国	19	17	16	17	16	4	8
法　　国	14	16	15	16	16	5	8

国　　家	2015 年	2016 年	2017 年	2018 年	2019 年	2020 年	2021 年
印　　度	16	19	16	15	16	4	5
韩　　国	15	15	16	16	16	4	5
德　　国	13	11	12	10	12	4	4
俄 罗 斯	8	7	10	9	9	3	6
澳大利亚	9	9	9	9	9	3	5
墨 西 哥	9	8	9	9	10	2	4

资料来源：MPA-2015~2021 THEME 报告。

四　中国电影的全球化水平和国际影响力

（一）中国电影票房规模增大，国际影响力仍然有限

在疫情持续冲击之下，2021 年全球电影市场较 2020 年有所复苏，中国由于相对较好地对疫情进行了控制，华语电影成为支撑全球电影市场的重要力量。2021 年全球票房为 213 亿美元，同比增长 80.5%，但对比 2019 年仍下降 98.12%，北美票房市场规模从 2020 年的 22 亿美元复苏到 45 亿美元，同比上升 105%；但较 2019 年仍下降 153%。而中国则成为全球最大的票房市场，2021 年全年票房为 73 亿美元，占全球票房总额的比重高达 34.27%。

中国成为全球电影市场最大的票仓，除了国外电影市场受疫情影响之外，国内电影质量的提升也是推动中国登上全球年度票房总冠军宝座的重要原因。2019~2021 年，共有 17 部华语电影进入全球电影票房排行榜前 20 名。2021 年新冠肺炎疫情所导致的全球低迷电影市场中，全球电影票房前 10 名中国生产的电影就有 3 部，国产电影票房冠军《长津湖》更是以 9.12 亿美元的票房成绩成为亚军（见表 2）。

表 2   2021 年全球票房前 20 电影排名

单位：百万美元

排名	片名	制片国家或地区	总票房
1	蜘蛛侠:英雄无归	美国	1891.15
2	长津湖	中国	911.67
3	你好,李焕英	中国	841.67
4	007:无暇赴死	英国	762.35
5	速度与激情9	美国	721.08
6	唐人街探案3	中国	699.08
7	毒液:屠杀开始	美国	501.60
8	哥斯拉大战金刚	美国	468.06
9	尚气与十戒传奇	美国	432.24
10	永恒族	美国	402.06
11	欢乐好声音2	美国	399.93
12	沙丘	美国	399.75
13	黑寡妇	美国	379.75
14	失控玩家	美国	323.60
15	寂静之地2	美国	296.67
16	我和我的父辈	中国	231.84
17	魔法满屋	美国	229.84
18	黑白魔女库伊拉	美国	226.89
19	怒火	中国	211.23
20	丛林奇航	美国	210.38

资料来源：根据 imdb.com 网站公布的资料整理。

　　虽然华语电影的票房成绩在全球电影市场中十分突出，但是从观影的全球化水平来看，与美国的好莱坞商业大片仍然存在一定的差距。从放映地区数看，华语电影在全球影院中的影响力仍然比较有限，2021 年位于全球票房排行榜前 20 名的 5 部中国电影中，没有 1 部的放映地区数超过 10 个，放映地区数最多的《怒火》也只有 6 个，而其他 4 部则都在 4 个或 4 个以下，这种情况与 2019 年相比没有什么大的变化。放映地区数少一方面可能是疫情的影响导致全球多地影院关闭，另一方面也说明中国电影在全球范围内的影响力仍然有限。与之形成鲜明对比的是美国电影，虽然其总票房成绩不如中国电影，但是放映地区数比中国多得多，比如《速度与激情9》放映地区数高达67个，放映地区数最少的《寂静之地2》也达到23个，即使是在全球多地影院遭遇疫情冲击而关闭的情况下也是如此（见表3）。

表3　2021年全球票房前20电影排名

单位：百万美元，个

排名	片名	制片国家或地区	总票房	上映地区数量
1	蜘蛛侠:英雄无归	美国	1891.15	41
2	长津湖	中国	911.67	3
3	你好,李焕英	中国	841.67	3
4	007:无暇赴死	美国	762.35	55
5	速度与激情9	美国	721.08	67
6	唐人街探案3	中国	699.08	4
7	毒液:屠杀开始	美国	501.60	34
8	哥斯拉大战金刚	美国	468.06	27
9	尚气与十戒传奇	美国	432.24	40
10	永恒族	美国	402.06	45
11	欢乐好声音2	美国	399.93	61
12	沙丘	美国	399.75	32
13	黑寡妇	美国	379.75	29
14	失控玩家	美国	323.60	41
15	寂静之地2	美国	296.67	23
16	我和我的父辈	中国	231.84	3
17	魔法满屋	美国	229.84	39
18	黑白魔女库伊拉	美国	226.89	27
19	怒火	中国	211.23	6
20	丛林奇航	美国	210.38	41

资料来源：根据 imdb.com 网站公布资料整理。

（二）中国影视企业积极拓展全球布局

随着国内影视企业自身规模的不断壮大以及全球和国内电影市场的不断发展，越来越多国内影视企业开始将发展的眼光看向全球，纷纷制定国际化发展战略，并不断寻求海外布局的机会，积极拓展国际市场。万达集团是国内最早走向全球的影视企业之一，早在 2012 年其就以 26 亿美元的价格收购了 AMC，并前后收购了美国卡麦克、澳大利亚赫伊斯、欧洲欧典、北欧院线集团、美国传奇影业等一系列西方发达国家的影视机构。

近年来，包括腾讯视频、爱奇艺、芒果 TV 等在内的国内主要的影视平台企业通过建设海外平台，助力中国国产电影走向全球，互联网平台也成为中国影视企业拓展全球市场的新途径。在科技创新的助力下，中国影视在东南亚和北美等华人聚集的海外地区，以及非洲、拉美等欠发达地区的传播水平不断提高。

（三）中国资本积极"走出去"参与全球电影投资

近年来，对中国电影全球化影响最为明显以及推动中国电影走向全球的一个重要原因，就是中外在电影拍摄合作上的加强。2020 年，中国电影企业依旧积极参与拍摄外国电影，与美国、加拿大、英国、澳大利亚等国家进行电影的合作拍摄。表 4 反映了 2020 年中国企业参与国际电影拍摄的相关情况，可以看出，中国与西方国家的合拍电影较多，并且合拍电影的全球化接受程度相对于中国本土电影要更高。

表 4　2020 年中国本土电影公司参与全球电影拍摄情况

电影名	中国影视公司	合拍国家	上映地区数（个）
多利特的奇幻冒险	完美世界影视	美国、英国	68
警察	博纳影业	法国、比利时	9
灵偶契约2	华谊兄弟传媒	美国、加拿大、澳大利亚	39
我的一生	完美世界影视	美国	8
飞奔去月球	东方梦工厂	美国	22
世界新闻	完美世界影视	美国	28
灰猎犬号	正夫影业	美国、加拿大	18
怪物猎人	腾讯影业	美国、德国、日本	29
秘密花园	博纳影业	美国、法国、英国	26
爱之情照	完美世界影视	美国	15

资料来源：根据 imdb.com 网站公布的资料整理。

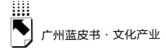

由此可见，全球经济的增长和全球化水平的不断提升，也带来了全球范围内文化的日益繁荣和文化消费市场的发展，全球电影市场也得到了快速发展，全球电影产量和票房规模都呈现明显的上升趋势。其中，以亚洲和拉美的新兴经济体为代表的全球电影后起者，其电影生产和电影市场正在逐渐赶超欧美等全球电影市场的传统强国，在全球电影市场中的表现日渐活跃，国际化程度正在不断增强。特别是中国的电影市场，近年来表现格外突出。中国本土生产的电影质量和票房表现都得到了大幅提升，影片的生产和内容表达的全球性也越来越明显。但与好莱坞电影相比，中国电影的全球传播度还较为有限，电影中对城市形象的传播也较为有限，这也是中国电影，特别是中国城市电影未来有待提升的方面。

五 广州电影产业全球化水平提升的思考

（一）充分利用数字化等新技术加强电影的全球推广

依托广州在5G、互联网、大数据等数字技术方面发展的坚实基础，充分利用5G、互联网、云计算、大数据、区块链、数字货币等技术，与电影业发展进行充分融合，推动电影产业的多媒体发展，拓展电影全球传播的多样化渠道。比如利用5G等现代通信技术进行影片的传播，提升影片在全球范围内的传输速度和传播效率。

（二）提升电影产业的集聚规模和国际影响力

依托南沙、增城、黄埔、花都、海珠等区现有的电影产业基础，科学整体谋划广州电影产业发展的空间布局，形成一体化链条、空间多点布局、各点优势互补的电影产业集群。加强各区电影产业集群发展的政策和资金支持。深化广佛文化同城合作，在已签署的广佛影视合作协议基础上，深化和拓展广佛电影产业的互动与合作，通过广佛合拍等形式共同生产出更多传播广府文化的优秀电影。

（三）提升电影产业链的发展水平和全球竞争力

加强影视文化创意发展、影视 IP 开发以及影视内容制作与出品，重视影视作品的宣发等环节，进一步完善院线和终端影院等设施。注重电影商业价值的开发，加强电影衍生文化产品的开发和文旅融合的发展。强化上、下游产业链之间的价值交互和信息传递，提升电影产业链的整合度和一体化水平。着重引进拥有完整产业链条或在电影产业链中处于关键位置或拥有核心竞争力的影视企业。

（四）提升广州电影的全球化水平和国际显示度

鼓励本土电影企业拓展全球发行网络，拓展广州电影全球传播的渠道。更多通过合拍片的方式，加强与以好莱坞为代表的高度全球化电影市场之间的合作以及与共建"一带一路"国家和地区为主的新兴电影市场之间的合作，提升广州电影全球化水平和国际显示度。吸引和鼓励全球知名导演执导影片、全球知名 IP 影片来广州取景，增强广州全球形象传播。

（五）强化电影产业全球化发展的政策支持

重点支持具备全球水平和潜在国际影响力的优秀影片的创作，生产更多能够传播中华优秀传统文化和岭南文化并具备较强全球影响力的广州电影。加大推动广州电影"走出去"的支持力度，对于广州优秀影片参加国际 A 类电影节给予更大的资助力度。加大国际化高水平电影及相关技术人才的引进力度，加强本土高水平电影人才的培养。

参考文献

高红岩：《多样化、网络化与全球化：近年来阿根廷电影市场观察》，《当代电影》2016 年第 9 期。

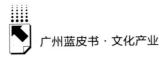

Christopherson, S., Hollywood in Decline? US Film and Television Producers beyond the Era of Fiscal Crisis. *Cambridge Journal of Regions*, Economy and Society, 2013.6（1）: pp. 141–157.

Hoyler, M. and A. Watson, Framing City Networks through Temporary Projects：（Trans）National Film Production beyond "Global Hollywood". Urban Studies, 2018.56（5）: pp. 943–959.

孙闻筱:《"引进来"到"走出去"全球化语境下中国电影如何转型升级——以〈流浪地球〉〈囧妈〉为例》,《戏剧之家》2021 年第 26 期。

梁君健、苏筱:《从宝莱坞到流媒体:印度电影的"全球在地化"实践》,《当代电影》2022 年第 3 期。

佛山市文旅融合促进区域消费
中心城市建设的思路

董春晖 杨俭波 李 凡 钟陆文*

摘　要： 文化旅游是满足居民日益升级的消费需求的重要内容，也是城市
增强吸引力和提升文化形象的有效路径。本文通过梳理文旅融合
对消费性城市建设的作用，提出了其内在的作用机制，基于对佛
山城市消费基础环境现状以及对建设区域消费中心城市面临的挑
战与问题的分析，从消费资源、消费空间、消费环境和消费品牌
的文旅融合路径，提出文旅融合促进佛山区域消费中心城市建设
的措施建议。

关键词： 文旅融合　区域消费中心城市　消费

2019 年 10 月，商务部等 14 部门联合印发了《关于培育建设国际消费
中心城市的指导意见》，这对满足居民日益升级的消费需求和城市发展能级
的提升具有重要意义。中华人民共和国国民经济和社会发展第十四个五年规
划和 2035 年远景目标纲要也把"培育建设国际消费中心城市"作为激活强

---

* 董春晖，佛山科学技术学院国际商务专业硕士研究生，研究方向为文化消费；杨俭波，佛山
科学技术学院产业发展与城市促进研究中心主任，副教授，研究方向为区域经济学、区域旅
游发展；李凡，佛山科学技术学院地方文化与旅游发展研究中心主任，教授，博士，研究方
向为区域文化地理学；钟陆文，佛山中科协同创新研究院院长，副教授，博士，研究方向为
消费经济学。

大国内市场、构建新发展格局的重要一环①。打造区域消费中心城市是佛山争当地级市高质量发展领头羊、提升城市综合竞争力、更好融入广佛都市圈和粤港澳大湾区建设的重要举措。佛山市将文化和旅游消费作为建设区域消费中心城市的重要抓手，而文旅融合能够更好地培育新兴消费热点，增强消费市场动力和体验价值。在此背景下，本文拟通过梳理文旅融合与消费城市建设的关系，分析文旅融合促进佛山区域消费中心城市建设存在的问题和挑战，提出文旅融合促进佛山区域消费中心城市建设的思路与建议。

一　文旅融合对于消费中心城市建设的作用

随着我国新型城镇化建设的推进，城市提质升级，向高质量发展，城市功能正在从"生产性"向"消费性"转化。转变为"消费性"城市有助于更好地面对城市化过程中产生的消费环境、消费安全以及消费质量等方面的问题及其严峻挑战，增强消费拉动经济的动力，促进产业转型升级②。

旅游业发展也由原来单纯的景区旅游，向主客共享的全域旅游转变。旅游业推动各部门、各行业在区域之间整合，充分利用区域资源优势，实现旅游经济协调发展和和谐社会建设，促进产业整合，形成带动城乡一体化发展的新模式③。随着全域旅游的开展，旅游业已经成为拉动城市消费、促进城市建设的重要引擎。2018年文化和旅游部的组建，标志着文旅融合新时代的开启。文旅产业之间要素的融合，目的是推进旅游产业结构转型，带动地方旅游经济的快速发展。文旅融合的重要性在于重组文化和旅游生产消费链条，实现深层的交叉融合，实现集聚消费潜能、增强消费供给、改善消费环境、提高城市消费舒适性的目的。从消费城市建设而言，文旅融合又不是简

---

① 徐虹：《文旅融合促进天津国际消费中心城市建设研究》，《天津商业大学学报》2022年第1期。

② 钟陆文：《创建"适宜消费城市"探讨——以佛山市为例》，《消费经济》2013年第5期。

③ 毕斗斗、田宛蓉：《高质量发展背景下粤港澳大湾区"文商旅"融合发展：模式创新与优化路径》，《城市观察》2021年第5期。

单的文化+旅游，而更多是文商旅的融合，商业成为整合和提升文旅消费资源的重要路径。"以商促旅、以旅彰文、以文兴商"，能够有效通畅人流、物流、资金流、信息流，推动"城市商业系统优化、城市公共游憩空间建设、城市文化空间生产"，实现"实体商业文旅化、文旅商业生活化"，构建全新且持久的多元价值网络，产生"商业价值、游憩价值、文化价值"叠加效应，实现商业"流量"与游客"留量"兼得[①]。

《关于培育建设国际消费中心城市的指导意见》指出国际消费中心城市建设的重点任务有六个方面：一是聚集优质消费资源，二是建设新型消费商圈，三是推动消费融合创新，四是打造消费时尚风向标，五是加强消费环境建设，六是完善消费促进机制。其中，消费资源、消费空间、消费环境和消费品牌是消费中心城市建设的核心内容。文商旅融合的过程也是文旅消费提质升级的实施过程，新型旅游业作为满足人民美好生活需要的幸福产业，其在汇聚优质消费需求、促进新型消费供给、营造时尚消费商圈、改善和谐消费环境、激发创新消费机制方面的带动、促进、引领、协调等作用十分明显。基于上述考虑，笔者认为文旅融合对于消费中心城市建设的促进作用，是通过商业业态将文化资源与旅游吸引物进行联动共同作为要素基础，以消费资源、消费空间、消费环境、消费品牌作为融合路径，创造消费需求、优化消费供给、改善消费环境，提升消费中心城市的建设（见图1）。

二 佛山市建设区域消费中心城市的基础

（一）经济基础雄厚，消费潜力巨大

1. 经济发展势头良好，消费能力增强

2021年，佛山经济总量为12156.54亿元，居全国第17位、全省第3

---

① 丰晓旭、夏杰长：《中国全域旅游发展水平评价及其空间特征》，《经济地理》2018年第4期。

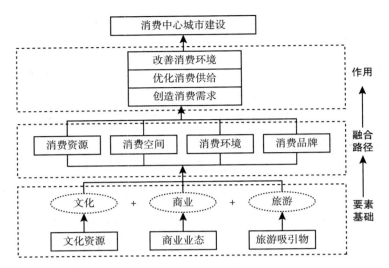

图1 文旅融合促进消费中心城市建设的内在机制

位。经济同比增长8.3%，高于全国和全省增速，工业增加值居全国第5位。全球"贸易朋友圈"日益扩大，进出口额快速增长，外贸竞争力居全国第13位。全市社会消费品零售总额3556.66亿元，同比增长8.1%，居全国第26位、全省第4位。

2.城乡居民收入不断提高，差距逐步缩小

佛山人均可支配收入从2016年的41941元上升至2020年的56245元，年均增速达7.6%，高于社会消费品零售总额2.8%的平均增速，高于GDP6.1%的平均增速；高于深圳7.4%的平均增速，与东莞持平。佛山城乡居民人均收入倍差由2019年的1.753缩小至2020年的1.718。

3.夜间经济聚集发展

2019年以来，佛山先后入选"夜间经济十佳城市""中国夜间经济二十强城市"。全市已建成8个高品质夜间经济集聚区、82处夜间经济示范点。

（二）消费品牌众多，高端要素汇集

1.越来越多品牌走向全球

佛山在家电、家居、建材、陶瓷、食品等领域具有生产优势，消费品制造业有多项世界第一，如陶瓷产量世界第一、电风扇产量世界第一。全市拥有美的、碧桂园 2 家世界五百强企业，8 家中国 500 强和 76 家广东 500 强企业，海信、格兰仕、海天、健力宝等企业产品"卖全球"。

2. 通过会展+产业融入国际消费圈

通过举办佛山（国际）陶瓷及卫浴博览交易会、中国（佛山）国际汽车工业博览会、龙家具展等品牌展会，吸引国内外客商到佛山参展、参会、采购。

3. 首店经济增强城市魅力

据赢商网不完全统计，佛山 2021 年共吸引了 9 家全国首店品牌，2 家华南首店品牌，88 家市级首店品牌。CHANEL、钟书阁、GAGA、M Stand、乐高等品牌在广州、深圳取得成功后拓展到佛山，导致佛山呈现"首店经济"。

（三）文化底蕴深厚，岭南特色鲜明

1. 文化资源丰富

佛山是全球岭南文化最集中的地区，文化资源非常丰富，如顺德有"世界美食之都"称号，李小龙、叶问和黄飞鸿等中国武术名人都是佛山人，这里还有被称为"陶瓷活化石"的南风古灶等陶瓷历史古迹等。

2. 文化导向型城市特征凸显

近年来，佛山以文化导向型城市为目标，以国家文化和旅游试点市建设为契机，加快推介世界功夫之城、世界美食之都、博物馆之城、南方影视中心；以岭南文化为引领，加快布局粤港澳大湾区电竞文创中心、顺德华侨城欢乐海岸 PLUS、佛山国际文化体育演艺中心等重点项目，优化文旅消费产品供给。

3. 文旅产业加快发展

2021 年，全市取得影视节目制作许可证的企业 237 家，影视及相关企业 1750 家，影视产业实现跨越式发展；体育产业法人单位 3000 余家，吸纳从业人员超过 10 万人，体育产业增加值占全市 GDP 比重提高到 1.4%。

（四）消费环境趋优，城市品牌领先

1. 营造放心消费氛围

佛山推动成立消费智库、高规格举办消费论坛，为全市消费发展提供智力支撑。自 2012 年佛山就开始创建适宜消费城市，2017 年佛山成为全省首个放心消费创建试点城市。

2. 品牌综合影响力位居全国前列

据新华社等媒体评价的 2021 中国地级市品牌综合影响力指数百强名单，佛山位居第二。全市拥有中国驰名商标、全国知名品牌创建示范区数量均位居全国地级市第一；广东省名牌产品、"广东优质"品牌认证数量位居全省第一；累计有效注册商标数量、中国专利奖数量、广东专利奖数量等指标位居全省前列。

3. 消费者满意度居广东省首位

据中消协发布的《2021 年 100 个城市消费者满意度测评报告》，佛山消费者满意度保持广东省第一，全国排名第 15，较 2020 年上升了 25 位。

三　文旅融合促进佛山区域消费中心城市建设面临的挑战与问题

（一）工业城市与旅游城市的关系

随着城市产业升级进入后工业化时代，落后的重污染工业产能会逐步被淘汰。旅游休闲产业成为城市向服务化和品质化方向转型的长效动力，在旅游休闲活动成为城市居民常态化生活方式的背景下，高效合理地推进旅游休闲产业发展，不仅是提高城市发展质量的关键，也是提升城市居民生活幸福指数与外来游客体验价值的重要保障[1]。

---

[1]　李维维、陈田、马晓龙：《西安城市旅游休闲业态空间热点特征及形成机制》，《地理学报》2020 年第 3 期。

佛山是典型的制造业城市、中国重要的制造业基地。2021年，佛山经济总量为12156.54亿元，其中，制造业占佛山经济总量的比重超过一半。全世界25%的电饭煲、33%的抽油烟机、43%的热水器、48%的微波炉都产自佛山，这组数据生动阐释了"有家就有佛山造"的制造大市地位。作为全国唯一的国家制造业转型升级综合改革试点城市，佛山一直将制造业作为立市之本。在城市功能上，佛山仍然是以制造业为主，拥有美的、碧桂园、海信、格兰仕、海天、健力宝等知名企业。佛山的消费品牌丰富，但是消费品牌集中于制造业，文旅产品占比偏低，高端文旅品牌更少。特别是消费新业态也集中在制造业，文旅占比少，特色品牌和其他消费资源挖掘不够。可见，虽然文旅产业能够拉动消费经济，但相应的贡献率低，优质品牌也少，与佛山制造业产品"全球卖"相比，文旅产业的市场吸引力有限。

实际上，工业城市与旅游城市发展并不矛盾。消费中心城市建设经历了"传统消费中心城市——生产中心城市——后工业时代消费中心城市"的转变过程。后工业时代消费中心城市生产导向与消费导向并不排斥，资源禀赋聚集与消费辐射力的相互促进，使消费生产循环更顺畅，提升消费品质，加强自主品牌建设，丰富特色文旅产品，营造放心消费环境，提升城市制造业发展的软环境，创造培育新的增长极，增强城市的整体吸引力和竞争力[1]。

（二）广佛同城下消费的近邻效应

空间近邻效应是指区域内各种经济活动之间或各区域之间的空间位置关系对其相互联系所产生的影响，即集聚在邻近区位的人口、企业、集体，能共同利用彼此的公共产品、设施和服务，达到促进经济的作用。广州、佛山的产业互补性强、空间紧密、文化相通、人员往来密集。2008年底国务院正式批复的《珠江三角洲地区改革发展规划纲要（2008—2020）年》明确提出要"强化广州佛山同城效应，携领珠江三角洲地区打造布局

---

① 黎传熙：《"双循环"新格局下消费中心城市构建路径研究——以粤港澳大湾区协同层城市为视角》，《湖北经济学院学报》2022年第1期。

合理、功能完善、联系紧密的城市群"。2009 年两市共同签署《广州市佛山市同城化建设合作协议》，广佛同城建设正式启动。随着 2019 年《粤港澳大湾区发展规划纲要》的出台，广佛成为大湾区的极点之一，推动广佛深度同城化是大湾区建设的重要任务。2021 年 4 月，《广佛全域同城化"十四五"发展规划》印发，标志广佛全域同城化进入新阶段。随着两市交通网络加快联通，人员往来便利，高效的交通基础设施扩大了消费领域的辐射范围。佛山的制造业发达，家具、电器等消费品具有很强的市场竞争力。广州有天河路商圈、环市东商圈等载体，汇集了众多国际知名的品牌。广州与佛山在消费结构上相互补充，这就为两座城市消费市场实现差异化发展提供可能。

卡斯特尔指出，网络社会中先进服务业系统（包括商业和生产性服务业）会倾向集聚于少数的大都会节点[1]。广佛同城下的近邻效应，存在着彼此消费的空间溢出和虹吸效应。所谓的虹吸效应，是指条件优越的地区会将周边的资金、人才、技术等资源吸引过去，从而延缓了周边地区的发展[2]。佛山由于长期去中心化的发展路径，其商业服务体系发育尚未完善，佛山吸引和集聚消费的基础设施建设相对滞后，城市缺乏体现时尚化、国际化、现代化的高端消费商圈。部分商圈转型迭代缓慢，停留在传统"购物+餐饮+娱乐"结构和功能，忽略与服务性政务、专业性商务、公益性事务等项目结合，缺乏主题概念、环境设计。另外，佛山对特色文化、历史资源重视不够，未对其充分保育活化，文化、旅游、体育等消费存在有效供给不足、宣传力度不够等问题。纳入广佛同城的都市区，广州作为国际消费中心城市，对于佛山消费流具有明显的虹吸效应，特别是吸引佛山中高端消费流向广州，对于佛山区域消费中心城市建设产生一定的抑制作用。

---

① 林耿：《大都市区消费空间的重构——以广佛同城化为例》，《现代城市研究》2011 年第 6 期。
② 李占旗、黄凌云、廖维俊：《宁镇扬同城化背景下镇江旅游发展路径研究——基于南京旅游虹吸效应分析》，《辽宁省交通高等专科学校学报》2019 年第 5 期。

（三）城市消费发展的中心与区域的关系

自 20 世纪 90 年代，全球经济不平等研究重心由收入层面转向了消费不平等①。佛山与广州共同构成"广佛都市圈"，是粤港澳大湾区重要极点之一，也是全国民营经济最为发达的地区之一。由于历史原因，佛山城市经济发展一直存在"市弱区强"和各区"各自为政"的诸侯经济（以镇街经济为主体）。城市空间格局上，佛山是一个呈组团状的城市。2002 年《佛山市城市发展概念规划》提出了"2+5"组团城市的总体发展构想，即两个百万以上人口的佛山中心组团、大良—容桂—伦教组团加五个 30 万~50 万人口规模的次级组团。实际上，佛山并没有全市意义上的城市中心，城市分散布局。尽管 2016 年以来，佛山编制了《佛山市中心城区"三规合一"规划》《佛山市中心城区总体城市设计纲要》，开始加强中心城区的建设，但中心城区的功能一直不突出，引领佛山区域消费中心城市建设的作用还不明显。

经济发展的差距使佛山五区的消费发展也不均衡。以 2021 年全市及五区的社会消费品零售总额为例，南海区、顺德区的社会消费品零售总额分别为 1201 亿元、1183 亿元，两区共占全市的 67%。禅城区占全市的 23%，而三水区和高明区占比仅为 6.4% 和 3.7%。在消费空间上，佛山五区都有各自的商业集聚区，大型商业设施、文化设施、旅游景区和城市主要商圈等高端文旅消费主要集中在禅城、南海、顺德三区。高明、三水两区距佛山中心城区较远，难以受到中心城区的消费辐射，自身的优质消费场所也比较少，成为佛山城市消费的洼地。

四　文旅融合促进佛山市区域消费中心城市建设的建议

基于佛山区域消费中心城市建设面临的挑战与问题，需要汇集佛山文商

---

① 赵达、谭之博、张军：《中国城镇地区消费不平等演变趋势——新视角与新证据》，《财贸经济》2017 年第 6 期。

旅资源，发挥佛山城市制造业的优势和岭南文化的优势，把握粤港澳大湾区、广佛同城化和广州建设国际消费中心城市的重大历史机遇，坚持城乡互联、广佛互补、产业互融、五区互动、部门互通，通过文旅融合推动消费资源、消费空间、消费环境和消费品牌的打造，促进佛山区域消费中心城市建设。而在广佛同城化背景下，本文提出的佛山推进文旅融合发展、建设区域消费中心城市的思路和建议，对于广州大力发展文化旅游产业，有一定的决策参考价值和政策启示。

（一）整合文商旅资源，培育区域消费特色

充分利用佛山自身制造业发达的优势，将工业遗产、工业流程、工业环境、工厂风貌、企业文化进行旅游资源化改造，形成旅游吸引物，让游客能够充分了解产品背后的历史、技艺和精神，体验品牌故事与企业文化内涵，通过商业的运作来实现文商旅融合发展。

1. 打造"中国工业旅游第一市"

充分挖掘和利用佛山在泛家居产业、先进装备制造业、食品等领域的优势，设计开发融合自然景观、历史文化和新兴工业文明的市域高品质特色旅游线路。鼓励工业品牌企业向市民开放展厅，成为工业旅游线路的亮点，输出企业品牌文化。在景点、酒店、主要商业街区、工业旅游路线点位、网红打卡场所等设置无人售货机，销售推广文创IP衍生品和动漫类礼品、玩具，尤其是配合打造"中国工业旅游第一市"的IP衍生品，输出佛山文化和产业品牌。

2. 高规格举办消费品工业会展论坛

以工业类专业展、泛家居为代表的消费展为主要目标，加快引进和培育具有影响力的展会。推动展览期间举办专业会议，搭建业界交流平台。与广州、深圳可采取"一展两城""展会联动"等方式，举办专业展会和消费类展会。打造消费品会议论坛品牌。积极向商务部申办中国国际消费发展论坛，形成与中国国际消费品博览会并行的"展""会"联动。争取中国消费品发展论坛永久落户佛山，助力佛山在消费升级的浪潮中寻找到更强劲的动

力，继续走在全国消费品发展前列。

3.促进生活性服务业创新发展

突出文旅消费的区域特色，立足于粤港澳大湾区建设的大开放需求，将佛山打造为宜居宜业宜游之城。教育、卫生、文化、医疗、城建等各部门联合出台具体行动计划，将港澳的国际学校、国际医疗机构以及各类美食爱好者引入佛山，活跃夜间文旅经济。积极探索互联网+生活性服务业创新示范社区建设，提升社区生活服务的智慧化、便捷化水平，探索发展社区智慧养老模式，推进"智慧社区"建设。探索制造业"反哺"文化旅游机制，设置文化旅游融合发展扶持资金，引导龙头制造业投资文化旅游领域。

4.统筹配置商业核心资源

借鉴新加坡淡马锡、深圳投控公司等国企经验，逐步由政府投资公司掌控全市的核心商业地块。支持市属国企通过市场化方式获取全市商业核心资源，通过开发运营商业地块，打造商圈精品项目。以城市更新推动核心商圈改造，打造集企业总部、高端商业、高端酒店于一体的综合体，邀请顶级运营商开展招商运营工作。有效降低突发事件的风险，在零售业遭受疫情冲击时通过减免租金保护市场主体。

（二）营造消费商圈，建设文旅消费集聚区

依托祖庙—季华路、桂澜路等核心商圈以及各具特色的城市组团商圈，培育一批品牌集聚、特色鲜明的高品质商业街区，形成多核支撑、多点开花的消费空间格局，激活扩大本地消费与吸引外来消费，促进中高端消费回流。

1.提升核心商圈消费集聚度

优化商业设施布局，引导重点商圈提升品牌形象，培育以轻奢及高端品牌占绝对优势的大型商圈。推进现有商业综合体向文商旅综合体转型升级，提高消费集聚度，整合国际优质品牌资源，鼓励品牌进驻实现创意本土化，培育新型消费业态，建设集知名品牌、影剧院、复合型书店、文创商店、新型游乐演艺空间等文商旅业态于一体的核心商圈。

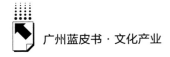

2. 高标准打造示范休闲步行街区

提高岭南天地、创意产业园、千灯湖等步行街区整体商业品质，推动街区零售店铺品牌升级，打造以快时尚品牌、高街潮流品牌、轻奢及小众品牌为主的零售品牌体系，培育发展佛山自有品牌店铺及老字号店铺，建设富有岭南特色的街区品牌形象。引导街区发展引流效果明显的新型零售业态及复合型业态，增加儿童业态以及休闲娱乐类业态。调整餐饮业态结构，引入中高端休闲餐饮及品质餐厅。

3. 鼓励打造文旅消费集聚区

利用老旧街区和厂房打造集文化旅游、休闲购物、体育健身、娱乐餐饮于一体的文旅消费集聚区，促进工商旅文体协同发展。充分挖掘佛山夜间消费资源，培育、建设一批高品质夜间经济集聚区，将"夜佛山"打造为全国知名的夜间经济品牌。以佛山老城为核心，联动其他景区构建全域旅游体系，全方位打造岭南文化核心消费集聚区。大力发展佛山民族工业旅游，建设全国工业旅游示范城市，开发西樵继昌隆缫丝厂近代民族工业遗产资源，组织中国现代纺织工业起源与民族资本主义兴起的探寻之旅。不断提升民宿设计美感、文化内涵和服务品质，打造一批网红民宿新地标。

（三）推动城市智慧化，不断改善消费环境

以推动城市智慧化为契机，充分发挥消费对经济发展的基础性作用，利用数字技术赋能，全方位、多层次优化消费环境，逐步让佛山消费供给更有效、消费环境更安全、消费社会更和谐，努力让广大消费者收获更多的获得感和幸福感。

1. 推进文旅服务智慧化、品牌化

以佛山成功入选第一批国家文化和旅游消费试点城市为契机，以建设世界功夫之城、世界美食之都、博物馆之城、南方影视中心为抓手，依托"文旅+科技"融合创新，运用互联网、人工智能等现代信息技术，推动文化旅游与数字经济深度融合，发展沉浸式体验型文旅消费。全面提炼代表本

土优秀传统文化的精神符号（如功夫、醒狮、龙舟等），形成数字化文化IP，助力佛山文创产业发展，形成具有佛山文化特色的品牌。

2. 大力打造体验式消费场景

推动 5G+超高清+VR 技术在图书馆、博物馆、文化馆、美术馆、非物质文化遗产馆的普及与应用，打造 AR 数字体验项目。积极利用高新科技手段打造文商旅综合体，将人文、饮食、购物、娱乐紧密地串联在一起，构建起兼具文化性、娱乐性、便捷性的沉浸式消费空间。发挥佛山制造业的地缘优势，鼓励消费品制造企业线上线下融合，实行个性化定制与服务，广泛开展体验式消费，在重要商圈建立智能化的消费体验店，以优惠的商品价格吸引更多的外地游客。推动电子商务平台应用在文体旅消费服务之中，积极引导文体旅等企业为消费者提供更精准、更具体验感的定制服务。

3. 构建消费大数据服务平台

搭建覆盖全市的消费大数据应用平台，打造美食、旅游、购物、购房等功能板块，为市民和外地游客、商务人员等提供全方位的消费信息咨询和服务。构建数字化、智能化、专业化的云端会展基地，搭建新型消费产业电商服务体系。加强与商务、文体旅、税务、工商、质监等部门协作，构建消费环境调查评价体系，定期发布消费预警信息，创建放心消费环境。

（四）推进文旅深度融合，实施消费品牌工程

充分整合佛山特色资源，依托"文旅+科技"融合创新，运用互联网、人工智能等现代信息技术，推动文旅与数字经济深度融合，突出佛山特色，实施消费品牌工程，以提升佛山消费中心城市建设的竞争力。

1. "家装佛山"品牌工程

以顺德、禅城为轴心，实施佛山家装消费工程，通过家具展览等方式展现佛山泛家居文化创意设计。通过建设中国家居博览城、家居文化国际论坛等一系列项目，以文商旅融合促进家装佛山品牌建设，形成具有佛山特色的

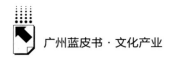

家装文化产业链。

2. "创意佛山"品牌工程

依托佛山先进制造能力，充分挖掘佛山岭南文化元素，通过成立各类工业设计中心，大力发展工业文创，将文化元素与工业制造能力相结合，提升产品的文化创新价值，打造佛山制造高端品牌。通过品质与品牌的建设，促进制造业转型升级，打造"创意佛山"品牌。

3. "寻味佛山"品牌工程

以"世界美食之都"建设为契机，充分挖掘佛山美食历史文化和各种生态绿色食材，整合厨艺技术等优质资源，构建覆盖全市的"粤菜师傅"培育体系。聚焦产业和标准建设，推动"粤菜师傅"文旅商深度融合，擦亮"美食佛山"城市名片，落实推进"寻味佛山"品牌建设。

4. "功夫佛山"品牌工程

结合"世界功夫之城"建设，深入挖掘佛山丰富的功夫资源，通过文商旅体的深度融合，推动功夫文化增值，形成佛山功夫文化产业链。探索建设功夫中心、武术产业园区和武术特色小镇，开发具有特色的功夫文创、康体健身及旅游产品。开展具有影响力的功夫影视品牌活动，将数字技术与功夫创意、舞台艺术充分融合，打造佛山功夫演艺的新IP。

5. "博物佛山"品牌工程

结合"博物馆之城"建设，通过"以馆育文—以文促产—以产兴城—以城聚人"实现人城产文深度融合。推动产业系列、文化系列的博物馆建设，促进文化事业与创新设计、文商旅产业融合发展，依托特色馆藏资源开发文创产品，拓展休闲、餐饮、体验、创意和旅游等服务功能，形成"博物佛山"的城市品牌。

6. "生态佛山"品牌工程

聚焦高明和三水两区优质生态环境以及三水"长寿之乡"的美誉，突出三水水都、三水温泉、生态食材、西北江河鲜等生态特色，着力打造一批适宜养生康体、体育健身、休闲度假的旅游景区，建成佛山的"巴马养生地"，实施绿色发展，发展生态旅游，打响生态品牌。

参考文献

徐虹：《文旅融合促进天津国际消费中心城市建设研究》，《天津商业大学学报》2022 年第 1 期。

钟陆文：《创建"适宜消费城市"探讨——以佛山市为例》，《消费经济》2013 年第 5 期。

毕斗斗、田宛蓉：《高质量发展背景下粤港澳大湾区"文商旅"融合发展：模式创新与优化路径》，《城市观察》2021 年第 5 期。

丰晓旭、夏杰长：《中国全域旅游发展水平评价及其空间特征》，《经济地理》2018 年第 4 期。

李维维、陈田、马晓龙：《西安城市旅游休闲业态空间热点特征及形成机制》，《地理学报》2020 年第 3 期。

黎传熙：《"双循环"新格局下消费中心城市构建路径研究——以粤港澳大湾区协同层城市为视角》，《湖北经济学院学报》2022 年第 1 期。

林耿：《大都市区消费空间的重构——以广佛同城化为例》，《现代城市研究》2011 年第 6 期。

李占旗、黄凌云、廖维俊：《宁镇扬同城化背景下镇江旅游发展路径研究——基于南京旅游虹吸效应分析》，《辽宁省高等交通专科学校学报》2019 年第 5 期。

赵达、谭之博、张军：《中国城镇地区消费不平等演变趋势——新视角与新证据》，《财贸经济》2017 年第 6 期。

B.17
后　记

　　《广州文化产业发展报告（2022）》是在广州市文化体制改革和文化产业发展领导小组、中共广州市委宣传部的指导下，由广州市社会科学院牵头、广州市文化创意行业协会协助，广州市文化广电旅游局、广州市统计局等政府职能部门、各区相关部门、科研院校和重点企业积极参与和支持，历时半年多，共同完成。

　　《广州文化产业发展报告》编辑部由广州市社会科学院广州文化产业研究中心和广州市文化创意行业协会组成，负责本书的编辑出版工作。《广州文化产业发展报告（2022）》的编撰工作从2021年9月开始，总报告由广州市社会科学院课题组完成；分报告通过发征稿函、约稿等方式向市区有关部门、协会、高校、科研机构以及国内城市专家征集文章，于2022年4月底完成本书的组稿工作。5月底通过专家评审，6月初提交给社会科学文献出版社编辑出版。

　　《广州文化产业发展报告》自2008年编辑出版以来，以翔实的数据、深入的调研和严谨的分析，全面总结广州市文化产业发展状况，预测广州文化产业发展走势，已成为研究广州文化产业的重要文献资料，受到社会各界的高度评价。秉承"立足广州、交流互鉴"的研究宗旨，我们将持之以恒地坚持每年做好报告的编辑出版工作，并期待业界人士和广大读者对报告提出宝贵意见，以帮助我们不断改进。

　　《广州文化产业发展报告（2022）》顺利出版得益于多方力量的支持，在此对广州市文化体制改革和文化产业发展领导小组、广州市委宣传部、广州市文化广电旅游局提供的切实指导表示衷心的感谢。对本书各位作者、有关部门以及社会科学文献出版社的编辑谨表感谢！

本书编辑部
2022年6月

社会科学文献出版社

皮 书

智库成果出版与传播平台

❖ 皮书定义 ❖

皮书是对中国与世界发展状况和热点问题进行年度监测，以专业的角度、专家的视野和实证研究方法，针对某一领域或区域现状与发展态势展开分析和预测，具备前沿性、原创性、实证性、连续性、时效性等特点的公开出版物，由一系列权威研究报告组成。

❖ 皮书作者 ❖

皮书系列报告作者以国内外一流研究机构、知名高校等重点智库的研究人员为主，多为相关领域一流专家学者，他们的观点代表了当下学界对中国与世界的现实和未来最高水平的解读与分析。截至 2021 年底，皮书研创机构逾千家，报告作者累计超过 10 万人。

❖ 皮书荣誉 ❖

皮书作为中国社会科学院基础理论研究与应用对策研究融合发展的代表性成果，不仅是哲学社会科学工作者服务中国特色社会主义现代化建设的重要成果，更是助力中国特色新型智库建设、构建中国特色哲学社会科学"三大体系"的重要平台。皮书系列先后被列入"十二五""十三五""十四五"时期国家重点出版物出版专项规划项目；2013~2022 年，重点皮书列入中国社会科学院国家哲学社会科学创新工程项目。

皮书网

（网址：www.pishu.cn）

发布皮书研创资讯，传播皮书精彩内容
引领皮书出版潮流，打造皮书服务平台

栏目设置

◆ **关于皮书**
何谓皮书、皮书分类、皮书大事记、
皮书荣誉、皮书出版第一人、皮书编辑部

◆ **最新资讯**
通知公告、新闻动态、媒体聚焦、
网站专题、视频直播、下载专区

◆ **皮书研创**
皮书规范、皮书选题、皮书出版、
皮书研究、研创团队

◆ **皮书评奖评价**
指标体系、皮书评价、皮书评奖

◆ **皮书研究院理事会**
理事会章程、理事单位、个人理事、高级
研究员、理事会秘书处、入会指南

所获荣誉

◆ 2008 年、2011 年、2014 年，皮书网均
在全国新闻出版业网站荣誉评选中获得
"最具商业价值网站"称号；
◆ 2012 年，获得"出版业网站百强"称号。

网库合一

2014年，皮书网与皮书数据库端口合
一，实现资源共享，搭建智库成果融合创
新平台。

皮书网

"皮书说"
微信公众号

皮书微博

权威报告·连续出版·独家资源

皮书数据库
ANNUAL REPORT(YEARBOOK)
DATABASE

分析解读当下中国发展变迁的高端智库平台

所获荣誉

- 2020年，入选全国新闻出版深度融合发展创新案例
- 2019年，入选国家新闻出版署数字出版精品遴选推荐计划
- 2016年，入选"十三五"国家重点电子出版物出版规划骨干工程
- 2013年，荣获"中国出版政府奖·网络出版物奖"提名奖
- 连续多年荣获中国数字出版博览会"数字出版·优秀品牌"奖

皮书数据库　　"社科数托邦"
　　　　　　　微信公众号

成为会员

登录网址www.pishu.com.cn访问皮书数据库网站或下载皮书数据库APP，通过手机号码验证或邮箱验证即可成为皮书数据库会员。

会员福利

- 已注册用户购书后可免费获赠100元皮书数据库充值卡。刮开充值卡涂层获取充值密码，登录并进入"会员中心"—"在线充值"—"充值卡充值"，充值成功即可购买和查看数据库内容。
- 会员福利最终解释权归社会科学文献出版社所有。

数据库服务热线：400-008-6695
数据库服务QQ：2475522410
数据库服务邮箱：database@ssap.cn
图书销售热线：010-59367070/7028
图书服务QQ：1265056568
图书服务邮箱：duzhe@ssap.cn

社会科学文献出版社 皮书系列
SOCIAL SCIENCES ACADEMIC PRESS (CHINA)
卡号：562183498524
密码：

S 基本子库
UB DATABASE

中国社会发展数据库（下设12个专题子库）

紧扣人口、政治、外交、法律、教育、医疗卫生、资源环境等12个社会发展领域的前沿和热点，全面整合专业著作、智库报告、学术资讯、调研数据等类型资源，帮助用户追踪中国社会发展动态、研究社会发展战略与政策、了解社会热点问题、分析社会发展趋势。

中国经济发展数据库（下设12专题子库）

内容涵盖宏观经济、产业经济、工业经济、农业经济、财政金融、房地产经济、城市经济、商业贸易等12个重点经济领域，为把握经济运行态势、洞察经济发展规律、研判经济发展趋势、进行经济调控决策提供参考和依据。

中国行业发展数据库（下设17个专题子库）

以中国国民经济行业分类为依据，覆盖金融业、旅游业、交通运输业、能源矿产业、制造业等100多个行业，跟踪分析国民经济相关行业市场运行状况和政策导向，汇集行业发展前沿资讯，为投资、从业及各种经济决策提供理论支撑和实践指导。

中国区域发展数据库（下设4个专题子库）

对中国特定区域内的经济、社会、文化等领域现状与发展情况进行深度分析和预测，涉及省级行政区、城市群、城市、农村等不同维度，研究层级至县及县以下行政区，为学者研究地方经济社会宏观态势、经验模式、发展案例提供支撑，为地方政府决策提供参考。

中国文化传媒数据库（下设18个专题子库）

内容覆盖文化产业、新闻传播、电影娱乐、文学艺术、群众文化、图书情报等18个重点研究领域，聚焦文化传媒领域发展前沿、热点话题、行业实践，服务用户的教学科研、文化投资、企业规划等需要。

世界经济与国际关系数据库（下设6个专题子库）

整合世界经济、国际政治、世界文化与科技、全球性问题、国际组织与国际法、区域研究6大领域研究成果，对世界经济形势、国际形势进行连续性深度分析，对年度热点问题进行专题解读，为研判全球发展趋势提供事实和数据支持。

法律声明

　　"皮书系列"（含蓝皮书、绿皮书、黄皮书）之品牌由社会科学文献出版社最早使用并持续至今，现已被中国图书行业所熟知。"皮书系列"的相关商标已在国家商标管理部门商标局注册，包括但不限于 LOGO（　）、皮书、Pishu、经济蓝皮书、社会蓝皮书等。"皮书系列"图书的注册商标专用权及封面设计、版式设计的著作权均为社会科学文献出版社所有。未经社会科学文献出版社书面授权许可，任何使用与"皮书系列"图书注册商标、封面设计、版式设计相同或者近似的文字、图形或其组合的行为均系侵权行为。

　　经作者授权，本书的专有出版权及信息网络传播权等为社会科学文献出版社享有。未经社会科学文献出版社书面授权许可，任何就本书内容的复制、发行或以数字形式进行网络传播的行为均系侵权行为。

　　社会科学文献出版社将通过法律途径追究上述侵权行为的法律责任，维护自身合法权益。

　　欢迎社会各界人士对侵犯社会科学文献出版社上述权利的侵权行为进行举报。电话：010-59367121，电子邮箱：fawubu@ssap.cn。

社会科学文献出版社